燕京研究院

燕京學報

新二十八期

主　編：侯仁之
副主編：徐蘋芳　丁磬石
編　委：（按姓氏筆畫排列）

*丁磬石　　王伊同　*吳小如　　侯仁之
*夏自強　*郭務本　*徐蘋芳　　張瑋瑛
　張廣達　*程毅中　*經君健　*劉文蘭
*蘇志中

（*常務編委）

編輯部主任：郭務本
編　　輯：江麗　李月修

北京大學出版社
二〇一〇年五月·北京

圖書在版編目(CIP)數據

燕京學報·新 28 期/侯仁之主編. —北京:北京大學出版社,2010.5

ISBN 978-7-301-17359-6

Ⅰ.①燕… Ⅱ.①侯… Ⅲ.①漢學-中國-叢刊 Ⅳ.①K207.8-55

中國版本圖書館 CIP 數據核字(2010)第 116179 號

書　　　名:	燕京學報　新二十八期
著作責任者:	燕京研究院　編
責 任 編 輯:	王春茂
標 準 書 號:	ISBN 978-7-301-17359-6/K·0701
出 版 發 行:	北京大學出版社
地　　　址:	北京市海淀區成府路 205 號　100871
網　　　址:	http://www.pup.cn　電子郵箱:pkuwsz@yahoo.com.cn
電　　　話:	郵購部 62752015　發行部 62750672　出版部 62754962
	編輯部 62752032
印 刷 者:	北京大學印刷廠
經 銷 者:	新華書店
	787 毫米×1092 毫米　16 開本　13.5 印張　212 千字
	2010 年 5 月第 1 版　2010 年 5 月第 1 次印刷
定　　　價:	39.50 圓

未經許可,不得以任何方式複製或抄襲本書之部分或全部內容。
版權所有,侵權必究
舉報電話:010-62752024　電子郵箱:fd@pup.pku.edu.cn

本學報出版承美國哈佛燕京學社資助。

The publication of this Journal has been financially assisted by the Harvard-Yenching Institute.

目　　錄

説阜昌石刻《禹跡圖》與《華夷圖》 …………………………… 辛德勇（1）

清初"渾托和"考釋 ………………………………………… 定宜莊　邱源媛（73）

"五行"與"五常"的配法 ……………………………………………… 李存山（125）

周禮與《小雅》部分詩篇的創作 …………………………………… 祝秀權（147）

古今中西之間
——陳垣與20世紀中國史學 ………………………………… 陳智超（177）

塵世幾人還識我？
——記政治學家、詩人吳其玉先生 ………………………… 吳學昭（203）

· I ·

Contents

On Stone Inscriptions *Map of Yuji* and *Map of Huayi* in the Period of Fuchang
·· Xin Deyong(1)

A Decipherment of the "Huntuohe 渾托和"in the Early Qing Period
·· Ding Yizhuang and Qiu Yuanyuan(73)

On the Corresponding Relationships of the "Five Elements"
with the "Five Basic Virtues" ·················· Li Cunshan(125)

Rites of the Zhou Period and the Creation of Some Works in the Book of
Songs:"Xiao Ya"《小雅》 ································· Zhu Xiuquan(147)

Between the Ancient and the Present and between China and the West:
Prof. Chen Yuan and Chinese Historiography in the 20th Century
·· Chen Zhichao(177)

Notes on Politics Researcher and Poet Wu Qiyu ················ Wu Xuezhao(203)

説阜昌石刻《禹跡圖》與《華夷圖》

辛德勇

清末人葉昌熾在《語石》一書中論述存世石刻輿圖，謂其"最古者，惟偽齊阜昌之《禹跡圖》、《華夷圖》，開方記里，雖簡，實輿圖之鼻祖也"；葉氏復謂之曰："唐宋以來地圖，莫古於此。"[①]所謂"偽齊"，是指南宋高宗建炎四年至紹興七年間（金天會八年至天會十五年，公元1130～1137年），女真人在北方以劉豫為"子皇帝"樹立的傀儡政權"大齊國"，"阜昌"是"大齊國"唯一使用過的年號[②]。事實上，葉氏當年見聞未周，所述亦欠詳確。存世古代石刻地圖，尚有北宋神宗元豐三年（公元1080年）鐫刻的呂大防《長安圖》殘石，葉昌熾本人即曾收得拓片[③]；而完整存世之北宋石刻地圖，則今陝西禮泉縣昭陵博物館尚存有哲宗紹聖元年游師雄主持刻製的《唐太宗昭陵圖》，清代中期以來廣泛通行的金石書目，如畢沅的《關中金石記》、孫星衍的《寰宇訪碑錄》以及王昶所纂《金石萃編》等俱有著錄[④]，《語石》書中卻未嘗直接道及；另有北宋徽宗宣和三年（公元1121年）上石的《九域守令圖》，葉氏當年亦未曾訪得[⑤]。這三種石刻地圖的刻製年代，都要早於《禹跡圖》和《華夷圖》。不過，這並不妨礙阜昌石刻《禹跡圖》和《華夷圖》作為較早的傳世輿圖，在中國古代地理學史上的重要地位，更不影響它在歷史地理研究中的獨特史料價值[⑥]。葉昌熾特別推重這兩幅地圖，正體現出其審視石刻碑版的廣闊學術眼界。

阜昌石刻《禹跡圖》和《華夷圖》，從所反映的地域範圍上來看，都屬全國輿地總圖。從內容上看，《禹跡圖》的基本着眼點，是在宋代的政區圖上，反映《禹貢》所記載的上古地理，同時也繪有一小部分唐代以前的政區名稱，所以，圖碑題記說明其內容為："《禹貢》山川名。古今州郡名。古今山水地名。"《華夷圖》則是在宋代政區範圍的基礎上，一並反映周邊"四夷"的地理位置。圖碑題記對於所編製四夷地理內容有說明云："四方蕃夷之地，唐賈魏公（案即賈耽）圖所載凡數百餘國，今取其著聞者載之。"另據圖碑題記，《禹跡圖》乃齊"阜昌七年四月刻石"，時為南宋紹興六年（公元1136年）。葉氏所謂"開方記里"，即指此圖採用的編繪技術。"開方記里"又稱"計里畫方"，是用方格法表示地圖比例尺。《禹跡圖》的比例係"每方折地百里"。由於編繪時比例掌握比較準確，而且是傳世中國古代地圖中最早使用"計里畫方"法表示比例尺的實例，因而，在地圖學史上佔有特殊地位，並受到西方學者的高度評價[7]。《華夷圖》圖碑題記，記述其刻石時間和地點，乃"阜昌七年十月朔岐學上石"，即比《禹跡圖》的鐫刻時間僅晚六個月。需要說明的是，葉昌熾所說的"開方記里"，只是就《禹跡圖》的繪製方法而言，與《華夷圖》無關。從比例的準確性來看，《華夷圖》遠不如《禹跡圖》。這兩幅地圖分別刊刻在同一方石碑的前後兩面，碑石今存西安碑林博物館。

　　至遲從清代中期的乾隆年間起，就有中外學者，對阜昌石刻《禹跡圖》和《華夷圖》，相繼做過研究，取得許多富有意義的成果。但是，仍有一些基本問題，值得進一步探索。

西安碑林藏阜昌石刻《禹跡圖》拓片

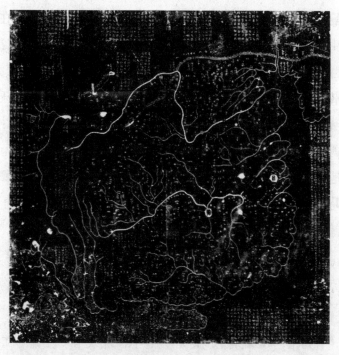

西安碑林藏阜昌石刻《華夷圖》拓片

一 《禹跡圖》與賈耽《海內華夷圖》無涉

清人畢沅,最早探討阜昌石刻《禹跡圖》的傳承淵源。乾隆四十七年,他在陝西巡撫任上,于西安刊印了其著錄關中金石文獻的著述《關中金石記》。書中説:

> (《禹跡圖》)所載山川,多與古合。唐宋以來,地圖之存,惟此而已。考宋毛晃《禹貢指南》,稱先儒所刻《禹跡圖》,黑水在雍州西北,而西南流,至雲南之西南,乃有黑水口,東南流而入南海,中間地里闊遠。今此圖黑水與毛説合,是為宋以前相傳之舊也。
>
> 《唐書》稱賈耽繪《海內華夷圖》,廣三丈,縱三丈三尺,以寸為百里。中國本之《禹貢》,外夷本班固《漢書》。古郡國題以墨,今州郡題以朱。豈此圖之權輿歟?⑧

"權輿"本是草木萌生的意思,引申用為起始之義。所以,畢沅在這裏只是提出一種傾向性的揣測,認為阜昌石刻《禹跡圖》,可能受到唐人賈耽《海內華夷圖》的影響,他並沒有推定《禹跡圖》就是出自賈氏《海內華夷圖》。

然而,畢氏幕客洪亮吉在談到《禹跡圖》時,卻未再加以任何論證,便將這種十分模糊的看法,簡單表述為一個清晰的事實,徑謂之曰:"古圖今雖不存,然宋劉豫阜昌七年所刊《禹跡圖》者,尚屬賈耽相傳舊本。"⑨

不知道是不是受到洪亮吉這一說法的影響,至1924年,王國維在專門論述這一問題時,乃明確提出,阜昌石刻《禹跡圖》是"出於唐賈耽《華夷圖》"。王氏論述說:

> 偽齊阜昌七年岐州學所刊《禹跡》、《華夷》二圖,石在西安府學。原跋云:"四方蕃夷之地,唐賈魏公所載,凡數百餘國,今取其著聞者載之。"是此圖出於唐賈耽《華夷圖》。
>
> 考《舊唐書‧賈耽傳》,貞元十七年,耽表言:"謹令工人畫《海內華夷圖》,廣三丈,從(縱)三丈三尺,率以一寸折成百里。"是賈圖所載東西三萬里,南北三萬三千里。此圖東抵新羅,西盡蔥嶺,南距安南、真臘,北不盡契丹,雖比《禹跡圖》稍稍增廣,而所圖僅方萬餘里,尚不及賈圖之半。故西域、南海諸國,僅於圖側附錄其名,且加省略。非貞元《華夷圖》之舊矣。
>
> 考賈氏原圖,廣袤極大,又於貞元中進入,至偽齊時殆已亡佚。《宋史‧藝文志》別載賈氏《國要圖》一卷。蓋賈氏於所進圖外,又有略圖,其書著于《宋志》,蓋宋時猶有傳本。此圖所記西域、南海諸國名,或即出於此也。⑩

日本學者內藤虎次郎,先于王國維四年,在1920年2月發表的《地理學家朱思本》一文當中,同樣推測阜昌石刻《禹跡圖》出自賈耽的《海內華夷圖》。內藤氏與王國維等稍有不同的是,他不是先假定阜昌石刻《禹跡圖》與《華夷圖》源自同一幅底圖,而是先行臆測阜昌石刻《禹跡圖》與《華夷圖》應是出自同一人之手,再由此進一步推論,《禹跡圖》自應與《華夷圖》一樣出自賈耽的《海內華夷圖》⑪。與此相似,日本學者小川琢治在1928年出版的

《支那歷史地理研究》一書中，也認為阜昌石刻《禹跡圖》是由賈耽的《海內華夷圖》縮略而來[12]。

隨後，開拓中國地理學史和中國地圖學史研究的王庸，又進一步坐實了二者之間的直接聯繫。20世紀30年代，王庸出版《中國地理學史》。在這部書當中，在沒有交待任何具體依據的前提下，王庸便斷然判定，阜昌石刻《禹跡圖》，係由賈耽《海內華夷圖》簡縮而來：

> 南宋刻石之《禹跡圖》，由賈圖縮制而畫方，可知賈氏原圖亦畫方也。
>
> 賈氏《華夷圖》不知何時亡失，但其縮本之《華夷圖》與《禹跡圖》，則于南宋時偽齊阜昌七年（紹興七年）上石，至今其石尚存于西安碑林。[13]

至20世紀50年代，在所著《中國地圖史綱》中，王庸又敍述其論證過程云：

> 偽齊阜昌七年上石的《華夷圖》和《禹跡圖》，大概是根據賈耽的《華夷圖》輾轉縮繪的。因為《華夷圖》上刻著"唐賈魏公圖所載凡數百餘國，今取其著聞者載之"等言，又有建隆、乾德、寶元等年號，並稱契丹"即大遼國"，可見此二圖由宋遼人簡縮並輾轉改繪而成。又《宋史·藝文志》著錄賈氏《國要圖》一卷，可能賈氏除製《華夷圖》之外，另製簡縮的《國要圖》。這石刻的《禹跡圖》和《華夷圖》，或許就是由《國要圖》輾轉傳抄下來的。……總之，這二幅石刻地圖，和賈耽的圖有相當關係是沒有問題的。……這兩幅石刻地圖是現存的中國古地圖中最早的。現在我們還可以從這兩圖推想到前五百年賈氏原圖的輪廓。不過賈圖是一幅大圖，這簡圖卻分成《華夷》、《禹跡》兩幅，《禹跡圖》畫方而《華夷圖》不畫方。大概在輾轉摹繪縮製的時候，各取所需的結果：注意中原地理的，錄成《禹跡圖》，因為中原地理方位比較詳明，可以畫方；而四夷邊疆的方位不夠正確，注意邊疆四夷的，只能錄取其四夷輪廓，畫方沒有什麼作用，便縮繪成不畫方的《華夷圖》了。[14]

從此以後，許多中國地理學史和中國地圖學史著述，不同程度地或明或暗沿承了這種說法。其中完全承用王庸觀點的有侯仁之主編《中國古代地理學簡史》[15]、譚其驤為《中國歷史地圖集》所撰《前言》[16]、盧良志編《中國地圖學史》[17]等。另外，由於《禹跡圖》與《禹貢》研究具有密切關係，研究《尚書·禹貢》的學者，也對於這幅石刻地圖給予了很大關注。其中比較有代表性的學者如劉起釪，也同樣認為《禹跡圖》"係據賈耽圖中的中國部分縮製"[18]。在日本學術界，增田忠雄在20世紀40年代初同樣提出有類似的看法，不過他並沒有展開具體的論述[19]，而在織田武雄關於地圖學史的通論性著述當中，也作為通行的結論敍述了這一觀點[20]。

通觀上述諸家看法，可以把他們推測或判斷阜昌石刻《禹跡圖》出自賈耽《海內華夷圖》的思路和理由歸納如下：

（1）畢沅認為，阜昌石刻《禹跡圖》所繪《禹貢》黑水，與宋人毛晃稱引之"先儒所刻《禹跡圖》"相合，故阜昌石刻《禹跡圖》應是此"先儒所刻《禹跡圖》"的復製品，而這個"先儒所刻《禹跡圖》"，乃是"宋以前相傳之舊"。

（2）《禹跡圖》既然源自宋代以前，而宋代以前的朝代即是唐代，唐人賈耽繪製的《海內華夷圖》，又是一幅包含不同時代地理要素的古今對照歷史地圖（古郡國題以墨，今州郡題以朱），其中也包括《禹貢》的地理內容（中國本之《禹貢》），所以，反映《禹貢》地理的《禹跡圖》，就完全有可能是參考賈耽《海內華夷圖》而繪製的。

（3）由於阜昌石刻《禹跡圖》與《華夷圖》，是鐫刻在同一方碑石的前後兩面，而且上石時間僅相差六個月，於是，王國維、王庸等人，在論述這兩幅地圖，特別是論述《禹跡圖》時，都設定了一個沒有明確講述的假想前提，即《禹跡圖》與《華夷圖》是依據同一幅底圖來改編繪製的。他們的這一思路，從前面的引文中可以看得清清楚楚。基於這樣的設想，王國維和王庸等人，便很自然地透過《華夷圖》上寫得明明白白的題記，判斷《禹跡圖》和《華夷圖》一樣，確鑿無疑地是依據《海內華夷圖》繪製而成。

下面就來仔細分析這樣的思路和理由，看看其是否經得起推敲。

在後來的研究者當中，曹婉如對這兩幀石刻地圖，用力最深，提出了許多精當的看法。可是，在阜昌石刻《禹跡圖》與賈耽《海內華夷圖》的關係這一問題上，儘管曹婉如並不贊同畢沅、洪亮吉、王國維、王庸諸人的看法，卻沒有能夠針對上述核心問題，抓住畢沅等人論證過程中的關鍵邏輯支撐點，加以論辯；曹氏只是依據《禹跡圖》上的黃河河道與唐代河道的流向不同這一點，指出那種以為《禹跡圖》是根據賈耽《海內華夷圖》縮製而成的說法"有問題"[21]。這樣的探討，完全迴避了畢沅、王國維、王庸諸人論證過程中的核心論據，因而無法從根本上推倒他們的結論；況且，即使在繪製《禹跡圖》時，主要依據的是賈耽的《海內華夷圖》，地圖的繪製者，也完全可以依據宋代黃河河道的實際流經地點，改繪河道。事實上，阜昌石刻《禹跡圖》，就是這樣改繪了關中洛河的下游河道[22]。因此，僅僅依靠黃河流路這一論據來否定畢沅等人的觀點，尚且遠不足以令人信服。事實上，曹婉如的研究，並沒有能夠解決阜昌石刻《禹跡圖》是否出於賈耽《海內華夷圖》的問題。

另外，日本學者榎一雄雖然沒有提出明確看法，但也認為《禹跡圖》究竟是否出自賈耽的《海內華夷圖》，還不易遽然斷定，尚有待進一步研究[23]。

正因為如此，後出的相關著述，往往依舊作為一種重要學術觀點，舉述王庸的著述為代表，列出畢沅、王國維這一派的看法[24]。顯然，目前已有的有限研究成果，並不足以證成或是否定畢沅以下諸人的觀點。要想真正解決《禹跡圖》與《海內華夷圖》的關係問題，就必須重新審視上述畢沅等人的三點基本理由，判別其是否能夠成立。

畢沅判斷，阜昌石刻《禹跡圖》出自毛晃《禹貢指南》稱引的"先儒所刻《禹跡圖》"，這一點很有見識。但是，毛晃所說"先儒"，是否一定為宋代以前的唐人，或是更早的學者，則還需要進行斟酌。畢沅沒有具體交待毛晃的行年，而約略與其同時的四庫館臣對此略有考訂：

> 晃，《宋史》無傳，其始末未詳。世傳其《增注禮部韻略》，於紹興三十二年表進，自署曰"衢州免解進士"，蓋高宗末年人也。[25]

依此，毛晃為南宋初高宗時人。那麼，當時人所說的"先儒"，一定是指"宋以前"的唐代或是比這更早的學者麼？

事實並非如此。程大昌為紹興二十一年進士，行年與毛晃相若，也與毛晃一樣,為當時研治《禹貢》的知名學者。程氏在所著《禹貢山川地理圖》的序文中,敍述其撰述體例時說道:"臣今稽求先儒舊說,……舊說既竟,乃出臣愚見,別為圖以綴其後。"而文中實際引述的"先儒舊說",包括有北宋神宗(公元 1068～1085 年)前後的王安石、蘇軾等人的觀點㉖。可見,對於高宗紹興年間(公元 1131～1162 年)的人來說,六七十年以前的北宋學者,是完全可以稱之為"先儒"的。所以,根本沒有必要一定遠到前朝亦即唐代去找尋毛晃《禹貢指南》稱引的"先儒"《禹跡圖》的作者。

曹婉如經過深入研究後得出結論說,阜昌石刻《禹跡圖》其上石底圖的繪製年代,是在北宋神宗元豐四年(公元 1081 年)至哲宗紹聖元年(公元 1094 年)之間㉗。如上所述,按照當時的習慣,毛晃完全可以把這一時期的學者稱之為"先儒"。如同研治中國地圖學史的學者眾所熟知的那樣,宋代依據這一底圖上石的圖碑以及留存至今的碑石,都不止一處。所以,《禹貢指南》提到的"先儒所刻《禹跡圖》",應當是與此阜昌石刻《禹跡圖》內容完全相同的另一石刻圖碑或者拓本。如此一來,便排除了畢沅據以立論的邏輯前提。

畢沅謂《唐書》稱賈耽《海內華夷圖》"中國本之《禹貢》,外夷本班固《漢書》。古郡國題以墨,今州郡題以朱",這是援引《新唐書·賈耽傳》的記述。自從北宋修成《新唐書》並經朝廷頒行以後,經歷宋、元、明三朝,直到清朝前期,《新唐書》一直頂替後晉時劉昫領銜監修的《舊唐書》,佔據著"正史"的位置。南宋人所說"十七史",明朝人所說"二十一史",都只有《新唐書》而不包括《舊唐書》㉘,因而《舊唐書》便很少有人閱讀利用。早在南宋時期,金人王若虛即感歎其書近乎廢置㉙;明代學者中即使是以讀書淵博著稱的楊慎,也只是從他人著述中偶然窺知《舊唐書》一點點內容㉚;胡應麟更明確講述說,自從《新唐書》行世,劉昫此書即被廢棄㉛。清初博學多聞的大學者閻若璩,起初在很長一段時間內,書齋中亦僅能收有一部殘本,後來偶然"忽得其全",才得以通讀全書,不禁感歎"如此等史學,豈不經天緯地"㉜。從乾隆四年起,《舊唐書》雖然得以與《新唐書》相並列,躋身於"正史"之列,但一般清朝人涉及唐代歷史時,仍多引據《新唐書》㉝。清人畢沅等捨棄《舊唐書》而用《新唐書》,正是緣於這一背景。

《新唐書》的撰述原則是"文省事增",即"其事則增於前,其文則省於舊"㉞，用比《舊唐書》減省的文字來記述比它更多的內容。想法雖好，做起來卻很難。刻意追求文字減省，往往會傷害文意，特別是會損失有價值的史料㉟。這種缺陷，在宋祁執筆撰修的列傳當中尤為明顯。宋祁行文用筆，過分追求雕琢文句，自矜其所撰《新唐書》列傳，差可"自明一家"，傳之不朽㊱，可是，正因為宋氏刻意"但做自家文字，故唐事或多遺漏，世以為不如劉昫之書為勝"㊲。宋人劉器之最早評判云："《新唐書》好簡略其辭，故其事多鬱而不明。"㊳金人王若虛更激烈抨擊宋祁不明作史筆法説："作史與他文不同，寧失之質，不可至於華靡而無實；寧失之繁，不可至於疏略而不盡。宋子京不識文章正理而惟異之求，肆意雕鐫，無所顧忌，所至字語詭僻，殆不可讀，其事實則往往不明，或乖本意。自古史書之弊，未有如是之甚者。"㊴明人楊慎在對比部分内容後即做出結語道："《舊書》所載，問答具備，首尾映照，千年之下，猶如面語；《新書》所載，則剪截晦澀，事既往，文又不通，良可嘅也。"㊵清人顧炎武乃將《新唐書》這一缺陷概括為"簡而不明"㊶。可見《新唐書》這一弊病，自宋代以來已有定論。

在《新唐書》這些"簡而不明"的記述當中，特別是由於宋祁本人不喜歡對偶駢句，認為"以對偶之文入史策，如粉黛飾壯士，笙匏佐鼙鼓"，兩不相宜，因而，在纂述《新唐書》時，主張盡可能"捨對偶之文"，對這類文籍無不大加删削㊷，往往以其恣意過甚而致使文辭嚴重失實，賈耽傳中駢文的命運同樣也是如此。

《新唐書·賈耽傳》相關原文為：

> （賈耽）又圖《海內華夷》，廣三丈，從（縱）三丈三尺，以寸為百里。並撰《古今郡國縣道四夷述》，其中國本之《禹貢》，外夷本班固《漢書》，古郡國題以墨，今州縣以朱，刊落疏舛，多所釐正。㊸

上面引文的句讀均從中華書局點校本。按照這樣的讀法，《古今郡國縣道四夷述》以下的内容，應當與《海內華夷圖》無關。

不過，畢沅等輩當年閱讀《新唐書》時，也完全可以在"《古今郡國縣道四夷述》"之下句斷。這樣，"其中國本之《禹貢》，外夷本班固《漢書》，古郡國題以墨，今州縣以朱"云云，就完全可以理解為是針對《海內華夷圖》

而言；至少是兼指《海內華夷圖》和《古今郡國縣道四夷述》二者。畢沅正是這樣解讀《新唐書・賈耽傳》的記述，從而得出了《海內華夷圖》包含有《禹貢》地理等歷史地理內容，並由這些內容，推導出阜昌石刻《禹跡圖》與賈耽《海內華夷圖》的聯繫。

那麼，究竟是中華書局點校本的解讀正確，還是畢沅的解讀正確呢？《舊唐書・賈耽傳》載有賈耽進呈《海內華夷圖》時所上表文，使用的文體，正是當時通行的駢文。與《新唐書・賈耽傳》相對比，知上面引述的《新唐書》文字，乃是由賈耽進書表壓縮點竄而成。因與此圖同時進呈的還有賈耽所撰《古今郡國縣道四夷述》四十卷，所以，在這篇進書表當中也講到了《古今郡國縣道四夷述》一書。表文開頭，包括如下三部分內容：第一部分，講四夷地理為古來通儒所難詳知；第二部分，賈耽講他本人自弱冠以來三十年間，一直注意尋訪記錄域外地理風俗；第三部分，講述唐朝華夏聲教被于四海，故有繪製《海內華夷圖》之必要。接下來的第四部分，就是對繪製《海內華夷圖》以及撰述《古今郡國縣道四夷述》的具體說明：

> 臣幼切磋於師友，長趨侍於軒墀。自揣屑愚，叨榮非據，鴻私莫答，夙夜競惶。去興元元年，伏奉進止，令臣修撰國圖，旋即充使魏州、汴州，出鎮東洛、東郡，間以眾務，不遂專門。績用尚虧，憂愧彌切。

> 近乃力竭衰病，思殫所聞見，叢於丹青。謹令工人畫《海內華夷圖》一軸，廣三丈，從（縱）三丈三尺，率以一寸折成百里。別章甫左衽，奠高山大川；縮四極於纖縞，分百郡於作繪。宇宙雖廣，舒之不盈庭；舟車所通，覽之咸在目。

> 並撰《古今郡國縣道四夷述》四十卷。中國以《禹貢》為首，外夷以班史發源。郡縣紀其增減，蕃落敘其衰盛。前地理書以黔州屬酉陽，今則改入巴郡；前西戎志以安國為安息，今則改入康居。凡諸疏舛，悉從釐正。隴西、北地，播棄於永初之中；遼東、樂浪，陷屈於建安之際。曹公棄陘北，晉氏遷江南，緣邊累經侵盜，故墟日致堙毀。舊史撰錄，十得二三，今書搜補，所獲太半。《周禮・職方》，以淄、時為幽州之浸，以華山為荊河之鎮，既有乖於《禹貢》，又不出於淹中，多聞闕疑，詎敢編次。其古郡國題以墨，今州縣題以朱，今古殊文，執習簡易。

    臣學謝小成，才非博物。伏波之聚米，開示衆軍；鄭侯之圖書，方知
    阨塞。企慕前哲，嘗所寄心，輒罄庸陋，多慚紕繆。⑭

  以上引文的段落劃分，是依照我對原文內容的理解（今中華書局點校本《舊唐書》，係連結為一個大的段落）。這樣不憚其煩地——敍述賈耽進書表每一部分的內容，並全文引述以上具體說明《海內華夷圖》和《古今郡國縣道四夷述》的文字，是因為非如此便無法準確理解賈耽的本意⑮。

  仔細審讀上引賈耽進書表的內容，可以看到，其每一段文句所要表述的內容，是非常清楚的。第一段，賈耽講述他受詔修纂"國圖"的經過。根據上下文內容，這裏所謂"國圖"，應當是指包括周邊地區在內的唐朝全圖，賈耽繪製的《海內華夷圖》，就是這樣的"國圖"。第二段，講述《海內華夷圖》的形式和內容。第三段，講述《古今郡國縣道四夷述》的內容與書寫形式。第四段，結束語。對比進書表這些內容與畢沅據以立論的《新唐書·賈耽傳》，可知《新唐書·賈耽傳》記述的"中國本之《禹貢》，外夷本班固《漢書》，古郡國題以墨，今州縣以朱"云云，原來均出自賈耽進書表中關於《古今郡國縣道四夷述》的敍述，而語義已經變得含混不明。如前文所述，賈耽進書表前三個部分的敍述，都是圍繞着《海內華夷圖》展開的，而在這些敍述當中，都只是談論唐代當時的四夷地理問題，絕然沒有提及要表述古代的情況；上引第四部分第二段，在講述《海內華夷圖》時，也只是說將用以"別章甫左衽，奠高山大川；縮四極於纖縞，分百郡於作繪"，顯然只是用來反映唐朝及其周邊各地，也就是"華夷"兩區的地理狀況，根本不涉及唐代以前的"歷史地理"問題。至於《古今郡國縣道四夷述》這部書籍，其內容則與《海內華夷圖》完全不同。

  從賈耽進書表中可以清楚看到，《古今郡國縣道四夷述》的撰述宗旨，就是要反映自《禹貢》以來歷代的地理沿革，所以才需要"今古殊文"，才會有"古郡國題以墨，今州縣題以朱"這樣的表記形式。日本學者榎一雄雖然早在20世紀30年代就注意到《舊唐書·賈耽傳》中的進書表要遠比《新唐書》完整，但令人遺憾的是，榎氏在分析這篇表文時，因理解不夠透徹，誤以為賈耽有關《古今郡國四夷述》的敍述，是從"中國以《禹貢》為首，外夷以班史發源"開始，迄至"多聞闕疑，詎敢編次"終止，而錯把"其古郡國題以墨，

今州縣題以朱，今古殊文，執習簡易"這句最關鍵的話，視作與《古今郡國四夷述》無關的內容，以致與正確的結論失之交臂⁴⁶。

以上對賈耽進書表的分析表明，畢沅對《新唐書·賈耽傳》相關記述的理解，係張冠李戴，把《古今郡國縣道四夷述》的內容，錯置到《海內華夷圖》上，因此，是完全錯誤的。而《海內華夷圖》上既然根本不含有《禹貢》等古代地理內容，那麼，依據它來編制反映《禹貢》地理的《禹跡圖》，自然也就成為"無根之談"，不能成立了。單純從繪圖技術角度來看，將古往今來華夏夷狄衆多性質迴異的地理要素標繪於同一圖幅之上，其負載量必將過於繁重，即使是在今天，依然是一件非常困難的事情，我們很難想像唐朝人能夠編繪出如此複雜的地圖⁴⁷。前文講到，曹婉如雖然不贊同《禹跡圖》出自賈耽《海內華夷圖》的觀點，而卻未能提出有力的論證，就是因為她同樣錯誤地認為，賈耽《海內華夷圖》是古今並舉，可以為《禹跡圖》提供直接的編繪依據⁴⁸。

明末和清朝印製的輿地沿革圖亦即現代術語所稱之"歷史地圖"，往往以朱、墨兩色相對照來分別表示古、今不同時期的內容⁴⁹。畢沅等人誤識《新唐書》句讀，將描述《古今郡國縣道四夷述》的"（其）古郡國題以墨，今州縣以朱"這句話，錯置到《海內華夷圖》上面，在很大程度上，可能是受到了這種當時通行的歷史地圖印製形式的暗示和影響。

在這一問題上，明清版刻印刷形式對畢沅等人認識的影響，似乎還不止於此。版刻上的朱墨套印技術，是伴隨着明代後期評點古文風氣的興盛而普遍出現的，因此，絕大多數套印印刷品，是詩文品評類書籍，用這一技術印製的歷史地圖，在所有朱墨套印書籍中，只佔有很小一部分份額，微不足道（另有一小部分套印繪畫書籍）。顯而易見，朱、墨兩色套印的作用，主要是用於區分本文和評點內容，而在大多數情況下，不管是往古先賢還是並世文人，詩篇文章，都是要任由他人評點的。套色雕版印書，費時費工，耗資耗材，在很大程度上也正因為評點的內容與被評點的詩文不是出自一人之手，才需要不憚工費以省眉目。所以，在畢沅一輩人的意識當中，地圖和繪畫以外朱墨套印書籍文字的不同顏色，恐怕是與不同的作者緊密聯繫在一起的；畢沅等人恐怕很難想到，同一個人撰述的文字內容，還需要如此費時耗力地使用不同的顏色來表示。

唐代中期以後，雖然已經發明並應用雕版印刷術，但只是印製通書性曆本、字書、宗教讀物等，尚未用以印製經、子、史書以及完整的詩文集，直到後唐長興三年始正式刊刻經籍[50]。所以，《古今郡國縣道四夷述》在撰成後，自是以書寫形式行世。這樣，作者在撰述時，便可以依據閱讀的需要，分別使用朱、墨兩種墨色，來書寫一些特殊內容的書籍。因為他人傳錄流通，並不像套色印刷工藝那樣費事，甚至可以說是一件輕而易舉的事情[51]。

事實也正是這樣。早在東漢時期，就有賈逵所撰闡釋《春秋左傳》的著述，以"春秋左氏經傳朱墨列"作為書名[52]。"列"字在此乃次第之義[53]，所以，這一書名當中的所謂"朱墨列"，應即分別用朱、墨兩色來區分不同內容，以明其輕重主從次第。稍後在漢魏之際，復有名董遇者，"善《左氏傳》，更為作《朱墨別異》"[54]，書名更明確顯示出這應當是並施朱、墨兩色書寫的書籍。

董遇之《朱墨別異》，在當時即無所傳承[55]；賈逵之《春秋左氏經傳朱墨列》具體如何區分使用朱、墨兩種顏色，今亦無從得知。文獻中所見關於朱墨兩色書籍顏色區分方式的最早記載，是西晉時人劉兆朱墨書《春秋全綜》：

> 為《春秋左氏》解，名曰《全綜》，《公羊》、《穀梁》解詁皆納經傳中，朱書以別之。[56]

既云"為《春秋左氏》解"，自是以《左傳》為主而一並吸納《公羊》、《穀梁》兩家，其所謂"朱書以別之"者，也應是以朱、墨區分主、從。

稍後，南朝蕭梁時人陶弘景纂集《真誥》，因所輯錄內容，分別出自前後不同時期的幾位宗師或道士，書寫時便使用了朱、墨、紫幾種顏色來加以區別。陶氏自述其書寫形式云：

> 凡有紫書大字者，皆隱居（德勇案：陶弘景號"華陽隱居"）別抄取三君手書經中雜事，各相配領，共為證明。諸經既非聊耳可見，便於例致隔，今同出在此，則易得尋究。又此六篇中有朱書細字者，悉隱居注，以為志別。其墨書細字，猶是本文。[57]

又唐人劉知幾在《史通》中也談到南朝時期一些朱墨雙色書籍的情況：

> 陶隱居《本草》，藥有冷熱味者，朱墨點其名；阮孝緒《七錄》，書有文德殿者，丹筆書其字。[58]

阮孝緒與陶弘景處於同一時代，而文德殿是蕭梁一朝宮廷藏書的處所，阮孝緒纂輯《七錄》，乃是褒集宋齊以來衆家書目以成書，其中梁劉孝標編纂的《天監四年文德殿正御及術數書目錄》，是其最主要的資料來源，這也是蕭梁一朝的官藏總目，所以阮孝緒特地用丹筆朱書，以與其他書籍相區別；而陶弘景區分出一部分具有特殊藥性的藥物而點以紅色，實際上只不過是朱筆書寫的一種省略形式[59]。

瞭解到中國書籍發展史的這一背景，就很容易理解，賈耽之《古今郡國縣道四夷述》以朱、墨分別古、今地理建置，其書寫方式，與劉兆之《春秋全綜》、陶弘景之《本草》以及阮孝緒之《七錄》這樣一些朱墨雙色書籍，本是一脈相承。實際上在賈耽所生活的唐代，同類書寫形式，本來也比較通行，並不是賈耽別出心裁，刻意模仿古制。唐人著述以朱墨雙色寫錄書籍的例證，譬如陸德明《經典釋文》，乃是"以墨書經本，朱字辨注，用相分別，使較然可求"[60]；又如郭京撰著《周易舉正》，係鑒於通行舊本文多訛謬，於是"依定本舉正其謬，仍於謬誤之處，以朱書異之"[61]。當時社會上更爲通行的雙色書寫讀物，如唐代集賢院"自置院之後，每年十一月內，即令書院寫新曆日一百二十本，頒賜親王公主及宰相公卿等，皆令朱墨分布，具注曆星，遞相傳寫，謂集賢院本"[62]。作者手書原本之外的傳錄本，其傳世實物，則有敦煌所出唐玄宗李隆基御注《老子道德真經注疏》，係朱書經文，墨書疏語[63]。

其實，直到宋代雕版印刷書籍通行以後，這種朱、墨雙色書寫形式，仍存留在一部分稿本和寫本當中。宋代雙色乃至三色書寫的書稿，如北宋宋咸著《補注周易》，其書即"朱墨發端，粲然可睹"[64]；再如《宋史・儒林傳》載范冲"之修《神宗實錄》也，爲《考異》一書，明示去取，舊文以墨書，刪去者以黃書，新修者以朱書，世號'朱墨史'"[65]。宋陳振孫《直齋書錄解題》記同事曰："《考異》者，備朱、墨、黃三書，而明著其去取之意也。"[66]類似的例證，還有南宋人薛季宣以"秘閣本"、"京師本"等不同傳本校勘韓偓《香奩集》，所校定新本係"以朱墨辨閣、京本"[67]。後世雙色寫本中最常見易知的例證，乃是明初纂錄的《永樂大典》，其引用的書名用朱色，具體內容用墨色，便是沿承古代朱、墨寫本舊規⑱。

畢沅因未讀《舊唐書》本傳所載賈耽進書表，以致產生上述錯誤認識，應該可以理解。不過，王庸在通讀賈耽進書表全文的情況下，仍然錯誤地把本來屬於《古今郡國縣道四夷述》的"歷史地理"內容，安放到《海內華夷圖》上，則除了主觀上的疏忽之外，在客觀上，還應當與日本學者內藤虎次郎的影響，具有很大關係。內藤氏所撰《地理學家朱思本》一文，在同樣依據《新唐書·賈耽傳》而錯誤解讀賈耽進書表的前提下，誤將《海內華夷圖》視為歷史地理圖，並且認為，《海內華夷圖》以朱墨分注古今地名，為後世沿革地圖用朱墨對照古今地理之鼻祖⑲。在這一點上，王庸完全承用了內藤虎次郎的觀點（譚其驤同樣錯誤地認為賈耽的《海內華夷圖》是"用古墨今朱法繪成"的"在世界地圖學史上有重要地位的歷史地圖"）⑳。蓄此觀念，先入為主，審視賈耽進書表時誤入歧途，自是殊難避免。

需要指出的是，劉起釪在論述賈耽《海內華夷圖》時，對賈耽進書表的錯誤理解，要比內藤虎次郎走得更遠。劉起釪在前人基礎上進一步引申發揮說，《海內華夷圖》表述唐代以前的古地理，不僅包含《禹貢》的內容在內，而且就是"以《禹貢》地圖為中心"；《海內華夷圖》上的"中國"，亦即唐朝疆域內部分，乃是"全依《禹貢》繪製"。劉氏並且稱述它是"唐代《禹貢》學極大的一項成就"㉑，直接將《禹貢》地理，看作是《海內華夷圖》最核心的內容。劉氏所說，除了賈耽進書表之外，沒有其他任何依據，可以說完全出自錯誤的揣測。既然是以這樣的錯誤揣測為前提，那麼，他錯誤地把《海內華夷圖》與反映《禹貢》地理內容的《禹跡圖》徑行聯繫到一起，以為它是阜昌石刻《禹跡圖》的編繪依據，便絲毫不足為怪了㉒。

王國維和王庸在論述《禹跡圖》與賈耽《海內華夷圖》的關係時，實際上都是拋開《禹跡圖》不談，僅僅從《華夷圖》入手進行論證。如前所述，在阜昌石刻《華夷圖》的圖碑題記中，本已明確說明，此圖的"四方蕃夷之地"，在繪製時主要取材于賈耽的《海內華夷圖》。所以，儘管阜昌石刻《華夷圖》到底是通過何種途徑、以及在多大程度上利用了賈耽的《海內華夷圖》，還需要進一步討論，但是繪圖者直接或是間接利用了《海內華夷圖》這一點，實際上並不需要論證，學術界對此也一向沒有異義。問題是並不能因為

《華夷圖》與《禹跡圖》鐫刻在同一方碑石上，就可以像王國維、王庸那樣，想當然地判定二者是依據同一底圖編繪，即《華夷圖》利用了《海內華夷圖》，並不等於《禹跡圖》也一定利用了賈耽此圖。

阜昌石刻《禹跡》、《華夷》二圖雖然同刻于一石，但事實上在這兩幅地圖之間，卻沒有任何內在聯繫。

首先，在繪製技術和表現形式方面，這兩幅地圖具有明顯差別。如前所述，《禹跡圖》鐫刻上石，要比《華夷圖》早半年。《禹跡圖》採用"開方計里"的方法，在圖面上用方形網格來表示比例，並依此控制各個地點的相對位置，因此，其所繪東部海岸輪廓、黃河與長江、淮河等河流的河道走向等地理要素，都比較準確，與今天的實測地圖，大體接近；而晚出的《華夷圖》不僅沒有使用方形網格，而且圖上地理要素相對位置的準確性，要比《禹跡圖》遜色很多。假如二者依據的是同一幅底圖，是絕不應該出現這種情況的。早在20世紀20年代，顧頡剛即明確判斷説："《華夷圖》與《禹跡圖》海岸線不同，足徵非出一手所畫也。"[73]

可是，如上文所引述，王庸卻曲為解釋説，二者雖然都出自賈耽《海內華夷圖》，但"注意中原地理的錄成《禹跡圖》，因為中原地理方位比較詳明，可以畫方；而四夷邊疆的方位不夠正確，注意邊疆四夷的只能錄取其四夷輪廓，畫方沒有什麼作用，便縮繪成不畫方的《華夷圖》了"。即使四夷的地理方位，資料粗疏，不需要或者是沒有辦法用畫方法準確標繪，那也不可能特意去把底圖上本來相當準確的宋朝疆域內的地理要素，改畫成此等粗疏模樣。王庸的説法，無法令人信服。

事實上，英國人李約瑟在1959年出版的《中國科學技術史》地學卷中，已經注意到《禹跡圖》與《華夷圖》應當出自兩種不同的製圖傳統[74]；後來，王成組更從這兩幅地圖的名稱上，分別把它們同西晉裴秀的《禹貢地域圖》和賈耽的《海內華夷圖》直接聯繫起來[75]，展現出兩種不同的淵源。

其次是《禹跡》、《華夷》兩圖，在內容上存在着明顯出入。《禹跡圖》是在宋朝的疆域政區山川上，反映《禹貢》記載的地理要素；《華夷圖》是以宋朝的疆域政區山川為中心，反映周邊四夷的地理位置。因此，這兩幅地圖都繪有宋朝的疆域政區山川。假如二者依據的是同一幅底圖，那麼，這兩幅圖上標繪的宋朝疆域政區山川，理應基本一致；至少，不應出現特別大的差異。黃河河道是這兩幅圖上最引人注目的地理要素。可是，如同曹婉如所指出的那樣，《禹跡圖》上的黃河河道，是宋仁宗慶曆八年（公元1048年）以後的流路，而《華夷圖》上的黃河河道，卻是慶曆八年以前的流路；又如《禹跡圖》上的政區設置，截止于宋神宗元豐三年（公元1080年），而《華夷圖》上的政區設置，則截止于宋徽宗政和七年（公元1117年），其間相差將近四十年[⑯]。出入如此之大，無論如何也不應該出自同一來源。

《禹跡圖》與《華夷圖》之間，既然不存在任何關聯，那麼，王國維等由《華夷圖》與《海內華夷圖》的聯繫來推斷《禹跡圖》源出於或是很大程度上參據了《海內華夷圖》，也就完全站不住腳了。

以上論述表明，前人推斷阜昌石刻《禹跡圖》出自賈耽《海內華夷圖》，缺乏可信依據，不能成立；《禹跡圖》與賈耽的《海內華夷圖》並沒有直接關聯。

二　《禹跡圖》與宋代的《禹貢》學

阜昌石刻《禹跡圖》既與賈耽的《海內華夷圖》並無關聯，那麼，其得以產生的歷史淵源和現實緣由又在哪里呢？由於《禹跡圖》碑上並沒有留下明確的注記可資考索，即如清人王昶所云，此阜昌《禹跡圖》連同《華夷圖》兩碑，俱"但紀歲月，不著所以刻石之故"[⑰]，因此，解析這一問題，不能只是就地圖論地圖，還需要關注隱伏在這幅地圖後面的學術脈絡和社會背景。

《禹跡圖》用以表述《禹貢》記載的上古地理，而《禹貢》是《尚書》當中的一篇。由於從戰國時期起，《尚書》即被尊奉為儒家的經典，漢代以後，隨着儒家正統地位的確立，它更受到整個社會的普遍尊崇，具有了更強的神聖性，所以，闡釋《禹貢》的地理問題，也從很早起就成為儒生治學的一項重要內容。另一方面，《禹貢》是以記述夏朝各地貢賦的面目而出現的，過去還一向被視作記錄夏代歷史的典籍。關於上古的歷史，文獻記載極為疏略，夏代以前，沒有比《禹貢》更為完整的記載，因而，在後世的古史著述當中，也受到高度重視。其用以闡釋上古地理者，如東漢班固在《漢書·地理志》

中轉錄《禹貢》全文，以此來反映夏朝的地理面貌，並在西漢郡國的敍述中，特地注明《禹貢》山水澤地所在的位置；其視同一代史乘者，則如西漢的司馬遷，在其撰述《史記·夏本紀》時，便是整體迻錄《禹貢》的文字，藉以反映夏代的歷史。

反映《禹貢》的地理內容，地圖最為直觀、明晰。繪製這樣的地圖，首先要有社會的迫切需求，其次還需要一定的社會條件。制約人們繪製《禹貢》地圖的社會條件，因時而異，需要針對各個時期的不同情況，做出具體的分析。

文獻中提到的最早的《禹貢》地圖，似乎應是南朝蕭梁任昉提到的石刻《禹九州圖》[78]。任昉在《述異記》一書中記述說："魯班刻石為《禹九州圖》，今在洛城石室山。"[79]魯班是春秋時期魯國的能工巧匠，後世對他有許多神化的傳說，而按照現在學術界通行的看法，《禹貢》實際上是由戰國時人假託夏禹時期制度而撰述成書；另外，在春秋時期以前，確實可信的石刻文字，僅見有秦國的石鼓文，還沒有出現任何摩崖刻石，所以，魯班根本不可能刊刻這樣的《禹九州圖》。又《述異記》所記係奇聞異事，多非史實，而此《禹九州圖》別無記載，不管其是否出自魯班之手抑或刊刻於春秋時期，若果然曾有這樣重要的地圖鑴刻於煌煌山崖，按照常理，似乎也不應該再絕無他人知見。所以，《述異記》這一記載，應純屬烏有虛語，盡可置之不論。

在切實可靠的文獻記載當中，最早出現的《禹貢》地圖，是東漢永平十二年明帝在派遣王景主持修治黃河河道時，"乃賜景《山海經》、《河渠書》、《禹貢圖》及錢帛衣物"[80]。此《禹貢圖》未見後人著錄，內容不詳，唐李賢等注《後漢書》時即已無從疏解，不過審視它同《山海經》以及《史記》之《河渠書》相並列的情況，以及王景治河的用途，可以推斷，應是用以表述《禹貢》所記山川形勢的地圖，即疏解《禹貢》的地理記述[81]，這樣的內容，顯然應當屬於經學的範疇。

至西晉時期，又有由裴秀主持繪製的《禹貢地域圖》（圖名全稱為《禹貢九州地域圖》，又省稱為《地域圖》[82]）。此圖久已失傳，《晉書·裴秀傳》記述裴秀之撰述緣起云：

秀儒學洽聞，且留心政事。……以職在地官，以《禹貢》山川地名從來久遠，多有變易。後世說者，或強牽引，漸以闇昧。於是，甄摘舊文，疑者則闕；古有名而今無者，皆隨事注列，作《禹貢地域圖》十八篇，奏之，藏于秘府。[83]

據此，裴秀編制《禹貢地域圖》的主要目的，只是用來表述《禹貢》所記載的山川地名。然而，《晉書·裴秀傳》尚載錄有裴秀為此圖所撰序文，文中卻還提到其他一些內容：

今上考《禹貢》山海川流，原隰陂澤，古之九州及今之十六州，郡國縣邑，疆界鄉陬及古國、盟會舊名，水陸徑路，為地圖十八篇。[84]

按照裴秀本人的說法，在這部《禹貢地域圖》當中，除了《禹貢》記述的"山海川流，原隰陂澤"等地理內容之外，還包括有當時的州郡縣邑狀況，還有古國所在的位置以及列國盟會地點等項要素。

作者當時的地理狀況，是確定《禹貢》當中各項地理要素位置所必需的參照座標，出現在《禹貢地域圖》中，自不足為怪。不過，對於"古國、盟會舊名，水陸徑路"，卻應當特別予以注意。

衆國林立，本是春秋時期獨有的地理格局；列國相與盟會，則是春秋時期頻繁發生的政治活動。據《水經注》等書記載，當時協助裴秀編制《禹貢地域圖》的京相璠等人，曾為此特地先行撰作《春秋土地名》一書[85]。可見，所謂"古國、盟會舊名，水陸徑路"，應當是用以反映春秋時期各諸侯國的地理位置、列國會盟的地點，以及各國之間相互往來的路徑。

那麼，在《禹貢地域圖》中，為什麼要特地列出這些古國和盟會的地名及其往還通道呢？對於反映《禹貢》地理內容的地圖，現代學者，一直是以歷史地圖視之。如吳其昌在20世紀20年代論述王景所得《禹貢圖》說"此當屬於歷史地圖"[86]。陳連開在分析《禹貢地域圖》的內容後得出結論說，裴秀此圖"是以歷代區域沿革圖為主體的歷史地圖集"[87]；譚其驤也曾經說道，中國最早的歷史地圖集，"應該追溯到西晉裴秀的《禹貢地域圖》[88]。若是完全依照現代的學術體系來看待這些內容的話，故國盟會地點和往來路徑，自然屬於"歷史地理"的範疇，這部《禹貢地域圖》亦自然應當視作"歷史地圖集"。然而，在裴秀生活的西晉時代，情況卻與此有很大不同。

在依據西漢劉向、歆父子《七略》改編的《漢書・藝文志》當中，行用六部分類法，諸如陸賈《楚漢春秋》、《太史公》（即司馬遷《史記》）、《漢大年記》等等，這些明顯屬於後世書籍四部分類之史部裏面的書籍，只是附着於六藝略春秋類下[⑱]。六部分類法中的六藝略，與後世四部分類法當中的經部約略相當，這說明在漢朝人看來，史學只是經學的一個附庸，還沒有被視作一個獨立的學科部門。

到西晉時期，情況發生了很大變化。裴秀同時人荀勖與張華，援依西漢劉向、歆父子舊規，纂錄《中經新簿》，創立四部分類法，其中的甲部，係"紀六藝及小學等書"，基本上相當於後來經部的內容；丙部則"有史記、舊事、皇覽簿、雜事"，大體相當於後世史部的內容[⑲]。這反映出史學已經發展成為獨立于經學之外的另一個專門學術領域。胡寶國對於經學與史學的分離過程，曾有精闢論述，指出："西晉人開始頻頻使用'經史'一詞，意味着經與史發生了分離。"[⑳]所以，在分析《禹貢地域圖》所從屬的學術領域時，需要首先將史學與經學區分開來。

《禹貢》的解説和研究，屬於經學的範疇，這一點固不待煩言；不過，以往的研究者如陳連開等人並沒有意識到裴秀在《禹貢地域圖》中特地開列"古國、盟會舊名"及其"水陸徑路"，同樣也是出於經學闡釋的需要。這是因為關於這些內容的系統記載，只有經書《春秋》和闡釋《春秋》的著述《左傳》，裴秀在地圖上繪出這些內容，實際上是用地圖來表述這一經一傳所記史事的空間關係[㉒]。就在裴秀編繪《禹貢地域圖》的同一時期，杜預撰述《春秋經傳集解》，亦與其書相匹配，製作有《盟會圖》和《春秋長曆》等，以"備成一家之學"[㉓]，也就是他的《春秋》、《左傳》之學，這可以更清楚地印證裴秀在《禹貢地域圖》內設置這些"古國、盟會舊名"及其"水陸徑路"的用意所在。由此可以看出，裴秀的《禹貢地域圖》，與其說是一部歷史地圖集，不如將其稱作"解經地圖集"，似乎要更為合乎當時的實際情況，其性質應與東漢明帝賜與王景的《禹貢圖》基本相同。

裴秀在這時編纂這樣一部解經地圖，除了他本人當時身任司空，"職在地官"，職務與地理多少有些關係[㉔]，而且他對編繪製作地圖也頗有興致之外[㉕]，更為重要的是他還依託着與此相應的學術背景；再向前追溯，漢明帝賜與王景的《禹貢圖》也是如此。

作爲解經地圖，首先需要考慮經學研究和應用對它的需求，以及經學已有的研究程度，是否足以保證能夠編制出這樣的地圖。

經今古文社會地位的興替變化，是經學演變的一條基本脈絡。兩漢時期，除西漢末年至王莽新朝很短暫一段時間内古文經學曾與今文經學相並立之外，經學的主流，一直爲今文經學所佔據；直到東漢末年，以鄭玄爲代表的古文學家，才取代今文經學的主流地位。然而，官學博士的位置，卻依然爲今文學家所獨擅。逮至三國時期，曹魏官學起初大致依循東漢舊制，至其末年，則已經改以古文經學爲主；而同時之蜀、吳兩國，亦俱興古文，官學統統改由古文經學家所控制。王國維對今古文經學的演變歷程，曾有論述說："學術變遷之在上者，莫劇於三國之際。"[96]西晉沿承曹魏末年的局面，不論官學、私學，都同樣是由古文經學佔據絕對主流[97]。

今文經學與古文經學在學術方法上有一項重要區别，即前者着意發揮微言大義，後者偏好訓詁文字、疏釋典章制度。惟漢儒治經，於闡揚經義之外，還常常用以施政，史稱"以經術潤飾吏事"[98]。其"以經術潤飾吏事"之與研治《尚書·禹貢》相關者，在疆域治理方面，有賈捐之在元帝初元元年，當被元帝諮詢他對待珠厓反叛，或擊或棄，於"經義何以處之"時，賈氏議曰："臣愚以爲非冠帶之國，《禹貢》所及，《春秋》所治，皆可且無以爲。願遂棄珠厓。"[99]而應用所學《尚書》行事最多者，則莫若援依《禹貢》來治理黄河水患，即漢朝人所云"按經義治水"[100]。《漢書·溝洫志》記述此等事例甚夥，如宣帝地節時許商以"治《尚書》，善爲算"而受命治河等，其中尤以西漢哀帝初年平當"按經義治水"的舉措最爲著名[101]。平當其人原本跟從林尊習歐陽氏今文《尚書》[102]，起家出身即是"以明經爲博士，公卿薦當論議通明，給事中，每有災異，當輒傳經術，言得失"；後來特以其"經明《禹貢》"，而"使行河，爲騎都尉，領河堤"[103]，乃以專使身份掌管治理黄河河道。平當的治河方略，便是依照《禹貢》記大禹治水"有決河深川而無堤防壅塞之文"的情況，力主"宜博求能浚川疏河者"[104]。前述東漢時王景受命治河道，而明帝賜以《禹貢圖》，性質應當與此相似，同樣是令其援依經義來整治黄河河道。

清代研究《禹貢》最著名的學者胡渭，在康熙年間曾經指出："《禹貢圖》

之名，自後漢永平中賜王景始也。"⑩若僅就明確見於文獻記載而言，此說誠是，但清人姚振宗後來推測說，明帝賜給王景的《禹貢圖》，原本應出自西漢時期，而且"疑即（平）當所作"⑩，所說似乎要比胡氏更勝一籌。至於雍正乾隆間人徐文靖謂漢明帝賜予王景的《禹貢圖》，"當猶是收秦圖書所得"⑩，亦即目之為蕭何隨劉邦入關時所得秦咸陽城舊物，此等推論完全無從究詰，恐怕求之過遠，有些不着邊際了。

這一類"禹貢圖"由於久已失傳於世，其中究竟包含有哪些內容，現在已經不易確知。不過，就在東漢明帝在位期間，班固撰述《漢書·地理志》，兼採《尚書》今古文說，在各郡國屬縣下一一開列《禹貢》山川水澤⑩，假若不是手中持有一份《禹貢》地圖，班氏恐怕很難做出這樣清晰的記述。由此可以推測，明帝賜予王景這份《禹貢圖》的內容，應當與《漢書·地理志》有關《禹貢》的記述大體相當；或者說班固所依據的《禹貢》地圖，與明帝頒賜給王景的《禹貢圖》，應當相差無多。

在班固撰述《漢書·地理志》的東漢明帝時期以前，距《禹貢》的成書年代，相去尚不甚懸遠，因此，地名的變化也還有限，而且易於尋繹其遷改軌轍，編繪這種《禹貢》地圖，應該不會十分困難；至少會比西晉時期的裴秀要容易很多。如前所述，在西漢以來即已出現、並且在社會上實際流通應用"禹貢圖"的情況下，促使裴秀還要重新編制《禹貢地域圖》的主要原因，正是"以《禹貢》山川地名，從來久遠，多有變易"，需要通貫古今，加以考索，可是，當時所見之"後世說者，或強牽引，漸以闇昧"，從而不得不另起爐灶，而考證地名與訓釋其他名物典故一樣，正是古文學家的擅場長技，裴秀的《禹貢地域圖》也代表了魏晉時期古文經學研究在地理考釋方面的最高成就。清人全祖望嘗謂裴秀編制《禹貢地域圖》，主要是因為"典午以降，周秦秘書既絕"⑩，亦即司馬氏立國之後苦無嬴秦以前舊本可觀，所說似乎很不得要領。

不管今文經學，還是古文經學，當時在社會上都還只是一小部分人研習的學問，對《禹貢》地圖的需求範圍，相應地也很有限。這種情況經歷南北朝時期，以迄隋唐兩代，並沒有發生根本性改變。隋唐時期逐漸普遍施行的科舉制，對經學和整個文化的普及，都有巨大促進作用，但以經學為主的明經科，在科舉的科目構成中本來即處於很次要的地位，所試復但求墨守經義，特別是唐太宗敕命修撰、高宗永徽四年改定頒行的《五經正義》，作為明經考試的欽定範本，具有至高無上的權威地位，與事諸臣稱"比之天象，與七政而長懸；方之地軸，將五嶽而永久"[111]，對於應試者的要求，只是"觀其記誦而已"[111]，不能稍有違異，研習《尚書》自然也不必對《禹貢》地理做很深入的理解，因此，並沒有促成《禹貢》地圖的廣泛流通。

從裴秀以後，至隋唐兩朝，文獻所見，惟唐人裴孝源在《貞觀公私畫史》中著錄有"《禹貢圖》二卷"，裴氏謂該圖"甚精奇"，係"隋朝以來，私家搜訪所得"[112]。劉起釪以為此圖"既在畫史，自非地圖"[113]，但古代地圖的具體繪製工作，本多出自畫師之手，且其象形性強者與繪畫尤多相通之處。《貞觀公私畫史》中另著錄有《五嶽真形圖》與之並列，而《五嶽真形圖》與《禹貢圖》一樣源遠流長，至遲亦產生於東晉以前，它就是一種與現代等高線地形圖有些相似的特殊地圖，曹婉如稱之為"具體山嶽的平面示意圖"[114]，所以，這兩卷《禹貢圖》還是屬於地圖的可能性要更大一些，至少反映《禹貢》地理的地圖應當是它的主要構成內容。遺憾的是因圖上"無題記可考"[115]，現在已經無法知悉這幅地圖的作者以及具體的繪製年代，有可能是裴氏《禹貢地域圖》中相關內容的一種摘編傳本。

這種經學學術形態，至北宋仁宗慶曆年間開始發生轉變，其最有代表性的著述為劉敞的《七經小傳》（因乃弟劉攽私謚之為"公是先生"，行世版本或題《公是先生七經小傳》）。劉氏此書打破唐代以來"守訓故而不鑿"的局面，"始異諸儒之說"，宣導獨立考索經義，陸游稱述"慶曆後諸儒發明經旨，非前人所及"[116]。這一新的學術趨向，至神宗熙寧年間頒行王安石、王雱父子以及呂惠卿等所撰《三經義》而臻於全盛。

王氏父子之《三經義》包括《周禮義》、《詩義》和《書義》，原書久已散佚，今僅存

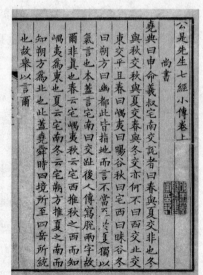

清怡親王府明善堂舊藏康熙通志堂刻初刷搨印本《公是先生七經小傳》首頁

王安石所撰序文，乃着意闡釋其用世主張，殊少涉及治學方法問題。不過，王安石另有《洪範傳》傳世，他在篇末對其治學旨趣做有論述説：

> 孔子没，道日以衰熄，浸淫至於漢，而傳注之家作。為師則有講而無應，為弟子則有讀而無問。非不欲問也，以經之意為盡於此矣，吾可無問而得也。豈特無問，又將無思。非不欲思也，以經之意為盡於此矣，吾可以無思而得也。夫如此，使其傳注者皆已善矣，固足以善學者之口耳，而不足善其心，況其有不善乎？宜其歷年以千數，而聖人之經卒於不明，而學者莫能資其言以施於世也。予悲夫《洪範》者，武王之所以虛心而問，與箕子之所以悉意而言，為傳注者汩之，以至於今冥冥也，於是為作傳以通其意。嗚呼！學者不知古之所以教，而蔽於傳注之學也久矣。……夫予豈樂反古之所以教而重為此譊譊哉！其亦不得已焉者也。[117]

這段話清楚反映出宋代慶曆以來新興學術迥然有別於以往的基本追求，此即清儒所説"實事求是"之準則，攻擊王安石者，刻意將其所作《三經義》簡單曲解為"先儒傳注一切廢不用"[118]，顯然有失公允。

既然前人"蔽於傳注之學"而未能知悉經書旨意，現在來重新直接審視經書本文，必然會引出諸多新的解讀。就《尚書》而言，其中的《禹貢》和《洪範》兩篇，由於一篇講地理，一篇講陰陽五行，都具有很強的技術性（《洪範》還有很強的神秘性），深入理解需要專門的知識，清代四庫館臣謂歷代治《尚書》者其"諸家聚訟，猶有四端"，而"《禹貢》山水"與"《洪範》疇數"各占其一[119]，實質上就是基於這一原因。於是，經過較長一段時間醖釀蓄積，至南宋時期，相繼出現了一大批分別單獨研究這兩篇內容的專門著述[120]，《四庫提要》稱"禹跡大抵在中原，而論者多當南渡"[121]，講的就是這種情況。《禹貢》和《洪範》這種特殊性，其實在漢代王景的《禹貢圖》和夏侯始昌、許商乃至劉向諸人的多種《洪範五行傳》中已經顯現出來（唐代雖然沒有研究《禹貢》的專書，但仍有穆元休撰《洪範外傳》十卷[122]）。

南宋時期湧現的《禹貢》研究專著，基本完整留存至今者，有毛晃《禹貢指南》四卷、程大昌《禹貢論》二卷、《禹貢後論》一卷、《禹貢山川地理圖》二卷，以及傅寅《禹貢說斷》四卷。上述三人書中程大昌《禹貢山川地理圖》

總計有地圖達三十幅之多,傅寅《禹貢說斷》亦附有《禹貢山川總會之圖》、《九河既播同為逆河之圖》、《三江既入震澤底定之圖》、《九江東陵彭蠡北江之圖》這樣四幅地圖[122],《禹貢指南》因世無完書,今所見傳本係四庫館臣從《永樂大典》中輯出,原本或同樣附有地圖,亦未可知,但僅此程、傅兩書已經清楚顯示出地圖在《禹貢》研究中的重要地位。另外,在失傳的宋代《禹貢》研究著述當中,尚有孟先《禹貢治水圖》一卷[124]、王柏《禹貢圖》一卷[125]、卷次未詳之黃千能著《禹貢圖說》[126],從書名可以看出理應附有地圖;還有呂祖謙撰、時瀾增修的《書說》,卷首列有"東萊先生《禹貢圖說》"[127],雖然今通行傳本僅有文字論說,但既然稱作"禹貢圖說",至少呂氏原稿應是有圖有說,相輔並行。除此之外,據朱彝尊在清代初年著錄,南宋紹興時人鄭東卿著有《尚書圖》一卷,宋朝當時的刻本,即包含有《東坡禹跡圖》、《隨山浚川圖》、《九州境圖》、《鄭氏別州圖》、《導山圖》、《導水圖》、《導江圖》、《導河圖》、《導淮圖》、《導濟圖》、《通冀圖》、《任土圖》等總共二十五幅圖解《禹貢》地理的圖幅[128]。這些反映《禹貢》內容的地圖,可以進一步說明《禹貢》研究對地圖的需求和依賴,宋代石刻《禹跡圖》的出現以及廣泛流行,正是順應於這樣的學術風氣。

南宋大儒朱熹在寫給友人的一封信中,談到了下面一段話,可以更為具體地說明學術上的這種需求:

> 荊公奏草不記曾附去否?今往一通,可見當日規摹亦不草草也。《禹跡圖》云是用長安舊本翻刻,然東南諸水,例皆疏略。項年又見一蜀士,說蜀中嘉州以西諸水亦多不合。今其顯然者,如蜀江至瀘州東南,乃分派南流,東折經二廣,自番禺以入海,以理勢度之,豈應有此?必是兩水南北分流,而摹刻者誤連合之,

宋淳熙泉州刻本《禹貢山川地理圖》書影

遂使其北入江者反為逆流耳。然柳子厚詩亦言"牂牁南下水如湯",則二廣之水源,計必距蜀江不遠,但不知的自何州而分為南北耳。又自瀘以南諸州,今皆不聞,必已廢併,幸為詢究,一一見喻。其圖今往一紙,可為勾抹貼說,卻垂示也。[129]

朱熹所說《禹跡圖》,應即石刻《禹跡圖》之翻刻拓本,雖然他對圖上內容的準確性頗為不滿,但上面這些話卻清楚反映出,閱讀研討《禹貢》的內容,確實離不開地圖的幫助。呂祖謙在寫給朱熹的一封信裏,也談到"程侍郎《禹貢圖》(德勇案應指程大昌《禹貢山川地理圖》)潘叔昌曾錄得,可徑問渠取,不然,稍暇亦可錄去"[130],說明朱熹曾專門請求他幫助尋找程大昌的《禹貢山川地理圖》。特別需要指出的是,作為一位博通諸經的學者,朱熹本謂"《禹貢》地理,不須大段用心"[131],並不主張過分考究《禹貢》所記地理事實,但正如清人閻若璩所云,"窮經者須知地理"[132],對於一些基本的地理問題,總要有比較清楚的認識,所以,朱熹對《禹貢》地圖的需求,更能夠代表當時大多數學人的一般狀況。

不過,學術研究的這種思辨性取向,只是一種深層次的內在因素,還有外在的功力性動力,才是催生石刻《禹跡圖》的直接原因。若是考慮到早在唐代中期,韓愈等人就已經積極宣導過"《春秋》三傳束高閣,獨抱遺經究終始"的治學方法[133],而在很長一段時期內學術風尚並沒有發生明顯變化,或許會更容易明白這個道理。同樣是在仁宗至神宗時期,宋朝的教育和科舉考試制度,也都發生了重要變革。

教育制度方面,在范仲淹等人的一再建議下,宋仁宗於慶曆四年(公元1044年)三月下詔,"州若縣皆立學,本道使者選屬部官為教授,三年而代,選於吏員不足,取於鄉里宿老有道業者"[134],地方各州縣由此開始普遍興辦學校,即如元人李祁所說:"學校之遍天下自(范)公始。"[135]至神宗熙寧四年,在王安石的主持下,又進一步推廣和完善這一政策,先是在這一年二月,從北方的京東、陝西、河東、河北、京西五路開始,由朝廷設置學官[136];繼之又在三月,詔"諸路置學田官,州給田十頃為學糧,元有學田不及者益之,多者聽如故。仍置小學教授,凡在學有職事,以學糧優定請給"[137]。儘管具體落實,未必盡如人意,但朝廷推行的這一系列措施,確實促使各地方府州比較普遍地興辦官學，學校教育賴此廣為普及，州縣官學從此成為地方教育的主體⑱。

科舉考試制度方面，早在仁宗即位未久的天聖五年（公元1027年），范仲淹就上書朝廷，主張改革自唐代中期以來偏重詩賦的考試辦法，提議"呈試之日，先策論以觀其大要，次詩賦以觀其全才"，而最終應"以大要定其去留，以全才升其等級"⑲，這顯然是要把策論的重要性提升至詩賦之上。至慶曆三年，范仲淹復重申此議，進一步闡明因"國家專以詞賦取進士，以墨義取諸科"，從而致使"士皆舍大方而趨小道，雖濟濟盈庭，求有才有識者十無一二"，要想改變這一局面，就要改革科舉考試辦法，"進士先策論而後詩賦，諸科墨義之外，更通經旨"⑭。後來又經過許多人的努力，至慶曆四年（公元1044年）三月，仁宗終於正式下詔，確定"進士試三場，先策，次論，次詩賦，通考為去取，而罷貼經、墨義。……士子通經術，願對大意者，試十道，以曉析意義為通，五通為中格"⑮。雖然這一新的章程因范仲淹去官而一時停罷，但至神宗熙寧四年，在王安石的主持下，復進一步完善和推進了這一改革措施，"定貢舉新制，進士罷詩賦、貼經、墨義，各占治《詩》、《易》、《書》、《周禮》、《禮記》一經，兼以《論語》、《孟子》。每試四場，初本經，次兼經，並大義十道，務通義理，不須盡用注疏。次論一首，次時務策三道，禮部五道"⑯。此即所謂以"經義"取代詩賦，是中國古代科舉史上的重大變革，後來雖然時或有所調整，但終有宋一朝，在此後的絕大多數時期內，經義和策論至少也是科舉考試當中兩個最重要的組成部分⑰。

不管是引經據典做策論，還是應答經術大意，都需要對經書的內容，具有相對透徹一些的理解，具體就《禹貢》而言，便是需要對其山水地名的方位，具有比較清晰的認識，而要想做到這一點，就不能不求助於地圖，例如南宋末年人黃震在一篇題為"浙漕進納軍功"的策問當中，即引述"禹貢圖說"（德勇案疑指程大昌《禹貢山川地理圖》）來論述相關水道問題⑱。其他如前文注釋中提到的孔武仲所撰《禹貢論》⑭，也應當是一篇應付科舉考試用的策論稿，假若沒有相關的地圖，撰寫這樣的文章，自然會遇到很大困難。宋代建陽書坊專門針對科舉考試使用編印的"纂圖重言重意互注"類《尚書》讀本，最能反映《禹貢》地理圖對科舉考試的重要參考作用。如存世南宋刻本《監本纂圖重言重意互注點校尚書》，卷首即附有一幅專門反映《禹貢》篇地理內容的

《隨山浚川之圖》[144]。又如《天祿琳琅書目》後編所著錄南宋光宗時刊刻的《纂圖互注尚書》，于"卷前標《〈尚書〉舉要圖》：曰……《東坡禹跡圖》，曰《隨山浚川圖》，……曰《商遷都之圖》，曰《周營洛邑圖》"[145]，等等。

綜合上述情況，不難判斷，各地普遍興辦的官學，科舉考試內容對學校教育的要求，這就是宋代石刻《禹貢圖》產生的直接原因。另一方面，宋代《禹貢》學的興盛，與《禹跡圖》刊刻上石，也可以説是相輔相成的兩種現象，都是宋代學術風尚轉變以及科舉制度改變後的產物。

如本文開篇所述，今存西安碑林的這方石刻《禹跡圖》，係偽齊阜昌七年四月刊刻於岐州官學，這當然是用於州學教學。內容幾乎完全相同的石刻《禹跡圖》，另外還有一方紹興圖碑傳世，現存江蘇鎮江博物館。在這方石碑的左下角處，刻有兩行題記云：

> 紹興十二年十一月十五日，左迪功郎/充鎮江府學教授俞篪重校立石。[148]

據此可知，其立石時間較西安石刻《禹跡圖》要晚六年。南宋甯宗時編纂的《嘉定鎮江志》記載，丹徒縣學內有"《禹跡圖》在講堂北壁"。丹徒係鎮江府附郭縣，縣學與府學同在一地[149]，所記應即俞篪在鎮江府學刊刻的《禹跡圖》碑。至元代，這方圖碑復又移置府學講堂西壁，元《至順鎮江志》著錄有此碑，並抄錄有圖上刊刻的題記[150]。後來不知何時圖碑被埋入土中，至明末復重現於世，今石上留有"天啟六年春掘地得此"題記[151]。這方圖碑與西安《禹跡圖》碑兩相參證，足以證實上文所説宋代石刻《禹跡圖》的出現與當時學校教育的關係，即如清人王昶所説，當地學校中獲得此圖以及《華夷圖》後，"刻石以示諸生耳"[152]。

在鎮江《禹跡圖》碑石上方中間偏左、與西安碑林《禹跡圖》刊刻圖名和注記處相同的位置上，除了與西安《禹跡圖》完全一致的圖名和注記內容之外，還在後面鎸有"元符三年正月/依長安本刊"兩行文字。"元符三年正月"為北宋哲宗皇帝逝世的月份，時值公元1100年，比西安《禹跡圖》上石的阜昌七年亦即公元1136年，要早36年，而這上距王安石以經義取代詩賦的熙寧四年亦即公元1071年，則要滯後29年。元符三年這次將《禹跡圖》刊刻

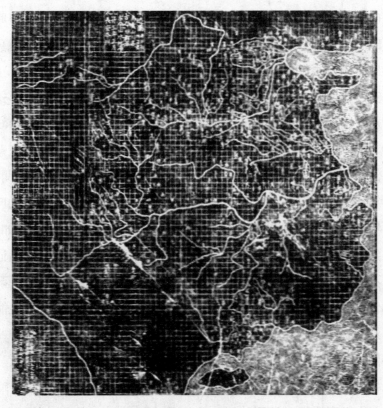

鎮江博物館藏《禹跡圖》拓片

上石時所依據的底本"長安本"，按照當時的一般習慣，應當是指在長安所鐫刻圖碑的拓本。如趙明誠《金石錄》著錄秦始皇嶧山刻石拓本，謂"鄭文寶得其摹本於徐鉉，刻石置之長安，此本是也"[153]，明人葉盛名之曰"長安翻本"[154]，楊士奇則直接稱作"長安本"[155]；而鄭樵《通志》著錄王羲之《蘭亭修禊序》碑刻，亦有一種長安碑石的拓本，鄭氏徑稱之為"長安本"[156]。這個"長安本"《禹跡圖》碑的刻石時間，自然還要再稍早一些。

前面在第一節中曾經談到，曹婉如考證這幅圖上的內容，係神宗元豐四年（公元1081年）至哲宗紹聖元年（公元1094年）之間的建置，曹氏當時所確定的時間範圍，考訂還不夠詳細，尤其是其時間下限，主要是以黃河河道的變化為依據，並沒有仔細勘比相關的政區設置，因此，所定時間段還有進一步縮小的餘地。後來劉建國和李裕民通過比對鎮江《禹跡圖》上的政區名目，確認此圖應繪製于哲宗元祐元年（公元1086年）至三年（公元1088年）這三年時間之內[155]，這應當就是那一原始的"長安本"《禹跡圖》的繪製時間，而這是熙寧四年改革科舉考試辦法後短短十幾年內就發生的事情。由此可以愈加清楚地看出石刻《禹跡圖》與宋代科考內容變革之間的密切關聯。

從西安《禹跡圖》與鎮江《禹跡圖》這兩幀地圖內容和鐫刻形式的高度一致性以及岐州與長安之間的近密地緣關係來看，今存西安碑林的岐州官學《禹跡圖》碑，也理應出自同一"長安本"[159]。至於當時已經被趙宋王朝棄置不管的岐州何以還會重刻這一地圖，則是因為偽齊亦沿承宋人成規，開科取士，在阜昌四年和七年，兩次共擇取一百五十三人登第，而後一次考試的時間，就在阜昌七年四月岐州官學刊刻《禹跡圖》時剛剛過去的春日裏[159]。如前所述，朱熹也談到過一幀"云是用長安舊本翻刻"的《禹跡圖》，這也應是同一類石刻拓本。不過，朱熹所述該圖摹刻者將長江（蜀江）水系與珠江水系"誤連合之"的情況，在西安和鎮江兩方圖碑上都沒有見到，因此，它只能出自另外一方翻刻的石碑。此外，元人陳師凱在注釋《尚書》時也使用過一種"長安《禹跡圖》"[160]，說明此圖不僅流傳的範圍比較廣泛，時代也很久遠。

宋代各地官學因應科舉考試的功力性需求而在石碑上翻刻《禹跡圖》的普遍性，在文獻裏還可以見到其他一些記載。如元朝人朱思本見到有"滏陽、安陸石刻《禹跡圖》"[161]。滏陽在今河北磁縣，安陸即今湖北安陸，自然是兩地各有一方圖碑。元祚短暫，朱思本所見疑即前朝舊物。日本學者增田忠雄推測滏陽《禹跡圖》很可能與西安《禹跡圖》一樣出自阜昌年間，而安陸《禹跡圖》碑則應出自南宋時期；增田氏還推測這兩方圖碑應當與鎮江、岐州兩圖一樣刻製在學校的文廟當中，並同樣是依據所謂"長安本"翻刻上石[162]。又如《大清一統志》記載山西稷山縣也有一方這樣的石刻地圖：

> 保真觀，在稷山縣治東北隅，元建，中有石刻《禹跡圖》，共五千七百五十一方，每方二尺餘，折地百里，志《禹貢》山川名、古今州郡山水地名，今壞。[163]

所說每方"折地百里，志《禹貢》山川名、古今州郡山水地名"云云，都與西安、鎮江兩方《禹跡圖》碑完全一致，而西安《禹跡圖》上刻劃的方格計五千一百一十方[164]，與此稷山圖碑也大體相近（惟此稷山《禹跡圖》之"每方二尺餘"，應有明顯訛誤，或為"二分"形訛)。另外，乾隆《稷山縣志》記此碑"石橫二尺五寸，為方七十一，豎三尺，為方八十一，……刊刻極精"，所說碑石尺寸，也與西安、鎮江兩圖大致相當⑩。因此，此稷山《禹跡圖》碑也一定是直接或間接依據所謂"長安本"拓片翻刻上石。《大清一統志》謂此圖碑所在之保真觀位於縣治東北隅，始建於元代，而同樣興建於元代的稷山縣學，是在縣治東南⑩，推測碑石原來也是立在當地官學，後來建置有所改遷，才會存留在這一道觀之內，如同保真觀中此石後來又"移砌關帝廟"中一樣⑩。

與《禹跡圖》同樣出於經學教學目的而鐫刻的圖碑，還有南宋高宗紹興二十四年在江西路興國軍（今湖北陽新）軍學刻製的《魯國之圖》（今存湖北省陽新縣第一中學），圖碑下方有題記云：

> 恭惟國家廣辟黌宇以幸多士，士之弦誦六經，如見聖人，森森乎有鄒魯之風，可謂盛矣。獨是東魯之邦，闕里杏壇之跡，宛然如在，而耳目或未接焉。夫游聖人之門而不知其出處遊息之地，豈足以稱君師教育之意乎？舜凱頃者負笈四方，得此圖於襲慶府，藏之逾三十年，今幸承乏，敢請於郡，模刻置大成殿之東廡，庶使朝夕於斯者，得以考聖賢之軌躅，而他日成材之效，舉無愧於從臘速肖之列，仰副聖朝化成之文，則此圖亦不為無補。紹興甲戌四月十五日左迪功郎充興國軍軍學教授俞舜凱謹識。⑩

從俞舜凱氏的敘述當中，可以清楚看出他在興國軍官學中豎立這方圖碑與《論語》、《春秋》等經學教育之間的關係。宋代同類石刻地圖，還有楊甲在紹興年間編纂的《六經圖》，其中包括《十五國風地理之圖》和《文武灃鎬之圖》這一類反映《詩經》地理內容的地圖⑩，在楊氏家鄉潼川府路昌州的州學院內，也曾刻有石碑⑩，這與俞舜凱所為都是屬於同一性質的做法。宋人在一些地方官學中將這些閱讀經書的輔助性地圖上石立碑，可以從側面進一步證實前文所論石刻《禹跡圖》賴以產生的社會原因。

最後需要指出的是，雖然宋代石刻《禹跡圖》的產生和普遍翻刻復製，直接導源于神宗熙寧四年對科舉制度的改革，但圖幅上的內容卻還有更早的來源。王成組早已指出，《禹跡圖》上的地名，除了北宋的設置以外，還"具有濃厚的唐代色彩,……河套北岸的三個受降城和南方的安南府,以及東南的泉、漳等地名,尤其具有這一特點"⁽¹¹¹⁾,這顯示出石刻《禹跡圖》最早的祖本,應當源出於唐代,而後來又陸續有所增改。宋真宗景德時人林洪範即繪有《禹貢山川圖》在社會上流傳⁽¹¹²⁾,而呂南公謂在熙寧年間前後,嘗"求世儒所出《禹貢圖》觀之,家各不同"⁽¹¹³⁾,知當時就可以看到不止一種《禹貢圖》。相互聯繫審視上述諸事,可以推測,儘管與賈耽的《海內華夷圖》並沒有直接聯繫,但在宋代元符年間稍前出現的石刻《禹跡圖》,卻應當是利用由唐代流傳至北宋前期而遞有添改的某一母本,重新改繪,刊刻上石。李裕民審核鎮江《禹跡圖》的地名後指出:"地名的取捨,比較混亂,沒有一定的標準,……按理,此圖應當只收元祐時存在的地名,然而圖中卻畫入了早在熙寧時廢除的慈、鄭……等州以及漢陽、光化……等軍,最可怪的是唐代地名珍州、思州也收入圖中,而當時存在的寧化軍、岢嵐軍……等卻沒有畫上。"⁽¹¹⁴⁾其實這種建置時間參差不齊的情況,正是唐代以來一次次粗率添改所留下的痕跡。《禹迹圖》石碑上的題記,特地標明此圖並不僅僅是將"《禹貢》山川名"與宋代的地名相對照,而是要兼舉"古今州郡名"和"古今山水地名",實際上只是在為這種混亂的情況勉強做出一個看似合理的解説而已。曹婉如曾推測此圖為沈括在元豐三年至五年期間獨立繪製⁽¹¹⁵⁾,所説缺乏充分依據,似不足憑信。

三 賈耽《海內華夷圖》的流傳與阜昌石刻《華夷圖》的出現

如前文第一節所述,在阜昌石刻《華夷圖》的題記當中,曾明確講到這方圖碑在上石時參考利用了唐人賈耽的《海內華夷圖》,但究竟多大程度以及通過什麼樣的途徑利用賈圖,卻還需要加以分析。

王國維認為,由於賈耽《海內華夷圖》圖幅過於闊大,且在貞元時進呈于宮禁之中,至偽齊時殆已亡佚,而《宋史·藝文志》別載有賈氏著《國要圖》一卷,應即《海內華夷圖》之簡本,宋時猶有流傳,故"此圖所記西域、南海諸國名,或即出於此也"。這種説法,看似很有道理,但覈諸阜昌石刻《華夷圖》的上石題記,卻未必一定能夠成立。這篇題記敘述説:

> 禹別九州，東漸於海，……宋分爲二十三路。其四方蕃夷之地，唐賈魏公所載，凡數百餘國，今取其著聞者載之，又參考傳記以敘其盛衰本末。至如西有沙海諸國，昔漢甘英到條支，臨西海而還，所記止于大秦；西北有奄蔡，北有骨利幹，皆北距大海；東北有流鬼，不知其北，以其不通名貢，而無事於中國，今略而不載。⑰

這意味着阜昌《華夷圖》上石時所依據的賈耽《海内華夷圖》，上面繪製的"四方蕃夷之地"，總共有"數百餘國"，如此龐大的蕃夷國族數目，而且範圍遠至大秦、奄蔡、骨利幹、流鬼等地，若僅僅就這一點而言，這張底圖與賈耽原圖相比，恐怕不會有太多減省。

王國維謂《宋史‧藝文志》所著錄的《國要圖》是《海内華夷圖》的簡本，這確實很有見地。因爲賈耽繪製《海内華夷圖》，本是應從唐德宗之命，爲朝廷編繪"國圖"，而賈耽最終復命進呈的地圖，就是這幅《海内華夷圖》⑰，故所謂"國要圖"者應即"國圖"簡要本之稱謂。

不過，據唐人權德輿記述，《海内華夷圖》不僅"貢在中禁"，尚且"傳於域内"⑱，當時在社會上即有所流布。

另一方面，《海内華夷圖》的性質，本來是賈耽奉敕爲朝廷編繪的"國圖"，而唐王朝的"國圖"後來還做過加工。距賈耽編繪此圖僅僅十幾年後，柳宗元在憲宗元和年間貶竄柳州的時候，即嘗接到"南省（案即尚書省）轉牒，欲具注'國圖'，令盡通風俗故事"，他在詩中述及此事，乃有句云"《華夷圖》上應初錄，《風土記》中殊未傳"⑲。在賈耽之前，從未見到過"華夷圖"這樣的用法，所以，這首詩裏提到的《華夷圖》，應當就是《海内華夷圖》的簡稱。在這裏，柳宗元同樣是將《海内華夷圖》與"國圖"緊密聯繫在一起，而朝廷必然要以某種形式，將從各地匯輯來的"風俗故事"，附綴到"國圖"亦即賈耽的《海内華夷圖》上。明人何鏜在《古今遊名山記》中曾引述有一段題作"唐賈耽《華夷圖‧玉山記》"的文字，記述江西玉山形勢⑳，應當就是這類後來增添並以另册形式附綴在圖幅之外的"注國圖"的内容，清人陸心源編纂《唐文拾遺》時將其收作賈耽的著述，恐怕未必妥當㉑。

這種被賈耽定名爲《海内華夷圖》的"國圖"，曾不止一次出現在唐末至五代時期詩人的筆下。如曹松有《觀〈華夷圖〉》詩云："落筆勝縮地，展圖當晏甯，中華屬貴分，遠裔占何星，分寸辨諸嶽，斗升觀四溟，長疑未到處，一一似曾經。"[182]又如和凝《洋川》詩中有句云："《華夷圖》上見洋川，知在青山綠水邊。"[183]另外，南唐人伍喬在《觀〈華夷圖〉》詩中也寫道："始於毫末分諸國，漸見圖中列四溟，關路欲伸通楚勢，蜀山俄聳入秦青，筆端盡現寰區事，堪把長懸在戶庭。"[184]司空圖更專門寫有《〈華夷圖〉記》一文，記述某次"煨爐所殘"之《華夷圖》（疑指黃巢入長安時事）[185]。司空氏特別稱譽賈耽此圖，獨能"並苞華夷，綿絡山川，披圖摘要，繁而不齊，可謂勤而至精者矣"[186]。

五代時人杜光庭在《仙傳拾遺》中講述神仙故事時，也透露出相關的情況：

　　陳季卿因游長安青龍僧舍，會一老翁，與季卿擁爐以坐。見壁上有《寰海華夷圖》，季卿歎曰："十年辭家，辛苦萬里，何由泳淮泛洛，至於家山耶？"翁笑曰："此不難致。"命侍童折階前一竹葉，置於圖中渭水之上："注目於此舟，可如向來之願矣！"季卿瞪目，覺渭水波動，竹葉已成巨舟，恍然舟泛，遂及於家。[187]

文中所謂《寰海華夷圖》，應即《海內華夷圖》之別稱，神仙家事，固然荒誕不經，但這一故事說明唐末五代時很可能在某些諸如著名佛寺之類公衆場所的牆壁，繪製有《海內華夷圖》，這也與賈耽圖的巨大圖幅相稱。事實上，亦惟其流通比較廣泛，才會出現上述一系列吟詠該圖的詩篇。

和凝在《洋川》詩中描述說，從圖上看出洋川是在"青山綠水邊"，而宋人周密記述"汴京天津橋上有奇石大片，有自然《華夷圖》，山青水綠，河黃路白，燦然如畫"[188]，兩相參照，可以測知，唐宋間流傳的那些比較接近賈耽原始面貌的《華夷圖》，應該是使用很多顏色的彩繪地圖。

描畫在牆壁上的巨幅地圖，整體效果雖然比較完滿，但缺點也很明顯，既無法保存攜帶，也不便復製。《宋史》載北宋初年人樂史著有一卷本的《掌上華夷圖》[189]，聯繫上面所説唐末五代時期《華夷圖》的流通情況，此圖應當就是利用賈耽原圖加以改編而成，其主要改動是將一幅大圖分成多幅小圖，相互連綴，合為一冊。不過，大致也就是從這時起，圖上的內容也被不斷加以改訂，因爲改朝換代之後，政區設置和地名都發生了很多變化，從而使得《華夷圖》一名似乎已更多地成爲附有四方蕃夷屬地之全國總輿圖的代名詞。《朱子語類》曾記有一則相關故事說："先生謂張倅云：'向於某人家看《華夷圖》，因指某水云，此水將有入淮之勢，其人曰：今其勢已自如此。'"⑩這就只是將其用作普通的宋朝輿地全圖。

清人王昶較早就阜昌石刻《華夷圖》的內容與編繪者的關係做有考述，論之曰：

> 《華夷圖》阜昌七年十月刻。圖中所載多及宋朝通貢之語，有建隆、乾德、寶元年號，其爲宋時所圖，固無可疑。然其稱契丹云"即今稱大遼國，其姓耶律氏"，似乎作圖猶及遼盛時。又渤海夫餘之間有女貞國名，"女貞"一作"女眞"，避宋仁宗諱，改名女直，然在宋則避之，遼人尙仍其舊稱。以此證之，疑是遼人所繪，故有"大遼"字；若是宋人，則當避"貞"字，若金人則宜加"大金"之稱說矣。然遼以幽州爲南京，此圖仍作"幽"字，而宋之四京獨詳其三，又似宋人所作，甚不能臆定也。⑩

在此基礎上，王庸進一步論述說：

> 圖上既言"唐賈魏公圖"，又有建隆、乾德、寶元等年號，並稱契丹即大遼國，故疑此圖爲宋人據賈圖縮繪，而又經遼人摹繪修改者。宋人所繪者，殆即樂史《掌上華夷圖》之類歟？⑩

除所謂"遼人摹繪修改者"外，王氏所說，大致合乎情理，只是從樂史身後，到阜昌七年在岐州上石之前，伴隨着政區和河流水道的變化，很可能還經歷過不止一次的改訂。例如曹婉如的研究表明，《華夷圖》上的黃河河道是仁宗慶曆八年以前的狀況，政區建置大多也截止于慶曆八年以前，而青山定雄卻根據其他一些較晚的地名，推斷此圖應繪製于神宗時期⑩，但正如曹婉如所指出的那樣，也還另有個別一些設置更晚的政區，甚至有遲晚至徽宗政和七年（西元1117年）的宋朝建置（題記中謂"宋分爲二十三路"，這也是神宗元豐年間的事情），曹婉如正是依據這一點，將繪製此圖的時間上限，確定在這一年內⑩。對於這種政區建置年代的前後錯綜現象，曹婉如以爲，這是政和七年以後編繪此圖的時候，為遷就底圖上的黃河河道，而有意將一些北宋末年的政區，改回到慶曆八年以前的狀態，而我認為或許更有可能是宋初以來屢次粗率改繪的結果。

依照上述推論，阜昌石刻《華夷圖》之出於賈耽《海內華夷圖》者，恐怕不惟王國維所說西域、南海諸國的國名而已，其總體形式和構成要素，同樣也是由賈氏此圖漸次蛻變而來，而上述具體演變過程，猶為有助於證實曹婉如過去所說阜昌石刻《華夷圖》"可以反映賈圖輪廓"[129]。

關於王昶、王庸所說"疑是遼人所繪"的問題，他們的依據，其實都很不可靠，然而法國學者沙畹（Chavannes）在20世紀初卻也提出過同樣的看法[130]，可見這仍是一個需要加以討論的問題。榎一雄和曹婉如早已援引吳曾的《能改齋漫錄》指出，"宋人也有稱契丹為大遼國的"[131]。其實，更準確地說，在北宋真宗景德元年十二月宋、遼之間訂立"澶淵之盟"的"誓書"當中，真宗皇帝即恭稱北朝為"大契丹"[132]，以後雙方往來的國書，一直是以"大宋"與"大契丹"互稱[133]。迄宋英宗治平三年，亦即遼道宗咸雍二年，"契丹改國號曰大遼"以後[134]，宋人自然亦隨之改稱契丹國為"大遼國"，"大遼"就一直是宋朝對遼國的正式稱呼。此等記述，史籍中比比皆是，絕不止《能改齋漫錄》之一二零星用法，日本學者青山定雄在20世紀60年代初即曾對此做有比較具體的說明[135]，已無庸在此一一舉述，而阜昌《華夷圖》上"契丹，即今稱大遼國"云云之注記，所說正是咸雍二年更改國號之後宋人對它的正式稱謂，反而恰恰證明此圖只能出自宋人之手。

至於宋人避仁宗諱改"女貞"（女真）為"女直"，當時在不同場合，實際奉行情況往往不盡相同，如建陽書坊刻書，即時或略而不改。如上所述，此圖既然歷經粗率改繪，在這種細微末節的地方，恐怕也未必會恪守朝命。另外，這幀《華夷圖》在上石之前，本來是靠手繪在私下流傳，而宋人避諱御名，還時常採用缺筆的辦法，"貞"字也可以缺省末筆。假若阜昌七年刻碑時是以這種"貞"字缺筆的摹本作為底本，那麼，在阜昌七年模勒上石之際，因岐州已淪為劉豫齊國的屬地，隨手補上空缺的墨筆，同樣也是很自然的事情[136]。

更能說明賈耽《海內華夷圖》在北宋時期流傳的證據，是《歷代地理指掌圖》當中的一幅《古今華夷區域總要圖》[20]。《歷代地理指掌圖》係蜀人稅安禮於哲宗元符二年（公元1099年）編制（後來書坊刊刻，偽託蘇軾編繪），賀昌群很早就注意到其"全圖山川形勢，全與阜昌《華夷圖》同"[24]，曹婉如更一一全面列舉了兩圖的高度相似性[25]，可見在阜昌上石之前所見宋繪《海內華夷圖》，並不僅僅只有王昶所說宋初"樂史《掌上華夷圖》之類"，還有像《古今華夷區域總要圖》這樣的地圖在社會上傳布。

說到阜昌七年岐州官學鐫刻《華夷圖》時其當事者對待趙宋王朝的態度，不能不提及顧炎武為華陰西嶽廟《拱極觀記》石碑撰寫的一篇跋語。原碑篇末有題署云："紹興九年歲次己未中元日，前西嶽知殿兼拱極觀主賜紫道士雷道之記"，顧炎武就此抒發感慨曰：

宋版《歷代地理指掌圖》中之
《古今華夷區域總要圖》局部

> 右小碑，本在拱極觀，觀久亡。萬曆中，有人掊地得此碑。……其碑文鄙淺無足采，然吾於是有以見宋人風俗之厚，而黃冠道流，猶能念本朝而望之興復，其愈於後世之人且千萬也。夫紹興九年，高宗方在臨安，而金人有許和之約。考之於史，八年十二月丁丑詔：金國使來，盡割河南、陝西故地，通好於我，令尚書省榜諭。九年三月丙申，王倫受地於金，得東、西、南三京，壽春，宿、亳、曹、單州，及陝西、京西之地。四月辛亥，命樓炤宣諭陝西諸路。十年五月，金人叛盟，陷永興軍。則此地之復歸於宋，蓋無多日，而雷道之一道士耳，能於干戈喪亂之際，而繫思本朝，辭微旨切，以視夫士大夫之靦顏臣僕者，不大有徑庭邪？余見朝邑藏春塢之《記》，稱阜昌癸丑，而西安府學有《華夷圖》刻，亦稱阜昌七年，以偽齊劉豫之號，而欲壽之貞石，豈不見此文而愧死也。其没於土中久而後出，豈陷金之後，觀主埋之，如

鄭所南井中《心史》之為邪?[206]

顧炎武借機宣洩胸中鬱積的故國情懷，心志固然可憫，惟所做抑揚，卻略嫌有失公允。

從顧氏文中即可以清楚知曉，拱極觀主雷道之署用宋高宗紹興年號，本來是因為金人在紹興八年底已經與宋議和，並在紹興九年三月正式向宋朝交還包括陝西在內的黃河以南北方領土，朝廷在四月"命樓炤宣諭陝西諸路"，《宋史》載六月又"置錢引於永興軍"（案"永興軍"即今西安），秋七月甲申，復命"以文臣為新復諸縣令"[207]。雖然很可能沒有等到這些措施到位，金人就在紹興十年五月背棄成約，重新佔據了這些地區，但北宋朝廷本來就極為尊崇道教，徽宗趙佶甚至要去做"道君皇帝"，朝中大臣則有所謂"祠祿之制"，以道教宮觀使者名義領取俸祿[208]，道教與趙宋皇室以及整個王朝體系都具有非同尋常的密切關係，且西嶽廟中安置有所謂聖祖和真宗皇帝的御容以及太宗、真宗御賜詩文碑刻，紹興九年樓炤奉命宣諭陝西諸路，於六月十九日途徑華陰，一行人還特地到華嶽廟拜謁，與祠觀中道士有密切接觸，而緊接着就在樓炤巡視西嶽廟宇之後不到一個月的時間裏，"前西嶽知殿兼拱極觀主賜紫道士"雷道之便在七月十五的中元節上撰寫這篇碑文。姑且不論趙宋王室對道教徒恩寵之深以及雷氏固有的道官身份，即以尋常煙戶百姓而言，當時包括華山腳下在內的關中地區，在法律上本來就是隸屬於宋朝的疆土；況且樓炤一行人直至八月二十日始由鳳翔遵原路返回臨安，當雷某屬筆之時，這些欽差大臣仍在關中宣諭光復大宋主權[209]，其署用紹興年號是理所當然的事情，不知雷道士尚有何"繫思本朝"之隱微旨意可言，竟值得亭林先生如此表彰？

相形之下，反倒是岐州學內刻此《華夷圖》碑的教官，其心思所向，似乎大可品味揣摩。首先，我們必須指出，在宋代，隨着科舉制度改革後經義和策論成為考試的主要內容，除了發揮經義需要《禹貢圖》之類有關經書地理的專門地圖之外，應試士子在撰述策論時，也還需要掌握一些基本的當代地理以及經學內容之外的其他歷史地理知識。

在當代地理方面，今四川榮縣文廟正殿後面，有一方宣和三年"重立石"的《九域守令圖》碑[210]，各地文廟與官學都是合置一處，刊刻這方圖碑，當然首先是出於教學的需要。同樣的情況，還有在蘇州的府學裏，也立有一座

《地理圖》石碑，刊刻于宋理宗淳祐七年[21]。《九域守令圖》和《地理圖》的內容都比較豐富。類似的宋朝當代地圖，還有日本京都東福寺塔頭栗棘庵內收藏的木刻《輿地圖》拓本，據黃盛璋研究，應是南宋度宗咸淳二年刊刻於明州。雖然這幅地圖的刊刻、存放地點及其用途，都沒有明確的文字說明，但圖幅左上角鑴有宋朝"諸路州府解額"，其主要用於科舉，自是一目了然[22]。朱子嘗有語云："理會《禹貢》，不如理會如今地理。"[23]雖然這只是就古代地理和當代地理兩種地理知識的重要性所做判別，並沒有直接涉及科舉考試問題，但卻足以說明人們對當代地理知識的重視程度。

在歷史地理方面，前述蜀人稅安禮於北宋哲宗元符二年編制的《歷代地理指掌圖》，通繪從古至今各個時期的地理建置，從北宋末年徽宗政和、宣和之際起，印行有多種版本，今僅剩有一南宋初年刻本，存日本東洋文庫，上海古籍出版社有影印本行世[24]。該圖卷首有被書商改署作"蘇軾"的序言，謂"圖也者，所輔書之成也。……後之學者，未擅博洽周覽之見，區區然知書之為在，而至其所謂圖者，藏為玩好之具，往往時出而觀之。夫不考方輿、審形勢，而欲窮載籍，高談時務，顧不鄙哉！又況區域之建，肇自古初，以迄於今，上下數千百載間，離合分併，增省廢置，不勝筆煩，……載籍所傳，不可不辨"[25]。《歷代地理指掌圖》的出現，雖然與慶曆、熙寧以後的整個學術風尚，特別是以司馬光《通鑑考異》為代表的史學考據具有密切關聯，但稅氏所說窮載籍而高談時務，正是當時撰述策論的一項突出特徵，《歷代地理圖》之直接有助於科舉，也是無可置疑的事實。

劉豫偽齊在女真人刻意扶植下勉強立國，其科考制度，只能效法宋朝成規，在這樣的背景之下，岐州官學將反映中國及其周邊地區地理現狀的《華夷圖》鑴刻於石碑，以供庠序學子日常觀摩，單純從應試教育角度講，應該說是很平常的事情。既然是專為偽齊之科舉考試而製作，岐州州學又是偽齊政權屬下的一方官學，當事學官亦非如亭林先生一樣不食官廩的雲遊散人，無論如何，也不能不署用劉豫阜昌年號，這不過是例行公事而已，顧炎武硬要指斥說是"以偽齊劉豫之號而欲壽之貞石"，未免責人過苛，多少有些不近情理。

從當年賈耽繪製出《海內華夷圖》後所上進書表來看，他編繪這幅地圖時的胸襟是開闊而舒展的，賈氏所說"別章甫左袵，奠高山大川，縮四極於纖縞，分百郡於作繪，宇宙雖廣舒之不盈庭，舟車所通，覽之咸在目"，在華夷之間的關係上，展現的正是"普天之下，莫非王臣"的度量[216]，這也就是所謂盛唐氣象。

入宋以後，因國勢漸趨衰微，特別是疆土範圍日益促迫，這種開放的華夷觀念，亦隨之急劇衰減，"外攘夷狄"很快成為朝政要務。到金人南下中原，迫使宋室南遷之後，漢族士民的華夷觀念，更是為之丕變，所謂"謹華夷之辨"，轉而成為瀰漫朝野的思潮。在胡安國從北宋徽宗時期開始累計耗費三十年時間寫成而於紹興六年進呈的《春秋傳》中，他以闡述孔子作《春秋》宗旨的形式，最有代表性地表明了這一點：

> 韓愈氏言《春秋》謹嚴，君子以為深得其旨。所謂"謹嚴"者何謹乎？莫謹于華夷之辨矣。中國而夷狄則狄之，夷狄猾夏則膺之，此春秋之旨也。[217]

胡氏復進一步闡釋說，所謂謹華夷之辨就是要"內諸夏而外四夷"[218]，這顯然是要在華夷之間做出明確的地理區隔。胡安國對此尚做有更加具體的說明：

> 聖人謹華夷之辨，所以明族類、別內外也。雒邑天地之中，而戎醜居之，亂華甚矣，再稱公子，各日其會，正其名與地以深別之，示中國、夷狄終不可雜也。自東漢已來，乃與戎雜處而不辨，晉至於神州陸沉，唐亦世有戎狄之亂，許翰以為謀國者不知學《春秋》之過，信矣。[219]

清四庫館臣評價《春秋》胡傳，謂"其書作於南渡之後，故感激時事，往往借《春秋》以寓意，不必一一皆合於經旨"[220]。所謂"感激時事"自然主要是指金人入主中原，因礙於清廷忌諱，館臣不敢明言並加以貶抑，明此，則愈可知胡氏所說"謹華夷之辨"，本是直接針對金人南侵，有為而發。

在這樣的歷史和文化背景下，北方淪陷區內岐州的學官在州學裏將《華夷圖》刻石成碑，圖上完全遵用宋朝的疆域和建置，即如清人錢大昕早已指出的那樣，其"京、府、州、軍之名，皆用宋制"，特別是清楚標記出趙宋舊壤東京、北京、南京諸都城的名稱[221]，不僅絲毫沒有反映"大齊"的疆域建置（劉豫自有其政區設置，這可以由紹興八年底金國向宋歸還河南、陝西地區後，宋廷於翌年三月"正偽齊所改州縣名"一事中看出[222]，而劉豫即僞齊帝位之後，隨即將東平府升爲東京，同時"改東京爲汴京，降南京爲歸德府"，更是史有明文[22]，這與北宋諸京的設置，已經截然不同)[23]，並且也完全忽視其宗主國金國的存在，同時還在題記中明確表述，該圖是以宋朝所分二十三路爲基準，於周邊附注"其四方蕃夷之地"。在這當中，"女貞"又只是很不顯眼地用兩個小字，與渤海、夫餘相並列，附注在宋朝的東北疆界之外，這樣的做法，非但絕不可能是"覥顏臣僕"而欲使劉豫其人其國"壽之貞石"，恐怕還隱寓有訓誡士子明華夷之辨而不忘故國江山的意味。

日本學者增田忠雄在日軍侵華期間撰寫《宋代的地圖與民族運動》(《宋代の地圖と民族運動》)一文，早已敏銳注意到岐州學官在僞齊政權下的官學裏刊刻《華夷圖》碑，正是想要以此來在知識份子中間展現一種"消極的民族反抗"，而增田氏能夠提出這樣的看法，乃是受到當時中國各種國恥國難地圖的直接啓發[24]。貫穿歷史與現實，或許會更容易透徹認識事件背後的真相，荀子所云"善言古者必有節於今"[25]，講的就是這個道理。

就在岐州官學刊刻《華夷圖》碑不到兩年之後的紹興九年六、七、八三個月期間，秘書少監鄭剛中隨同樓炤赴陝西各地宣諭王命回到臨安後，向朝廷報告北方各地之民心人情說：

> 竊觀今日天下之勢，東南爲天子駐蹕之區，朝廷臺省監司守令耳目親近之地，故治具比他道爲修。陝西諸郡，雖號新復，然自渠魁元惡用意變易三綱五常之外，自餘軍民無不內懷天日，相與持循檢約，未敢有無國家、毀法度之心，故其風俗綱紀，視東南猶整整也。獨京西、京畿，與夫接淮甸之地，一時陷没於劉豫凶威虐焰之中，郡邑無民，官府無法，田野未耕，荒穢猶在，如久病困瘵之人，頭目手足，皆有生意，而中焦痞涸，蓋未易全復也。[26]

陝西各地軍民既然如此"內懷天日"，州學教官若是借此《華夷圖》來明其心志，應該說是情理之中的事情。

另一方面，南宋朝野在閱覽利用《華夷圖》時所賦予它的特殊意味，也有助於我們理解阜昌石刻《華夷圖》所具有的上述歷史蘊涵。史載孝宗皇帝曾在宮中繪製過一幀圖幅闊大的《華夷圖》：

>乾道元年七月癸丑，晚御選德殿。御坐後有金漆大屏，分畫諸道，各列監司郡守為兩行，以黃簽標識職位姓名。上指示洪适等曰："朕新作此屏，其背是《華夷圖》，甚便觀覽，卿等於都堂亦可依此。"[29]

甯宗時人吳泳，在一道題為《論中原機會不可易言，乞先內修政事》的劄子裏面，便將孝宗作此漆屏《華夷圖》，與其恢復中原的志向直接聯繫起來，謂"孝宗思其難，不惟其易；躬其勞，不於其逸。故置恢復局，覽《華夷圖》，……蓋無日不勵規恢之志，無時不為備禦之事"[29]。稍後，理宗時人呂中，也談到類似的說法，謂"孝宗有恢復之志，置恢復局，覽《華夷圖》"[29]。可見，孝宗覽《華夷圖》以遙思北方舊壤，並進而籌畫進取大計，是當時人的普遍看法，蓋包括北方淪陷區昔日疆域在內的全國總圖，本來就能夠起到"披圖則思祖宗境土半陷於異域而未歸"的作用[29]，借用當時人陳亮提醒這位孝宗皇帝的話來說，便是足以警醒人主，時刻銘記"天命人心固非偏方之所可久繫也"[29]。譬如在前述蘇州府學的《地理圖》碑上，就題寫一段很深沉的感慨云："今自關以東、河以南，綿亙萬里，盡為賊區，追思祖宗開創之勞，可不為之流涕太息哉！"[29]華夷界域對比明顯的《華夷圖》，從名稱到內容，自然都更容易喚起這樣的意識。

南宋末年，僧侶元肇在一首題為《華夷圖》的詩中，也從恢復中原的角度，抒發了自己觀覽此圖後的感想，詩云：

>禹跡茫茫宇宙寬，等閒移向壁間安。從頭指點須開展，莫只東南角上看。[29]

山林之間的方外人士尚且如此，尤可證宋室南遷之後，無論是在北方淪陷區域，還是在江南半壁殘山剩水之間，人們往往都會透過《華夷圖》來表現對華夏故國領土完整的追求，也正因為如此，《華夷圖》才能夠更為廣泛地流行於南北各地。鄭樵《通志》在著錄歷代金石時曾作為唐代的石刻載有一方《華夷圖》碑[29]，這應當就是阜昌《華夷圖》之類出自賈耽《海內華夷圖》的宋人石刻地圖。

從元肇詩中的描寫來看，他見到的這幅《華夷圖》，應該是刻成石碑，嵌在牆壁中間，從前文所述當時的一般狀況來推測，很可能也是安放在官學當中。

同樣的石刻《華夷圖》碑，在洛陽也曾立有一方[20]，但與元肇所見到的一樣，早已毀失不存。除此之外，文獻記載朱熹"嘗欲以木作《華夷圖》，刻山水凹凸之勢，合木八片為之，以雌雄筍相入，可以折，度一人之力，足以負之，每出則以自隨，後竟未能成"[21]；另外，北宋中期時人何薳記述當時還有人在硯臺上刻製"方一尺有半"的《華夷圖》，"字如蠅頭，而體制精楷"，倩名工耗時三年始雕鐫成圖[22]。這兩種特殊的地圖表現形式，或未能做成，或更偏傾於文玩的性質，但卻可以從不同的側面，進一步說明《華夷圖》在宋代社會上流通的普遍性。

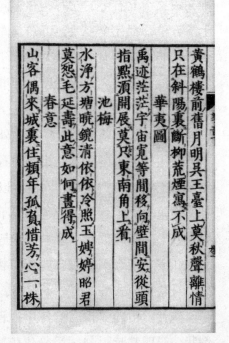

日本元祿刻本《淮海挐音》書影

從地圖流通的角度看，阜昌石刻《禹跡圖》和《華夷圖》還有一個很重要的特點，就是刊刻在同一方石碑前後兩面的這兩幀地圖，其上下方向，是一正一倒，即豎立起來以後，總要有一側的圖幅是上頭朝下倒置。陳述彭等人解釋說，這樣做是為了在製作拓片時，能夠將前後兩側的地圖直接拓在同一張紙上，同時，拓片上的上、下兩幅地圖都可以保持正向方位[23]。今案陳氏謂《禹跡圖》與《華夷圖》上下方位顛倒，是為便於在同一幅紙上打製出上下連綴的兩幅地圖拓片，所說雖然有一定道理，卻未必完全合理。因為中國傳統紙張，粘連極為便利，似乎不必為此特地顛倒兩幀地圖的方位；加之該圖碑長、寬均接近80釐米，幅面寬展，用一張紙捶拓兩幅地圖連在一起的拓片，製作並不方便。承西安碑林博物館王其禕先生指教，告知今西安碑林存清順治三年覆刻之所謂"關中本"《淳化閣帖》，共有145石（含跋文部分17石）、289面，其中僅有一石為單面，其餘都與此《禹跡圖》和《華夷圖》碑一樣，是雙面鐫刻，其法帖第五之第一石正背兩面（標號"五·一"和"五·二"）與第十一石之正背兩面（標號"五·二十一"和"五·二十二"）、第十之第十二石正背兩面（標號"十·二十三"和"十·二十四"）以及《淳化閣帖》

附刻跋文十七石中的七石，亦有同樣的上下顛倒現象，而其他諸石正反兩面的上下方位卻都完全一致，可知其間毫無特殊用意或是確定的成規可言，蓋此等刻石初非樹立觀賞，而純粹為了打製拓本，裱裝成冊，故石頭兩面本各自獨立，並沒有首跌之分，所以，當事匠人只是不經意間刻製成兩面上下相互顛倒而已。依此類推，可知《華夷》、《禹跡》兩圖之顛倒刻石，也應當出自同樣的原因，除了說明其用於捶拓之外，恐怕再別無深意可求。

像這樣前後兩面方位相反的石碑，自然不便嵌入牆壁當中，供人觀覽，但鑲嵌在牆體當中的圖碑，同樣可以用於製作拓片。據王其禕先生告知，西安碑林博物館存北宋建隆、乾德年間刊刻的《張仲荀抄高僧傳序》石碑，碑身為豎長方形，鐫有額題，原本自然是豎立放置，然而，在其背面，後來又附上了北宋熙寧年間刊刻的顏真卿行草書《爭坐位稿》，因顏氏原稿本是手卷形式，故上石時依原式分為上、下兩欄，橫向摹刻，也就是只有將石碑橫躺過來才能正位觀賞。由於《抄高僧傳序》已然豎立放置了，故《爭坐位稿》只能呈側倒狀，說明當時附刻《爭坐位稿》的目的，並不是為了放置觀賞，依然是為打製拓本。《禹跡圖》和《華夷圖》碑若是兩面外露嵌入牆壁，其情形便與此豎立放置的《張仲荀抄高僧傳序》和《爭坐位稿》差相仿佛。

北宋中期特別是南宋以後，雕版印刷業已經相當普及和發達，可是，前述日本京都栗棘庵藏宋明州木刻《輿地圖》其刊刻的形式不是用於印刷，而是與石碑一樣用於製作拓本，這說明與雕版印刷地圖相比，利用圖碑製作地圖拓片應當自有其便利之處，至少在學士子及其他社會公衆可以隨時自行拓印這一點便是雕版印刷所無法比擬的優勢。日本學者增田忠雄嘗以為宋人石刻《禹跡圖》、《華夷圖》等教學地圖，是由於印刷技術尚且不夠發達[20]，應是對碑刻捶拓技術這一優長還缺乏足夠的瞭解。宋代各地官學刻製的《禹跡圖》和《華夷圖》這一類地圖石碑，通過拓印這種方式大大擴展了它的傳播和影響範圍。

四 《禹跡圖》碑與北宋時期關中的碑刻地圖

如前文第二節所述，在鎮江《禹跡圖》碑上面鐫有"元符三年正月／依長安本刊"字樣，據李裕民等考釋，這一"長安本"圖碑應是繪製於哲宗元祐元年至三年之間，而它在古長安刊刻上石，即應大致在此後不久，這也是最早面世的石刻《禹跡圖》碑。石刻《禹跡圖》率先出現於關中，並不是一件孤立的偶然事件，要想進一步揭示其產生原因，還需要考察北宋時期關中地區的石刻文化形態。

與其他所有歷史文化現象一樣，每一種石刻文化的產生和傳播擴散，都是一個歷史地理的過程，同時，也都具有各自的地理空間演化特徵。碑誌這類刻石銘文，原本即主要產生於關中地區，並且由關中推向全國。這一傳播過程，是秦始皇統一關東諸國之後，作為宣揚其至高無上神聖權威的重大政治舉措而迅速形成的。

秦始皇從二十八年至三十七年間，東巡各地，先後於鄒嶧山、泰山、琅邪、之罘、碣石、會稽六處刻石銘文，頌秦功德。因為銘文都是由李斯起草並手書上石，李斯在獄中上書二世皇帝，乃自言"文章布之天下，以樹秦之名"[241]。在這六處刻石當中，除秦始皇三十二年"刻碣石門"，係直接鐫刻於天然石壁上之外，其餘都是刻在人工豎立的石碑上面[242]。唐人柳宗元在追溯石碑起源時謂之曰："秦刻石號其功德，亦謂之碑，而其用遂行。"[243]宋人呂祖謙也在秦始皇二十八年於鄒嶧山刻石事下注云："刻石始於此。"[244]

若謂將此類大型石刻銘文"布之天下"，使其普遍行用於全國各地，是始自秦始皇東巡刻石，柳宗元和呂祖謙所說，固然不誤，但宋人程大昌卻從秦始皇刻石中看出了其中潛存着更為久遠的淵源：

> 始皇二十八年，刻石琅琊臺，其文曰："古之帝者，地不過千里，猶刻金石，以自為紀。今皇帝一海內，以為郡縣，群臣相與誦皇帝功德，刻於金石。"夫秦既引古帝紀刻金石者，以為其時刻石本祖，則秦以前不專銘功鐘鼎，其必已有入石者矣。第金可久，石易磨泐，故古字之在後世，有得諸鐘鼎，而無得之石刻者，其堅脆不同，理固然也。[245]

程氏所見誠是，秦人崛起於西陲而到關東各地刻石立碑，即是因為這類石刻本來起源於關中，在那裏，它有着相當悠久的傳承。

在《韓非子》一書中，記述有如下一段故事：

> 趙主父令工施鉤梯而緣播吾，刻疎人跡其上，廣三尺，長五尺，而

勒之曰："主父常游於此。"秦昭王令工施鉤梯而上華山，以松柏之心為博，箭長八尺，篳長八寸，而勒之曰："昭王嘗與天神博於此矣。"[248]

目前我們並沒有發現相關遺跡，以證實《韓非子》記述的真實性，但韓非子本人就是戰國時人，所説至少可以反映出當時在秦、趙兩國，會存在類似的文化現象。顧頡剛很早注意到這一記載，並敏鋭地指出："始皇巡遊，隨處令李斯撰文刻石，實為此一工作之擴大。"不過，略顯遺憾的是，顧氏只是從君王好名而於山石上留存名跡的角度來看待其前後聯繫[240]，未能觸及石刻文化的地域起源問題。

由戰國時期的秦昭王再向前追溯，我們就會看到，目前所知中國最早的石刻銘文亦即大致在兩周之際刻製的所謂石鼓文，正是關中西部秦國的產物。日本學者藤田豐八曾誤以為石鼓文是秦始皇時代的物品，提出秦始皇鐫刻銘文於石鼓，是由於他或直接或間接地受到了古埃及、古巴比倫以及波斯、印度石刻文化的影響[248]。藤田氏這種說法能否成立，似乎還需要做很多具體的論證，不過，中國早期石刻文化來源於西方的想法，卻很值得重視，近年李零在探討中國古代神道翁仲和墓碑起源的時候，也提到應當把目光轉向西北歐亞草原地帶遠古時期的墓前立石，並且説，"秦刻石比較發達，恐怕也與秦地多戎有很大關係"[249]。秦國固然偏居西陲邊地，與戎人雜處，與秦昭王競相摩崖刻石的趙武靈王，更是以率先穿用胡服而名垂史冊，而在秦、趙兩國毗鄰的今陰山、賀蘭山山地的石壁上，都雕刻有大量原始時期的巖畫，秦以及趙人應當很容易受到這種表述方式的影響。因此，石鼓文更有可能是秦人效法其事並將其與中原鐘鼎銅器以及玉册盟書之類小型石質銘文相融合的產物，20世紀80年代陝西鳳翔春秋秦公大墓出土的秦景公時期石磬銘文，便是反映二者結合關係的最佳實物[250]。

由秦國西陲的石鼓文到秦昭王華山題名，再到秦始皇東巡刻石於關東乃至江南各地，足以顯示中國碑刻文化的地域起源及其傳播過程，而借鑒這樣的發生和擴散模式，也有助於我們去合理地思考和把握石刻《禹跡圖》以及其他一些石刻地圖的地域分布形態。

檢讀中國古代各類碑石，可以看到，最早的石刻地圖就出現在關中。北宋神宗"元豐三年（公元1080年）正月五日，龍圖閣待制知永興軍府事汲郡呂公大防，命户曹劉景陽、按視邠州觀察推官呂大臨檢定其法"，刻製隋唐長安城圖石碑，題作《長安圖》㉚，就目前所知，這是中國有史以來第一幅石刻地圖㉛。

宋永興軍即唐京兆府，其治所則為唐長安故城。這方《長安圖》石碑刻成之後，就放置在永興軍衙署裏面㉜，出身於關中當地的武功人氏游師雄，當時正被呂大防辟用，"充管勾機宜文字"，而且他還與具體刊刻《長安圖》的呂大臨同出於關學宗師張載門下㉝，游氏即使沒有直接參與其事，也一定會從呂大防這一舉措中感受到強烈的影響。因為七八年之後，當游師雄在元祐二三年（公元 1087～1088 年）間出任陝西轉運判官的時候，於任內將陝西境內"自周秦已來古跡之煙沒者皆表之，以示往來"㉞，游氏彰顯古跡的主要方法之一，就是仿效呂大防的做法，在名勝古跡處豎立相關的石刻地圖。游師雄刊刻的這批地圖，雖然大部分都已經毀棄不存，但有一些還有蹤跡可尋，其中如臨潼唐華清宮舊址之《唐驪山宮圖》圖碑，今有摹本模刻在元李好文的《長安志圖》當中，署名云"元祐三年中秋日武功游師雄景叔題"㉟；又如《唐高宗乾陵圖》，在《長安志圖》中也收有一摹本，同樣是由"元祐中計使游公圖而刻之"㊱。另有《唐太宗昭陵圖》（附繪有肅宗建陵圖），本文開篇即已經談到，這方圖碑尚大體完整留存至今，現存陝西禮泉昭陵博物館，但刻石時間稍晚，是元祐七八年間游師雄重來關中"權發遣陝西轉運副使"以後㊲，在紹聖元年端午節時所增刻㊳。

宋哲宗元祐紹聖之間，就在游師雄在關中各地成批繪製石刻地圖，以顯揚周秦漢唐古跡的時候，幾乎與之相並行，在永興軍出現了所謂"長安本"石刻《禹跡圖》，二者之間一定存在內在的聯繫，這是顯而易見的事情。其最一般性的聯繫，是游師雄的做法，直接激發當地某學官或是其他什麼人編繪並刊刻了《禹跡圖》石碑；而更深一層的聯繫，則是所謂"長安本"《禹跡圖》很有可能就是出自游師雄其人之手。蓋游師雄"年十五入京兆學"，而且在這裏"考行試藝，屢居上列，人畏敬，無敢抗其鋒"，並進而由此走入仕途㊴，若是以鐫刻此圖來回報少時庠序，也應該是順情合理的事情。

不管是屬於上面所說哪一種情況，溯本求源，我們都有必要再回過頭來看看呂大防和游師雄在關中刻製《長安圖》等石刻地圖的社會背景。

在文化背景方面，仁宗慶曆以來學術風尚的變化，影響所及，遠遠超出於經學領域之外。獨立思索，求真求實的研究方法，必然會激發人們對考據史事的興趣，並進而引發對古代器物和歷史遺跡的探索欲望，從宋朝人相關的學術著作當中，可以清楚地看到這一趨向。譬如歐陽修在仁宗嘉祐八年（公元1063年）撰成《集古錄》一書，廣泛集錄周秦漢隋唐五代金石銘文，而尤為關注其"可與史傳正其闕繆者，以傳後學，庶益於多聞"[20]，今剩存有《集古錄跋尾》十卷傳世。又同時人曾鞏，亦嘗"集古今篆刻為《金石錄》五十卷，出處必與之俱"[28]，此書原本今雖不傳，但曾氏文集中尚存有石刻跋尾十四篇[29]，可窺知其書與歐陽修《集古錄跋尾》大致相似。至於當時人關注古代遺跡，宋敏求所撰《河南》、《長安》兩志對此即有充分體現。宋敏求在仁宗皇祐三四年（公元1058～1059年）間撰述《河南志》，繼之又在神宗熙寧八九年（公元1075～1076年）間寫成《長安志》，都很側重記述往古"興廢遷徙"之跡[29]，宋氏友人趙彥若為《長安志》撰寫序言，稱促使宋敏求動筆撰著此書的一個重要原因，就是因為唐人韋述的《兩京新記》僅為"一時見書"，而"遺文古事，悉散入他說，班班梗概，不可復完"[29]，故全書二十卷中前面整整十卷基本上都是記述唐代以前的都邑風貌。

像《長安志》和《河南志》這種性質的著述，之所以會率先產生於長安和洛陽，是因為這兩個地區是周秦漢唐興盛王朝的核心區域，遺事遺跡都最為豐富。首開慶曆學風的劉敞，在西赴長安出知永興軍時，即搜求許多"三代時鐘鼎器皿"，悉心辨識其"篆刻銘識"，用以"考知前代制度"[29]，並"模其文，圖其象，為《先秦古器圖》一卷"[25]。稍後至神宗時期，在關中地區，甚至還有人撰著《京兆金石錄》六卷，專門著錄長安及其周邊地區的碑版銘文，書中有"元豐五年王欽臣序，自為後序，皆記京兆府古碑所在，覽之使人慨然"[29]，這顯然也是因為關中地區的碑刻能夠於南北各地獨擅盛名。

瞭解上述時代背景，呂大防於元豐三年在永興軍刊刻《長安圖》石碑，用以反映隋唐長安城面貌，便是一件順理成章的事情了。呂大防在石刻《長安圖》的題記當中，說明其繪製緣起云："隋氏設都，雖不能盡循先王之法，然畦分棋布，閭巷皆中繩墨，坊有墉，墉有門，逋亡奸偽，無所容足，而朝廷宮寺門居市區不復相參，亦一代之精製也。唐人蒙之以為治，更數百年不能有改，其功亦豈小哉！"[29]追慕古昔之幽情，溢於言表，呂氏稍後還特地將游師雄步從其後，對關中"自周秦已來古跡之堙没者皆表之"，也是出自同一情懷。

在此需要指出的是，呂大防自祖父時起即由汲郡移居關中藍田，是當地的名門望族，因此，與游師雄一樣，對關中古跡還具有特殊的鄉邦情感。另外，當時司職"檢定"、實際主持《長安圖》編繪刊刻工作的呂大臨，是呂大防的胞弟；大防另有胞兄大忠，俱知名于時。呂家諸兄弟不僅一直聚族同居，而且每每"相切磋論道考禮"，學術旨趣亦契合無間[21]。在呂大防、呂大臨兄弟繪製《長安圖》七年之後的元祐二年（公元1087年），呂大忠司職陝西轉運副使，因長安城內開成石經等著名碑刻存放環境不佳，"霖潦沖注，隨立輒僕"，特地將其移置他處，加以護持，使之成為"故都之壯觀、翰墨之淵藪"，初步奠定今西安碑林的規模[22]，體現出濃重的尊經重道情懷[23]；而大臨本人在刊刻此圖十二年之後的元祐七年（公元1092年），撰述《考古圖》十卷，後世往往尊奉為考求古器物者之淵藪。呂大臨為《考古圖》自撰《後記》，云"所謂古者，雖先王之陳跡，稽之好之者，必求其所以跡也。制度法象之所寓，聖人之精義存焉"，故撰著此書，"或探其製作之原，以補經傳之闕亡，正諸儒之謬誤"，使"天下後世之君子有意於古者，亦將有考焉"[23]。這段敘述，可以更為清楚地說明呂氏兄弟刊刻《長安圖》時所抱持的文化觀念，同時也很有代表性地反映了當時的學術與文化風尚。

從呂大防《長安圖》到游師雄所刻諸關中古跡圖碑，再到所謂"長安本"《禹跡圖》碑，這些石刻地圖相繼集中湧現於長安及其周圍地區，除了上述文化因素之外，還有石刻技術方面的原因。石刻技術與中國古代所有手工技藝一樣，技能之高低，自然會因人而異。清末人葉昌熾曾就碑刻工匠之重要性論述說："前人鐫碑，必求能手。褚書多出萬文韶。信本於隋時書姚辯志，已為文韶刻，則擅名兩朝久矣。柳書皆邵建初刻。元趙文敏書，惟茅紹之刻者能得其筆意。碑之工拙，繫於刻手，其重如此。"[24]

不同區域之間刻石匠人的總體水準，往往也會有高下之分，特別是這些手工技藝的傳承，大多是依賴家族血緣相維繫，具有強烈的封閉性，因而更容易造成地域差別。譬如葉昌熾曾總結宋代刻字工匠情況說："宋初刻字人皆安姓。"又云："北宋一朝碑版，安氏刻者為多。其最先者，為安宏、安仁祚，自建隆迄徽欽之際，蓋百餘年而其澤未艾也。《考工》鳧、㮚以官命氏，安氏有焉。"葉氏且舉述安氏刻石二十餘種，以事說明[25]。需要進一步清楚說明的是，這些安氏匠人，應出自同一家族，如僅就葉氏列舉的安氏匠人而言，在同一時期，明顯屬於同一輩份的名字，就有安仁祚與安仁裕，安文璨與安文璨（金石家著錄或訛作"璨"）、安文晟，安延年與安永年。而宋太宗雍熙二年《廣慈禪院修瑞像記》上所題"武威郡安文璨並弟文璨鐫字"[26]，以及真宗咸平元年《贈夢英詩碑》上所題"武威郡安文璨、弟文晟刻字"[27]，更清楚表明安文璨等三人確屬同門兄弟。另外，太祖建隆四年《重修開元寺行廊功德碑》上題有"都料安宏，侄仁祚刻字"字樣[28]，也明確記述了二人的叔侄關係。安宏所司"都料"職事，是指打造碑石，這是製作碑刻的第一道工序。碑石打造好後，一般還要先將名家書寫好的文字，用"模勒"亦即雙鉤方法移寫到石面之上，然後才能開雕。太祖乾德四年刻郭忠恕三體書《黃帝陰符經》署"安祚勒字"[29]，葉昌熾以為"此即為祚所刻"，蓋模勒與鐫刻俱出自安祚一人之手，"言勒可以賅刻也"[30]。類似的情況，還有游師雄的墓誌，是由"京兆安民、安敏、姚文、安延年模刻"[31]，"模刻"便是"模勒"和"鐫刻"兩道工序的合稱[32]。由這些例證可以看出，安氏家族不僅刻碑，同時也涉及石碑製作過程中包括都料、模勒在內的每一道工序，是一個頗具規模的碑刻作坊，其影響之大，甚至不知通過何種途徑，使安文璨獲取了"攝鎮國軍節度巡官"的頭銜（鎮國軍設在華山腳下的華陰）[33]。

　　葉昌熾在論述安氏家族的刻碑事業時，並沒有特別留意，其實安家只是在長安及其附近地區刊刻碑石，"武威郡"云云乃是安氏的郡望，"京兆"才是他們的居地，而安家在長安的刻碑活動，也並不是始自北宋初年，至少可以上溯到五代後周太祖顯德二年鐫刻《大周廣慈禪院記》的安彥[34]。這個家族僅僅局限於關中一隅之地的刻碑活動，竟然造成了"北宋一朝碑版安氏刻者為多"的宏大局面，尤其反映出當時長安及其附近地區碑刻業之繁盛，實已遠遠超出於全國其他地區之上。

　　在呂大防《長安圖》殘石的拓片上，幸好保留了刻工題名，我們可以看到，共有三位刻工參與其事，其中就包括有此安氏家族的"安師民"在內[35]。刻工"安師民"之名在傳世碑石中僅此一見，但前述模刻游師雄墓誌匠人中有"安民"，時在哲宗紹聖四年（公元1097年），在此之前的哲宗元祐五年

（公元1090年）九月，這位匠人還在長安刻製了黎持撰寫的《京兆府學新移石經記》[20]，同年清明在關中另鑴有《奉天縣渾忠武公祠堂記》[21]。較此再稍早些，大致在這一年的三月間，安民其人還參與鑴刻了關中大儒張載家姊的墓誌[22]，這些活動上距神宗元豐三年（公元1080年）只不過十年時間，而按照當時刻工署名的慣例，凡雙字名者，時常會省去中間表示輩份的字，如安仁祚有時即省作"安祚"，安文璨也會省作"安璨"，安文晟亦有省作"安晟"的情況，等等[23]，所以，此"安師民"應即"安民"之全名，二者為同一刻工。

說到"安民"這個名字，可是歷史上極負盛名的刻工，邵伯溫《邵氏聞見錄》記其行事云：

> 長安百姓常安民，以鑴字為業，多收隋唐銘志墨本，亦能篆，教其子以儒學。崇寧初，蔡京、蔡卞為元祐奸黨籍，上皇親書，刻石立于文德殿門，又立於天下州治廳事。長安當立，召安民刻字。民辭曰："民愚人，不知朝廷立碑之意，但元祐大臣如司馬相公者，天下稱其正直，今謂之奸邪，民不忍鑴也。"府官怒，欲罪之。民曰："被役不敢辭，乞不刻'安民鑴字'於碑，恐後世並以為罪也。"嗚呼，安民者，一工匠耳，尚知邪正，畏過惡，賢於士大夫遠矣。故余以表出之。[24]

審讀文中"召安民刻字"、"乞不刻'安民鑴字'於碑"以及敍事中復又省稱作"民"以及此人亦自稱"民"而不是"安民"，可知文中"長安百姓常安民"之"常"字，明顯屬於衍文，邵氏所欲表而出之者自是"安民"。讀《邵氏聞見錄》此說，愈可知安師民其人，本是當時最優秀的石刻工匠，中國歷史上第一幅石刻地圖出自其手，絕非偶然。

石刻工藝的風格和水準也會隨着時代的遷改而有所變更。葉昌熾嘗謂"古今不相及，豈獨書法為然哉，即刻工亦不同。唐初名家遺墨，使今之良工上石，雖歐、虞精詣，確為真跡，視《廟堂》、《化度》諸碑，亦必相徑庭，則時為之也"[25]。葉氏在這裏講的是今不如昔的情況，但唐代匠人，亦非生而能之，其精湛技藝，本是歷史發展的結果。石刻地圖，從無到有，而諸如呂大防《長安圖》、游師雄《唐太宗昭陵圖》等圖甫一面世，線條即精細流暢，雕刻技術都已經相當完善，刻石匠人在雕鑴經驗上自然也要有所因承積累。

以安氏家族為代表的關中刻工，在北宋時期能夠在全國獨佔鰲頭，與隋唐以來關中積累的碑刻文化基礎，具有密不可分的聯繫。作為隋、唐兩個統一王朝的都城，從君王、朝廷，到群集於京師的王公大臣、文人學士，會需要刻製各式各樣的碑誌，盡可能延請德高望重的名人撰文，再聘用大家手筆書寫，對刻工的要求，自然是精益求精，關中諸如安家這樣的工匠，承此流風餘韻，技藝便很容易超逸其他地區的同行。

從呂大防的《長安圖》，到游師雄所刻《唐太宗昭陵圖》，直到所謂"長安本"《禹跡圖》，都是以陰刻線條形式雕製，而考古發掘所見隋唐時期諸如永泰公主、章懷太子、懿德太子等皇親國戚的石質棺槨上，大多鐫刻有精美的陰刻線條圖畫，達官顯貴墓誌的四周和誌蓋上，通常也都鐫刻有同樣的陰刻線條圖案，譬如四神十二辰之類的象徵性畫面以及牡丹紋、卷葉紋、纏枝蔓草紋之類的紋飾，關中刻工在雕刻這種陰刻線條畫方面所積累的能力，與其他地區相比，可以說同樣得天獨厚，而將這種技術移用於刻製地圖，應該是很容易的事情。游師雄當年彰顯周秦以來古跡，另外還有諸如鐫刻唐淩煙閣功臣畫像之類的作法，這種畫像，就同樣是採用陰刻線條的形式[22]。今研治美術史者評判這一刻石，謂其圖像"全屬初唐作風，係據閻立本原稿模勒無疑"[23]，足見石工雕琢技藝之精湛程度。及至元祐年間，安師民（亦即安民）等人能夠在全國率先雕鐫石刻地圖，就是得益於這一優越的石刻文化傳統，在技術上乃是水到渠成的事情。

關於中國石刻地圖的起源與地理分布問題，葉昌熾還曾經提出過一個重要觀點，需要略加討論。葉氏文曰：

> 王象之《輿地紀勝》，每一州"碑目"之後，必附以圖經若干卷，初疑邑乘無與於石刻，後觀唐《吳興圖經》，其先為顏魯公所書刻於石柱，始知唐時圖經皆刻石，而今亡矣。此碑林中一大掌故，而知之者鮮矣。[24]

按照上述說法，宋人係遵用李唐王朝成規，在全國各地豎立石碑，刊刻圖經。王象之此書寫成於南宋甯宗嘉定年間，由於圖經不僅有文字記述，還一定繪有地圖，那麼，這也就意味着石刻地圖自唐代以來就已經是很普遍的事情了，前文所做論述便沒有任何意義。此事不惟葉氏自詡為一大發現，近人黃濬撰著

《花隨人聖庵摭憶》,並世學人推崇備至,書中論及古代石刻輿圖,乃亦暗自襲用此說,以為阜昌石刻《禹跡圖》和《華夷圖》不過為此等衆多地圖碑版當中有幸殘存至今者而已[26]。

今案顏真卿出任湖州刺史時,曾於杼山刊刻一方柱形碑石,簡略記述境內山川以及陵墓等古跡的名目,宋人歐陽修等著錄此石,題作《湖州石記》[26],後世則通稱為《石柱記》。北宋時此石即已闕泐過甚,"考其所記,不可詳也"[27],今有清鄭元慶撰《石柱記箋釋》五卷行世。不過,顏真卿所刻,既非《吳興圖經》,更絕沒有地圖,其形式和內容與唐代的圖經都有很大差別;況且即使顏魯公確實刻有《吳興圖經》,也根本沒有理由從他這一偶然為之的舉措當中,推導出"唐時圖經皆刻石"的結論。南宋書肆主人陳思編撰的《寶刻叢編》一書,係分區域著錄各地石刻,尤以唐代碑版為多,假若唐代各州郡普遍刊刻圖經于碑石,陳氏一定會有所著錄,今檢讀此書,乃一無所見,可見葉昌熾的觀點必定不能成立。至於《輿地紀勝》每一州內所列"碑目",葉氏所說,更不準確,王象之開列的子目是"碑記",並不是"碑目",而所謂"碑記"本來是並指"碑刻"與"地記";也正因為如此,王象之在這一子目之下都是先開列碑刻,後舉述本地圖經、地志等各類地方性著述,亦即葉昌熾所說"邑乘",四庫館臣嘗就其價值評議說"圖經、輿記亦較史志著錄為詳"[28],民國初年林鈞撰著《石廬金石書志》,也論述說王象之書中所謂"碑記"乃是"按天下碑刻、地志之目,分郡編次,而各注其年月姓氏大略於下"[29],顯然都是基於同樣的理解。若能明此體例,葉氏本不會滋生疑惑,更不會墮入歧途,將莫名其妙的誤解矜作闡發千古之覆的創見。

2009 年 7 月 6 日記

注 釋

① 清葉昌熾《語石》(上海,上海書店,1986)卷一《偽齊》,頁 21;卷五《地圖》,頁 94。
② 《金史》(北京,中華書局,1975)卷七七《劉豫傳》,頁 1760~1761。
③ 清葉昌熾《語石》卷五《地圖》,頁 94。
④ 清畢沅《關中金石記》(上海,商務印書館,1936,《叢書集成》初編排印《經訓堂叢書》

本）卷六"昭陵圖並説"條，頁120。清孫星衍《寰宇訪碑錄》（上海，商務印書館，1935，《國學基本叢書》本）卷七，頁267。清王昶《金石萃編》（北京，中國書店，1985）卷一四一宋游師雄《昭陵圖記》，頁1a～2a。案北宋石刻《昭陵圖》在中國古代地圖學史上具有重要價值，而迄今為止，學術界尚未關注到這一點，我將另行撰文，予以闡釋。

⑤ 關於《九域守令圖》的狀況及其價值，請參見鄭錫煌《北宋石刻"九域守令圖"》一文，刊《自然科學史研究》第1卷第2期，1982年，頁144～149。

⑥ 《禹跡圖》和《華夷圖》對於研究宋代地理，具有重要價值，如拙稿《河洛渭匯流關係變遷概述》（刊《人文雜誌》1985年第5期，收入拙著《古代交通與地理文獻研究》，北京，中華書局，頁223～229），即主要依據《禹跡圖》和《華夷圖》等宋代石刻地圖資料，復原宋代黃河與洛河河道的基本走向。又清人畢沅也論述過《禹跡圖》對於《禹貢》地理研究的價值，説詳所著《關中金石記》卷七"禹跡圖"條，頁152～154。

⑦ 比較有代表性的學者如 Heedwood, W. E. Soothill 和 G. de Reparaz-Ruiz 等，有關評價見李約瑟《中國科學技術史》漢譯本第五卷《地學》（北京，科學出版社，1976，《中國科學技術史》翻譯小組譯中文本）第一分冊第二十二章第四節《東方和西方的定量製圖學》，頁134～135。

⑧ 清畢沅《關中金石記》卷七"禹跡圖"條，頁152。

⑨ 清洪亮吉《卷施閣文甲集》（北京，中華書局，2001，《洪亮吉集》本）卷七《又與邵編修辯〈爾雅〉斥山書》，頁170。

⑩ 王國維《觀堂別集》（上海，上海書店出版社，1983，影印《王國維遺書》第三冊）卷三《偽齊所刊〈禹跡〉〈華夷〉兩圖跋》，頁138～139。案顧頡剛在寫於1926年的讀書筆記當中，記述他為牛津大學蘇迪爾（Soothill）教授解答《禹跡圖》的編制時代問題時，亦曾假定《禹跡圖》係由賈耽"開方"繪製的《海內華夷圖》演化而來，並且推測《唐書》稱賈耽圖為《海內華夷圖》乃是誤書書名。説見所著《顧頡剛讀書筆記》（臺北，聯經出版事業公司，1990）第二卷《蘄蘭室雜記》（二）"《華夷》、《禹跡》兩圖"條，頁983。

⑪ 説詳內藤虎次郎《地理學家朱思本》，原刊〔日〕《藝文》第十一年第2號，1920年，此據《內藤湖南全集》（東京，築摩書房，1970）第七卷《讀史叢錄》，頁509～510。案內藤虎次郎的觀點與王國維等大體相類似，他所設定的阜昌石刻《禹跡圖》與《華夷圖》出自同一人之手的假設，原本沒有任何依據，不能成立，在此無需詳辨。又案前面注文所述顧頡剛假定《禹跡圖》係由賈耽"開方"繪製的《海內華夷圖》演化而來，實際上，也是由於他未能真正區分開石刻《禹跡圖》與《華夷圖》這兩幅地圖本來並沒有共同的淵源，從而誤由《華夷圖》與賈耽《海內華夷圖》的關聯中推演出來的看法，這一點可以從顧氏以"桂薑園"筆名在《禹貢》半月刊第3卷第1期（1935年3月）上刊發的《禹跡圖説》一文（頁

43～44）中得到比較清楚的證明。

⑫ 小川琢治《支那歷史地理研究》（京都，弘文堂書房，1928）第一章《支那地圖學の發達》六，頁52。

⑬ 王庸《中國地理學史》（北京，商務印書館，1938）第二章第六節《賈耽〈隴右山南圖〉與〈海內華夷圖〉》，頁70。

⑭ 王庸《中國地圖史綱》（北京，生活・讀書・新知三聯書店，1958）第六章《方志圖與賈耽製圖》，頁48。

⑮ 侯仁之主編《中國古代地理學簡史》（北京，科學出版社，1962年）第三章第三節《宋元輿圖》，頁46。

⑯ 譚其驤主編《中國歷史地圖集》第一冊（北京，中國地圖出版社，1982）篇首譚其驤撰《前言》。

⑰ 盧良志編《中國地圖學史》（北京，測繪出版社，1984）第六章第一節《全國總圖的繪製》，頁80～81。

⑱ 劉起釪《尚書學史》（北京，中華書局，1989）第七章第三節《兩宋對〈尚書〉單篇〈禹貢〉、〈洪範〉等等的研究》，頁260～261。

⑲ 增田忠雄《宋代の地圖と民族運動》，刊〔日〕《史林》第二十七卷第一號，1942年，頁68，頁77～78。

⑳ 織田武雄《地図の歷史》（東京，講談社，1973）第十三章《中國における地図の発達》，頁194～197。

㉑ 曹婉如《華夷圖和禹跡圖的幾個問題》，刊《科學史集刊》第6期，1963年，頁35～36。案吳其昌先于曹氏，早在1927年，即曾經就阜昌石刻《禹跡圖》、《華夷圖》兩圖與賈耽《海內華夷圖》的關係說："目此二圖為賈耽作，全屬無根之遊說也。"然而吳氏只是隨意敷陳而已，沒有做出具體論證，故所說並不具有學術價值。吳說見其所撰《宋代之地理學史》一文，刊《國學論叢》第1卷第1期，1927年，頁53～54。

㉒ 說詳拙稿《河洛渭匯流關係變遷概述》，見拙著《古代交通與地理文獻研究》，頁225～226。

㉓ 榎一雄《賈耽の地理書と道里記の稱とに就いて》，原刊〔日〕《歷史學研究》第六卷7號，1936年，此據作者文集《榎一雄著作集》第七卷《中國史》（東京，汲古書院，1994），頁194。

㉔ 比較有代表性的著述，如中國科學院自然科學史研究所地學史組主編《中國古代地理學史》（北京，科學出版社1984）第八章第三節《傳統製圖學的繼續發展》，頁304；又如唐錫仁、楊文衡主編《中國科學技術史・地學卷》（北京，科學出版社，2000）第七章第三節《地圖學的發展》，頁345。

㉕ 清官修《四庫全書總目》（北京，中華書局，1965）卷一一《經部·書類》一"禹貢指南"條，頁91。

㉖ 宋程大昌《禹貢山川地理圖》（北京，中華書局，1985，《古逸叢書》三編影印宋刻本）卷上《韋昭三江圖敍説》、《今定三江圖敍説》，頁3436~3437；卷下《宋武開汳入渭取長安圖》，頁38。

㉗ 曹婉如《華夷圖和禹跡圖的幾個問題》，刊《科學史集刊》第6期，1963年，頁35。

㉘ 宋李心傳《建炎以來朝野雜記》（北京，中華書局，2000）卷一三《取士》"制科"條（頁254）載紹興元年九月，制科考試"命兩省、學士官考試于秘閣，御史監之，試六論，於《九經》、《十七史》、《七書》、《國語》、《荀》、《揚》、《管子》、《文中子》正文內出題"。呂祖謙在此稍後纂述有《十七史詳節》一書，從中可以看出，當時所説"十七史"，是有《新唐書》而無《舊唐書》；又王應麟《小學紺珠》（南京，江蘇古籍出版社，1988，影印清光緒浙江書局刻《玉海》附刊本）卷四《藝文類》"十七史"條（頁76）所開列的"十七史"名目，也是只列有宋祁、歐陽修的《新唐書》而沒有劉昫《舊唐書》。明人所謂"二十一史"不含《舊唐書》，則看南、北監本《二十一史》自明。

㉙ 金王若虛《滹南遺老集》（上海，商務印書館，1935，《叢書集成》初編排印《畿輔叢書》本）卷二二《新唐書辨》上，頁132。

㉚ 明楊慎《丹鉛總錄》（臺北，臺灣商務印書館，1983，影印文淵閣《四庫全書》本）卷一一"二唐書"條（頁452）記述説："《舊唐書》人罕見，故不知其優劣。近南園張公《漫錄》中載其數處，以《舊書》證《新書》之謬，良快人意。"

㉛ 明胡應麟《少室山房筆叢》（上海，上海書店出版社，2001）乙部《史書占畢》卷一，頁129。

㉜ 清閻若璩《潛丘劄記》（上海，上海古籍出版社，1992，《四庫筆記小説叢書》影印清文淵閣寫本《四庫全書》）卷六《與戴唐器書》，頁533。

㉝ 黃永年《〈舊唐書〉與〈新唐書〉》（北京，人民出版社，1985），頁46~48。

㉞ 《新唐書》（北京，中華書局，1975）卷末附宋曾公亮《進唐書表》，頁6472。

㉟ 案宋人洪邁在《容齋隨筆》（上海，上海古籍出版社，1978）之五筆卷二"唐史省文之失"條（頁825~836）中，早已指出《新唐書》這一嚴重缺陷；而趙與時《賓退錄》（上海，上海古籍出版社，1983）卷一〇（頁127）更針對《新唐書》"其事則增於前，其文則省於舊"的著述原則論述説："夫為文紀事，主于辭達，繁簡非所計也。《新唐書》之病，正坐此兩語，前輩議之者多矣。"

㊱ 宋宋祁《宋景文公筆記》（北京，中國書店，1990，《海王村古籍叢刊》影印民國陶湘覆宋刻《百川學海》本）卷上，頁724。

㊲ 明何良俊《四友齋叢説》（北京，中華書局，1959）卷五《史》一，頁47。

㊳ 金王若虛《滹南遺老集》卷二二《新唐書辨》上引宋劉器之語，頁131。

㊴ 金王若虛《滹南遺老集》卷二二《新唐書辨》上並引宋劉器之語，頁131。

㊵ 明楊慎《丹鉛總錄》卷一一"二唐書"條，頁452。

㊶ 清顧炎武《日知錄》（上海，上海古籍出版社，1985，影印清道光十四年刻黃汝成《日知錄集釋》本）卷二六"新唐書"條，頁1925。

㊷ 宋宋祁《宋景文公筆記》卷上，頁725。

㊸ 《新唐書》卷一六六《賈耽傳》，頁5084。

㊹ 《舊唐書》（北京，中華書局，1975）卷一三八《賈耽傳》，頁3784～3786。

㊺ 下文所述劉起釪《尚書學史》誤解賈耽進書表，即因其截取本來不相關聯的內容而徑行連屬所致。

㊻ 榎一雄《賈耽の地理書と道里記の稱とに就いて》，據作者文集《榎一雄著作集》第七卷《中國史》，頁194～195。

㊼ 案據明宋濂《浦陽人物記》（北京，中華書局，1999，影印清乾隆嘉慶間刊《知不足齋叢書》本）卷下《文學篇》之《倪樸傳》（頁500）記載，宋人倪樸曾"合古今夷夏繪為一圖，張之屋壁，手指心計，何地可戰，何城可受"。倪樸文集《倪石陵書》（北京，線狀書局，2004，《宋集珍本叢刊》影印民國初年李氏宜秋館刻本）所收《上太守鄭敷文書》（頁541）云此圖"縱廣餘丈，了然可觀。就館潘氏，其主翁好事，繪為帳，以便觀覽"，但這恐怕只是倪氏貼在家裏牆壁上供自己看或是復製給極個別雅好此事的人、而且也只有他本人或少數朋友在他的指點下才能夠看得懂的示意圖，不大可能在社會上廣泛流通使用，即使如此，圖上的內容也一定相當簡略，只能起到非常有限的示意性作用。

㊽ 曹婉如《華夷圖和禹跡圖的幾個問題》，刊《科學史集刊》第6期，1963年，頁35～36。又同人《論沈括在地圖學方面的貢獻》，刊自然科學史研究所主編《科技史文集》第3輯《綜合集》（上海，上海科學技術出版社，1980），頁82。

㊾ 案據我目前所見，中國存世最早的用朱墨對照形式區分古今印製的輿地沿革圖，應當為沈定之、吳國輔二人在明朝末年合作編制的《今古輿地圖》，該圖集刊行於明崇禎十六年，係"以墨作今一統圖，分列郡縣，而別以丹書自五帝以來至於國初，各為圖以具於今圖之上"。見沈、吳二氏《今古輿地圖》（濟南，齊魯書社，1996，《四庫全書存目叢書》影印明崇禎十六年刻本）卷首陳子龍序，頁595。不過，這只是一個很粗疏的印象而已，朱墨套印歷史地圖的出現時間，實際上很可能還會稍早一些，尚待具體研究。

㊿ 説詳黃永年《古文獻學四講》（廈門，鷺江出版社，2003）之《版本學》，頁169～170。

(51) 清官修《四庫全書總目》卷三三《經部・五經總義類》"經典釋文"條（頁270），謂唐陸德明《經典釋文》之原本："音經者用墨，音注者用朱，以示分別。今本則經注通為一例，蓋刊版不能備朱墨，……自宋以來已混而併之矣。"講的就是雕版印刷在使用不同顏色這一點上，反不及手寫便利。

(52) 《隋書》（北京，中華書局，1982）卷三二《經籍志》，頁928。

(53) 《小爾雅·廣詁》並清葛其仁疏證，見清葛其仁《小爾雅疏證》（清道光己亥原刻本）卷一，頁12b～13a。

(54) 《三國志》（北京，中華書局，1982）卷一三《王肅傳》劉宋裴松之注引《魏略》，頁420。

(55) 《三國志》卷一三《王肅傳》劉宋裴松之注引《魏略》，頁420。

(56) 《晉書》（北京，中華書局，1974）卷九一《儒林傳》，頁2349～2350。

(57) 梁陶弘景《真誥》，據吉川忠夫《真誥校注》（北京，中國社會科學出版社，2006，朱越利漢譯本）卷一九《翼真檢·真誥敘錄》，頁571。

(58) 唐劉知幾《史通》外篇《點煩》，據清浦起龍《史通通釋》（上海，上海古籍出版社，1978）卷一五，頁433。

(59) 案日本學者小川琢治在總結敦煌文書中的實際使用情況之後，早已指出，用朱點來替代朱書，是六朝至唐代比較通行的書寫方式。説見小川氏《支那歷史地理研究》第十章《支那における本草學の起源と神農本草經》八《朱墨文と白墨文》，頁19～321。

(60) 唐陸德明《經典釋文》（北京，中華書局，1983，影印清康熙刻《通志堂經解》本）卷首陸氏自撰"條例"，頁1。

(61) 唐郭京《周易舉正》（明末毛氏汲古閣刻《津逮秘書》本）卷首郭氏自序，頁1。

(62) 宋王應麟《玉海》（南京，江蘇古籍出版社，1988，影印清光緒浙江書局刻本）卷五五《藝文·賜書》之"唐賜曆書"條引《集賢注記》，頁1054。

(63) 見上海古籍出版社、法國國家圖書館合編《法藏敦煌西域文獻》第18册（上海，上海古籍出版社，2001）P.2823號文書，頁380。案此書雖是黑白圖版，但朱書經文墨色明顯要比墨書疏文淺淡，可以清楚看出其雙色書寫的性質。

(64) 宋余靖《武溪集》（上海，商務印書館，1946，《廣東叢書》第一集影印明成化刻本）卷三《宋職方〈補注周易〉後序》，頁7。

(65) 《宋史》（北京，中華書局，1977）卷四三五《儒林傳》，頁12906。

(66) 宋陳振孫《直齋書錄解題》（上海，上海古籍出版社，1987）卷四《編年類》"神宗實錄考異"條，頁130。

(67) 宋薛季宣《浪語集》（清同治辛未金陵書局刊初印本）卷三〇《香奩集敘》，頁32b。

(68) 案除了上述朱墨雙色和朱、墨、黃三色寫本此外，還有更為繁複的多色書寫形式，如上海圖書館藏清乾隆間朱、墨、黃、綠四色內府寫本昆腔戲本《進瓜記》，牌名用黃字，曲文用墨字，科白用綠字，場步注腳用紅字。

⑥⑨ 內藤虎次郎《地理學家朱思本》，據《內藤湖南全集》第七卷《讀史叢錄》，頁 509～510。案內藤虎次郎在文中引述《新唐書·賈耽傳》時，將相關文字讀作"並撰《古今郡國縣道四夷》，述其中國，本之《禹貢》，外夷本班固《漢書》"，似尚未理解《古今郡國縣道四夷述》為一書名。

⑦⑩ 王庸《中國地圖史綱》第六章《方志圖與賈耽製圖》，頁47。譚其驤主編《中國歷史地圖集》第一冊篇首譚氏自撰《前言》。案本來在《中國地理學史》書中，王庸對於內藤氏此說還存有一定疑惑（見該書第69頁），但到撰寫《中國地圖史綱》時便確信無疑了。又案日本學者織田武雄在《地圖の歷史》之第十三章《中國における地圖の發達》（頁194）當中，述及這一問題，同樣是承用內藤虎次郎的解讀，以為賈耽《海內華夷圖》兼有歷史地圖的功用。

⑦① 劉起釪《尚書學史》第六章第五節《隋統一經學、唐撰〈五經正義〉、偽古文經學地位確立》，頁213。

⑦② 關於賈耽《海內華夷圖》與以朱墨對照古今之歷史地圖的關係問題，另請參見拙稿《唐代的地理學》，見李斌城主編《唐代文化》（北京，中國社會科學出版社，2002）第九編第七章，下冊，頁1662～1664。

⑦③ 顧頡剛《顧頡剛讀書筆記》第二卷《蘄蘭室雜記》（二）"《華夷》、《禹跡》兩圖"條，頁983。

⑦④ 李約瑟《中國科學技術史》漢譯本第五卷《地學》第一分冊第二十二章第四節《東方和西方的定量製圖學》，頁134～135。

⑦⑤ 王成組《中國地理學史（上冊）》（北京，商務印書館，1982）第三篇第四章第三節《木刻地圖與石刻地圖》，頁80～81。

⑦⑥ 曹婉如《華夷圖和禹跡圖的幾個問題》，頁36～37。又同人《有關華夷圖問題的探討》，載曹婉如等編《中國古代地圖集》"戰國——元"分冊（北京，文物出版社，1990），頁41～45。

⑦⑦ 清王昶《金石萃編》卷一五九《華夷圖》，頁11a。

⑦⑧ 案清人俞樾在所著《茶香室叢抄》（北京，中華書局，1995）卷一二"禹九州圖"條中（頁275）即謂："此圖未知今尚在否，果得而拓之，圖畫中無古於此者。"

⑦⑨ 梁任昉《述異記》（長春，吉林大學出版社，1992，影印明萬曆刻《漢魏叢書》本）卷下，頁703。

⑧⑩ 《後漢書》（北京，中華書局，1965）卷七六《循吏列傳》，頁2465。

⑧① 案近人江瀚嘗謂："《禹貢》之有圖，自晉裴秀始"，未能注意到漢明帝頒賜給王景的這幅

《禹跡圖》，應屬疏誤。江説見柯紹忞等《續修四庫全書總目提要》（北京，中華書局，1983）之《經部·書類》"清方溶《禹貢分箋》"條，頁279。

(82) 别詳拙稿《准望釋義——兼談裴秀製圖諸體之間的關係以及所謂沈括製圖六體問題》，刊唐曉峰主編《九州》第四輯（北京，商務印書館，2007），頁243。

(83) 《晉書》卷三五《裴秀傳》，頁1039。

(84) 《晉書》卷三五《裴秀傳》，頁1040。

(85) 《水經·穀水注》（臺北，華文書局股份有限公司，1970，影印乾隆五十九年刊趙一清《水經注釋》本），頁902～904。又《隋書》卷三二《經籍志》一，頁932。别詳拙稿《准望釋義——兼談裴秀製圖諸體之間的關係以及所謂沈括製圖六體問題》，刊唐曉峰主編《九州》第四輯，頁265～268。

(86) 吳其昌《宋代之地理學史》，刊《國學論叢》第1卷第1期，1927年，頁48～49。

(87) 陳連開《中國古代第一部歷史地圖集——裴秀〈禹貢地域圖〉初探》，刊《中央民族學院學報》，1978年第3期，頁76～79。

(88) 譚其驤為上海古籍出版社影印宋本《歷代地理指掌圖》（上海，上海古籍出版社，1989）所撰前"序言"，頁1。

(89) 《漢書》卷三〇《藝文志》，頁1713～1714。

(90) 《隋書》卷三二《經籍志》，頁906。《晉書》卷三九《荀勖傳》，頁1154。

(91) 胡寶國《漢唐間史學的發展》（北京，商務印書館，2003）之《經史之學》，頁30～34。

(92) 案《三國志》卷二三《裴潛傳》劉宋裴松之注引西晉荀勖《文章敘錄》（頁673），謂裴秀除《禹貢地域圖》外，另著有"《盟會圖》及《典治官制》"，然"皆未成"。據前引裴秀自序，春秋盟會地理內容原本編繪在《禹貢地域圖》之內，並非另有一盟會專圖，故《文章敘錄》所説，應是理解有誤所致差錯，不足信據。

(93) 《晉書》卷三四《杜預傳》，頁1031。

(94) 别詳拙稿《准望釋義——兼談裴秀製圖諸體之間的關係以及所謂沈括製圖六體問題》，刊唐曉峰主編《九州》第四輯，頁267。

(95) 案裴秀另外還編制有反映西晉一朝地理內容的《地形方丈圖》，見唐張彥遠《歷代名畫記》（北京，人民美術出版社，1963）卷三《述古之秘畫珍圖》，頁76。

(96) 王國維《觀堂集林》（北京，中華書局，1959）卷四《漢魏博士考》，頁191。

(97) 王國維《觀堂集林》卷四《漢魏博士考》，頁174～192。王葆玹《今古文經學新論》（北京，中國社會科學出版社，1997）引論第七節《博士制度之歷史分期及其與經學史分期的關係》，頁50～56。

(98) 《漢書》卷八九《循吏傳》，頁3623～3624。

⑨ 《漢書》卷六四下《賈捐之傳》，頁 2830～2834。

⑩ 《漢書》卷二九《溝洫志》，頁 1691。

⑪ 《漢書》卷二九《溝洫志》，頁 1686～1698。

⑫ 《漢書》卷八八《儒林傳·林尊》，頁 3604。

⑬ 《漢書》卷七一《平當傳》，頁 3048，頁 3050。

⑭ 《漢書》卷二九《溝洫志》，頁 1691。

⑮ 清胡渭《禹貢錐指》（上海，上海古籍出版社，1996）卷首《禹貢圖》，頁 16。

⑯ 清姚振宗《漢書藝文志拾補》（北京，中華書局，1955，重印《二十五史補編》本）卷一 "禹貢圖" 條，頁 1441。

⑰ 清徐文靖《禹貢會箋》（臺北，臺灣商務印書館，1983，影印文淵閣《四庫全書》本）卷首 《凡例》，頁 1a。

⑱ 參見清成蓉鏡《禹貢班義述》（清光緒十一年刻本）卷首成氏自序，頁 1a～4b；又劉文淇序，頁 1a～2a。

⑲ 清全祖望《鮚埼亭集》（上海，商務印書館，民國《四部叢刊》影印清嘉慶姚江借樹山房刊本）卷二《皇輿圖賦》序，頁 2a。

⑳ 唐長孫無忌等《五經正義表》，見唐孔穎達《周易正義》（民國傅增湘影印宋本）卷首，頁 1～2a。《舊唐書》卷四《高宗紀》，頁 71。

㉑ 《宋史》卷一五五《選舉志》，頁 3605。

㉒ 唐裴孝源《貞觀公私畫史》（上海，上海人民美術出版社，1982，于安瀾編《畫品叢書》本），頁 40～41。

㉓ 劉起釪《尚書學史》第六章第五節《隋統一經學、唐撰〈五經正義〉、偽古文經學地位確立》，頁 214。

㉔ 李約瑟《中國科學技術史》漢譯本第五卷《地學》第一分冊第二十二章第四節《東方和西方的定量製圖學》，頁 129～130。曹婉如《試論道教的五嶽真形圖》，刊《自然科學史研究》第 6 卷第 1 期，1987 年，頁 52～57。

㉕ 唐裴孝源《貞觀公私畫史》，頁 40～41。

㉖ 宋王應麟《困學紀聞》（上海，商務印書館，1935，《萬有文庫》本）卷八《經說》，頁 774。宋晁公武《昭德先生郡齋讀書志》（北京，現代出版社，1987，《中國歷代書目叢刊》影印宋淳祐袁州刊本）卷一下《經解類》"七經小傳" 條，頁 913。

㉗ 宋王安石《王文公文集》（上海，上海人民出版社，1974）卷三三《書〈洪範傳〉後》，頁 400。

㉘ 《宋史》卷三二七《王安石傳》，頁 10550。

⑪⑨ 清官修《四庫全書總目》卷一一《經部·書類》一，頁91。

⑫⓪ 案劉起釪《尚書學史》第七章第三節《兩宋對〈尚書〉單篇〈禹貢〉、〈洪範〉等等的研究》（附"五經總義"之作）（頁258）謂宋代研治《禹貢》的專書，在北宋只有孔武仲之《禹貢論》一篇，"內容不詳，《經義考》載其書尚存"，其實孔氏此"論"，只是一篇很簡短的文章，收錄在宋王蘧《清江三孔集》（民國胡思敬刊《豫章叢書》本）之《宗伯集》卷一四，頁12a～13b。

⑫① 清官修《四庫全書總目》卷一一《經部·書類》一，頁91。

⑫② 《新唐書》卷五七《藝文志》一，頁1428。

⑫③ 案民國時上海商務印書館《叢書集成》本《禹貢說斷》未附這四幅地圖，而卻將其錯加在該叢書之《禹貢指南》篇末，王成組《中國地理學史（上冊）》第五篇第二章第一節《新發展的條件和作用》（頁153）說這些地圖"均已失傳"，或許就是因《叢書集成》本這一疏忽而致誤。

⑫④ 《宋史》卷二〇二《藝文志》一，頁5043。

⑫⑤ 明朱睦㮮《萬卷堂書目》（北京，中華書局，2006，《宋元明清書目題跋叢刊》影印清光緒二十九年刻《觀古堂書目叢刊》本）卷一《書經》，頁579～580。

⑫⑥ 明章潢纂萬曆《新修南昌府志》（明萬曆十六年刻本）卷一八《人物傳》，頁38b。

⑫⑦ 宋呂祖謙撰、時瀾增修《增修東萊書說》（清康熙刻《通志堂經解》本）卷首，頁1a～11b。

⑫⑧ 清朱彝尊《經義考》（北京，中華書局，1998）卷八〇《書》九，頁447。清胡渭《禹貢錐指》卷首《禹貢圖》，頁16。

⑫⑨ 宋朱熹《晦庵先生朱公文集》（上海，商務印書館，民國《四部叢刊》影印明嘉靖刻本）卷三八《答李季章》，頁43b～44a。

⑬⓪ 宋呂祖謙《東萊呂太史別集》（杭州，浙江古籍出版社，2005，《呂祖謙全集》第一冊本）卷八《尺牘》二《與朱侍講元晦》，頁428。

⑬① 宋黎靖德編《朱子語類》（北京，中華書局，1994）卷七九《尚書·禹貢》，頁2025。

⑬② 清閻若璩《潛丘劄記》卷二《釋地餘論》，頁437。

⑬③ 唐韓愈著、錢仲聯集釋《韓昌黎詩繫年集釋》（上海，古典文學出版社，1957）卷七《寄盧仝》，頁341～342。參見清陳澧《東塾讀書記》（上海，商務印書館，1935）卷一〇《春秋》，頁25。

⑬④ 宋李燾《續資治通鑑長編》（北京，中華書局，1985）卷一四七仁宗慶曆四年三月，頁3563～3565。

⑬⑤ 宋范仲淹《范文正公集》（元天曆元年范氏歲寒堂刊明增修補刻本）附《褒賢祠記》卷一篇

末元李祁撰《文正書院記》（案此文係明代補刊，未鐫頁碼）。

⑬⑥ 宋李燾《續資治通鑑長編》卷二二〇神宗熙寧四年二月，頁5334。

⑬⑦ 宋李燾《續資治通鑑長編》卷二二一神宗熙寧四年三月，頁5372。

⑬⑧ 參見寺田剛《宋代教育史概說》（東京，博文社，1969）第四章三節《地方學校》，頁129～132。

⑬⑨ 宋呂祖謙《聖宋文選》（清光緒八年鄆城于氏影宋刊本）卷六范仲淹《上執政書》，頁10b～11a。

⑭⓪ 宋李燾《續資治通鑑長編》卷一四三仁宗慶曆三年九月，頁3435～3436。

⑭① 宋李燾《續資治通鑑長編》卷一四七仁宗慶曆四年三月，頁3565。

⑭② 宋李燾《續資治通鑑長編》卷二二〇神宗熙寧四年二月，頁5334。

⑭③ 參見宮崎市定《科舉史》（東京，岩波書店，1993，《宮崎市定全集》本）第一章第一節《明以前の科舉》，頁36～39。

⑭④ 宋黃震《慈溪黃氏日抄分類》（元後至元三年沈邅刊本）卷八三《策問》之《浙漕進納軍功策問》，頁9a。

⑭⑤ 宋孔武仲《宋伯集》（民國胡思敬刊《豫章叢書》本）卷一四，頁12a～13b。

⑭⑥ 見民國上海涵芬樓借劉氏嘉業堂藏宋刊本影印《監本纂圖重言重意互注點校尚書》卷首。

⑭⑦ 清彭元瑞等《欽定天祿琳琅書目》之《後編》（北京，中華書局，1995，《清人書目題跋叢刊》影印清光緒十年長沙王氏刊本）卷二，頁247。

⑭⑧ 曹婉如等編《中國古代地圖集》"戰國——元"分冊，第57圖《禹跡圖圖石》、第58圖《禹跡圖拓片》、第59圖《禹跡圖墨線圖》。

⑭⑨ 宋盧憲《嘉定鎮江志》（北京，中華書局，1990，《宋元方志叢刊》影印清道光二十二年丹徒包氏刊本）卷一〇《學校》，頁2386。

⑮⓪ 元俞希魯《至順鎮江志》（北京，中華書局，1990，《宋元方志叢刊》影印清道光二十二年丹徒包氏刊本）卷二一《雜錄·考古》，頁2893。

⑮① 曹婉如等編《中國古代地圖集》"戰國——元"分冊，第59圖《禹跡圖墨線圖》。

⑮② 清王昶《金石萃編》卷一五九《華夷圖》，頁11a。

⑮③ 宋趙明誠《金石錄》（上海，上海書畫出版社，1985）卷一三"秦嶧山刻石"條，頁242～243。

⑮④ 明葉盛《葉氏菉竹堂碑目》（上海，商務印書館，1936，《叢書集成》初編排印《粵雅堂叢書》本）卷一，頁2。

⑮⑤ 明楊士奇《東里續集》（臺北，臺灣商務印書館，1983，影印文淵閣《四庫全書》本）卷二一《跋·東明精舍嶧山碑》，頁9b～10a。

⑮ 宋鄭樵《通志》（杭州，浙江古籍出版社，2000，重印《萬有文庫》本）卷七三《金石略》一，頁843。

⑰ 劉建國《鎮江宋代〈禹跡圖〉石刻》，刊《文物》1983年第7期，頁62。李裕民《〈禹跡圖〉的作者不是沈括》，刊《晉陽學刊》1984年第1期，頁90。

⑱ 參見增田忠雄《宋代の地圖と民族運動》，刊〔日〕《史林》第二十七卷第一號，頁69，頁72～73，頁77～78。又曹婉如《再論〈禹跡圖〉的作者》，刊《文物》1987年第3期，頁76～77。

⑲ 宋宇文懋昭《大金國志》（北京，中華書局，1986，崔文印《大金國志校證》本）卷三一《齊國劉豫錄》，頁437～438。

⑳ 元陳師凱《書蔡傳旁通》（清康熙刻《通志堂經解》本）卷首《蔡傳旁通引用書目》，頁1a；又卷一中，頁16b。

㉑ 元朱思本《貞一齋雜著》（民國初年烏程張氏刊《適園叢書》本）卷一《輿地圖自序》，頁7a。

㉒ 增田忠雄《宋代の地圖と民族運動》，刊〔日〕《史林》第二十七卷第一號，頁73，頁82。

㉓ 清官修《嘉慶重修一統志》（北京，中華書局，1986，影印清史館舊藏進呈寫本）卷一五六《絳州·寺觀》，頁7327。

㉔ 曹婉如等編《中國古代地圖集》"戰國——元"分冊之《圖版說明》，頁4。

㉕ 乾隆《稷山縣志》（清乾隆三十年稷山官署刻本）卷一〇《藝文志》下附《撰著目》之"古《禹跡圖》"條，頁1a。

㉖ 明官修《大明一統志》（西安，三秦出版社，1990，影印明天順內府原刻本）卷二〇《平陽府》之《學校》、《寺觀》，頁310～311。

㉗ 乾隆《稷山縣志》卷一〇《藝文志》下附《撰著目》之"古《禹跡圖》"條，頁1a。

㉘ 清楊守敬《湖北金石志》（武漢，湖北人民出版社、湖北教育出版社，1997，《楊守敬集》本）卷一一《魯國圖並跋》，頁828～829。

㉙ 李約瑟《中國科學技術史》漢譯本第五卷《地學》第一分冊第二十二章第四節《東方和西方的定量製圖學》（頁136～138）稱楊甲《六經圖》中的《十五國風地理之圖》"是中國第一張印刷的地圖"。據曹婉如等編《中國古代地圖集》"戰國——元"分冊《圖板說明》部分任金城撰《木刻〈六經圖〉初考》一文介紹（頁61～64），《六經圖》一書現存最早的雕版印本，為北京圖書館藏南宋孝宗乾道元年建陽書坊刻巾箱本的殘本，曹婉如等編《中國古代地圖集》"戰國——元"分冊第103圖和第104圖，即為此書當中的《十五國風地理之圖》和《文武灃鎬之圖》，可參看。

㉚ 宋王象之《輿地紀勝》（揚州，江蘇廣陵古籍刻印社，1991，影印清道光二十九年甘泉岑氏

⑰ 瞿盈齋刻本）卷一六一《潼川府路・昌州》，頁1152。
⑰ 王成組《中國地理學史（上册）》第三篇第四章第三節《木刻圖與地圖刻石》，頁81。
⑰ 宋劉敞《公是集》（臺北，臺灣商務印書館，1983，影印文淵閣《四庫全書》本）卷一八《觀林洪範〈禹貢山川圖〉》，頁2b～3a。案林洪範行年，據清馮登府輯《閩中金石志》（民國劉承幹刻《嘉業堂金石叢書》本）卷六載林氏《合沙門石橋記》（頁15b）係景德四年所撰。
⑰ 宋呂南公《灌園集》（臺北，臺灣商務印書館，1983，影印文淵閣《四庫全書》本）卷八《十八路地勢圖序》，頁6a。
⑰ 李裕民《〈禹跡圖〉的作者不是沈括》，刊《晉陽學刊》1984年第1期，頁90。
⑰ 曹婉如《論沈括在地圖學方面的貢獻》，刊自然科學史研究所主編《科技史文集》第3輯《綜合輯》，頁81～83。又同人《再論〈禹跡圖〉的作者》，刊《文物》1987年第3期，頁76～78，頁59。
⑰ 曹婉如等編《中國古代地圖集》"戰國——元"分册；第62圖《華夷圖墨線圖》。
⑰ 宋官修《文苑英華》（北京，中華書局，1966，集配宋明諸本影印本）卷八八七唐鄭餘慶《左僕射賈耽神道碑》，頁4674。《舊唐書》卷一三八《賈耽傳》，頁3784～3786。
⑰ 唐權德輿《權載之文集》（上海，商務印書館，民國《四部叢刊》初編影印清嘉慶大興朱氏刊本）卷二二《唐故金紫光祿大夫檢校司空兼尚書左僕射同中書門下平章事上柱國魏國公贈太傅賈公墓誌銘並序》，頁2b。
⑰ 唐柳宗元《唐柳河東集》（明末蔣之翹三徑草堂刻本）卷四二《南省轉牒，欲具注〈國圖〉，令盡通風俗故事》，頁28a。
⑱ 明何鏜《古今遊名山記》（明嘉靖刻本）卷一一下，頁39b～40a。
⑱ 清陸心源《唐文拾遺》（北京，中華書局，1983，影印《全唐文》附印本）卷二二，頁10613。
⑱ 清官修《全唐詩》（北京，中華書局，1960）卷七一六曹松《觀〈華夷圖〉》，頁8225。
⑱ 清官修《全唐詩》卷七三五和凝《洋川》，頁8400。
⑱ 清官修《全唐詩》卷七四四伍喬《觀〈華夷圖〉》，頁8462。
⑱ 唐司空圖《司空表聖文集》（上海，商務印書館，民國《四部叢刊》初編影印舊抄本）卷四《〈華夷圖〉議》，4b～5a。
⑱ 唐司空圖《司空表聖文集》卷一《議華夷》，頁7a。
⑱ 宋陳葆光《三洞群仙錄》（北京，文物出版社，1988，影印《道藏》本）卷九"禹鈞五枝、季卿一葉"條，頁292。
⑱ 宋周密《癸辛雜識》（北京，中華書局，1988）續集卷上"《華夷圖》石"條，頁118。

⑱⑨　《宋史》卷三〇六《樂黃目傳》，頁 10112。

⑲⓪　宋黎靖德編《朱子語類》卷二《理氣·天地》下，頁 31。

⑲①　清王昶《金石萃編》卷一五九《華夷圖》，頁 10b。

⑲②　王庸《中國地理學史》第二章第六節《賈耽〈隴右山南圖〉與〈海內華夷圖〉》，頁 70。

⑲③　青山定雄《唐宋時代の交通と地誌地圖の研究》（東京，吉川弘文館，1969）第二篇第三章《阜昌の石刻華夷圖·禹跡圖及び淳祐の石刻地理圖》，頁 571～572，頁 574～575。

⑲④　曹婉如《華夷圖和禹跡圖的幾個問題》，刊《科學史集刊》第 6 期，頁 34～37。

⑲⑤　曹婉如《華夷圖和禹跡圖的幾個問題》，刊《科學史集刊》第 6 期，頁 36～37。案清人錢大昕跋阜昌石刻《華夷圖》，謂此圖係仿賈耽《海內華夷圖》之制而"方幅縮其什之九"，同曹婉如的看法似乎已經非常相近。錢説見所著《潛研堂金石跋尾》（南京，江蘇古籍出版社，1977，《嘉定錢大昕全集》本）卷一七"華夷圖"條，頁 455。

⑲⑥　Ed. Chavannes. Les Deux Plus Anciens Spécimens de la Cartgraphie Chinoise. B. E. F. E. O. Ⅲ. 1903. 案沙畹氏原文未見，此據青山定雄《唐宋時代の交通と地誌地圖の研究》第二篇第三章《阜昌の石刻華夷圖·禹跡圖及び淳祐の石刻地理圖》，頁 569～570。

⑲⑦　榎一雄《賈耽の地理書と道里記の稱とに就いて》，據作者文集《榎一雄著作集》第七卷《中國史》，頁 201。曹婉如《華夷圖和禹跡圖的幾個問題》，刊《科學史集刊》第 6 期，頁 37。案事見宋吳曾《能改齋漫錄》（上海，上海古籍出版社，1979）卷一二《記事》"閏不同"條（頁 360），文曰："神宗元豐元年，……知定州薛向，繳大遼國所印曆日，稱閏乃在十二月，與本朝不同。"

⑲⑧　宋李燾《續資治通鑑長編》卷五八真宗景德元年十二月，頁 1299。

⑲⑨　宋王暐《道山清話》（明弘治刊《百川學海》本），頁 4b～5a。

⑳⓪　宋李燾《續資治通鑑長編》卷二〇七英宗治平三年正月，頁 5021。

⑳①　青山定雄《唐宋時代の交通と地誌地圖の研究》第二篇第三章《阜昌の石刻華夷圖·禹跡圖及び淳祐の石刻地理圖》，頁 569～570。

⑳②　案曹婉如在《華夷圖和禹跡圖的幾個問題》（刊《科學史集刊》第 6 期，頁 37）一文中已經談到，當時本已"無需避宋諱"。

⑳③　宋稅安禮《歷代地理指掌圖》（上海，上海古籍出版社，1989）之《古今華夷區域總要圖》，頁 6～9。

⑳④　賀昌群《漢代以後中國人對於世界地理知識之演進》，原刊《禹貢》半月刊第五卷第三、四期合刊，1936 年 4 月，此據作者文集《賀昌群文集》（北京，商務印書館，2003）第一卷，頁 433～434。

⑳⑤　曹婉如等編《中國古代地圖集》"戰國——元"分冊曹婉如撰《有關華夷圖問題的探討》，

頁 42~45。

⑳ 清顧炎武《金石文字記》(清康熙潘耒刻《亭林遺書》本) 卷六《拱極觀記跋》, 頁 10a~11a。

⑳ 《宋史》卷二九《高宗紀》六, 頁 540~541。

⑳ 清趙翼《廿二史劄記》(北京, 中華書局, 1984, 王樹民《廿二史劄記校證》本) 卷二五, 頁 534~535。

⑳ 宋鄭剛中《西征道里記》(上海, 商務印書館, 1936,《叢書集成》初編排印《金華叢書》本), 頁 5~6, 頁 9。

⑳ 曹婉如等編《中國古代地圖集》"戰國——元" 分冊, 第 63 圖《九域守令圖拓片》, 第 65 圖《九域守令圖墨線圖》, 參見該書《圖版說明》部分之文字說明以及鄭錫煌撰《九域守令圖研究》, 頁 5, 頁 35~40。又鄧少琴《四川榮縣北宋〈九域守令圖碑〉發現之經過》、《一幅石刻北宋地圖的校讀和研究》, 據作者文集《鄧少琴西南民族史地論集》(成都, 巴蜀書社, 2001), 頁 630~650。

⑳ 清程祖慶《吳郡金石目》(上海, 商務印書館, 1936,《叢書集成》初編排印《滂喜齋叢書》本), 頁 25。曹婉如等編《中國古代地圖集》"戰國——元" 分冊, 第 70 圖《地理圖拓片》, 第 62 圖《地理圖墨線圖》, 參見該書《圖版說明》部分之文字說明以及錢正等撰《地理圖碑》, 頁 5~6, 頁 46~49。

⑳ 曹婉如等編《中國古代地圖集》"戰國——元" 分冊, 第 82 圖《輿地圖拓片》, 第 83 圖《輿地圖墨線圖》, 又該書《圖版說明》部分之文字說明以及黃盛璋撰《宋刻輿地圖綜考》, 頁 6~7, 頁 56~60。

⑳ 宋黎靖德編《朱子語類》卷七九《尚書·禹貢》, 頁 2025。

⑳ 宋稅安禮《歷代地理指掌圖》卷首譚其驤《序言》, 頁 1~4; 又曹婉如《前言》, 頁 1~5。

⑳ 宋稅安禮《歷代地理指掌圖》卷首題蘇軾撰《歷代地理指掌圖序》, 頁 2~3。

⑳ 《舊唐書》卷一三八《賈耽傳》, 頁 3785~3786。

⑳ 宋胡安國《春秋傳》(上海, 商務印書館, 民國《四部叢刊》續編影印宋刻本) 卷一隱公二年, 頁 5a。

⑳ 宋胡安國《春秋傳》卷一五文公九年, 頁 2a。

⑳ 宋胡安國《春秋傳》卷一四文公八年, 頁 9a。

⑳ 清官修《四庫全書總目》卷二七《經部·春秋類》二之胡安國 "春秋傳" 條, 頁 219。

⑳ 清錢大昕《潛研堂金石跋尾》卷一七 "華夷圖" 條, 頁 455。

⑳ 《宋史》卷二九《高宗紀》六, 頁 539。

⑳ 《宋史》卷四七五《叛臣傳》上《劉豫》, 頁 13794。

㉔ 案《華夷圖》碑失記北宋西京洛陽，清人武億一方面如同錢大昕一樣，認定"今此圖所載，皆宋制京、府、州、軍之名"，但與此同時，復就洛陽地名的標注形式加以揣測說："偽齊僭立，亦有四京之目，此圖稱'河南'，不言'西京'，或由翟琮復西京，已不屬之偽齊歟？"如上文所述，偽齊諸京的設置，自與宋時有別，而所謂翟琮復西京，係指宋高宗紹興三年河南府孟汝唐州鎮撫使翟琮率兵入宋西京洛陽並擒獲偽齊留守孟邦雄一事，時值偽齊阜昌四年，然檢覈《宋史》卷二七《高宗紀》（頁502~506），可知翟氏是在這一年正月進入洛陽城，至同年八月，便已在金人的猛烈攻擊之下，"率兵突圍奔襄陽"，其佔據洛陽一帶最多也不過八個月時間，到阜昌七年十月岐州州學鑴刻《華夷圖》的時候，翟琮棄守西京已經整整三年，當事者沒有理由刻意來反映這種一時性的變化。武億說見所著《授堂金石文字續跋》（清道光二十三年授堂刻本）卷一一"華裔圖"條，頁22。

㉕ 增田忠雄《宋代の地圖と民族運動》，刊〔日〕《史林》第二十七卷第一號，頁65~83。案增田忠雄此文在揭示宋人的民族觀念對地圖繪製的影響方面，提出了非常重要的見解，學術眼光，洵足稱羨，惟所做論述，尚稍嫌粗略，且增田氏過於機械地片面強調民族觀念這項單一因素的作用，其基本觀點似乎還存在某些偏差。

㉖ 《荀子·性惡》，據清王先謙《荀子集解》（北京，中華書局，1988）卷一七，頁440。

㉗ 宋鄭剛中《西征道里記》，頁10。

㉘ 宋王應麟《玉海》卷九一《器用·屏障》之"乾道選德殿御屏·華夷圖"條，頁1662。

㉙ 宋吳泳《鶴林集》（臺北，臺灣商務印書館，1983，影印文淵閣《四庫全書》本）卷一九《論中原機會不可易言，乞先內修政事劄子》，頁15a。

㉚ 宋劉時舉《續宋編年資治通鑑》（臺北，臺灣商務印書館，1983，影印文淵閣《四庫全書》本）卷九孝宗乾道六年六月，頁5a。

㉛ 《宋史》卷三九三《黃裳傳》，頁12001。

㉜ 宋陳亮《陳亮集》（北京，中華書局，1974）卷一《上孝宗皇帝第一書》，頁1。

㉝ 曹婉如等編《中國古代地圖集》"戰國——元"分冊，第70圖《地理圖拓片》，第62圖《地理圖墨線圖》。

㉞ 宋釋元肇《淮海挐音》（日本大正二年德富豬一郎輯《成簣堂叢書》影印日本元祿乙亥翻刻宋本）卷下《華夷圖》，頁33b。

㉟ 宋鄭樵《通志》卷七三《金石略》一，頁846。案《通志》卷七二《圖譜略》（頁838）亦著錄有一《華夷圖》，疑屬這類宋代石刻《華夷圖》的拓本。

㊱ 元納新（案即迺賢）《河朔訪古記》（清光緒元年南海伍氏刻《粵雅堂叢書》本）卷下，頁13b。

㊲ 宋羅大經《鶴林玉露》（北京，中華書局，1983）丙編卷三"觀山水"條，頁282。

㉳ 宋何薳《春渚紀聞》（北京，中華書局，1983）卷九"趙水曹書畫八硯"條，頁140。

㉴ 曹婉如等編《中國古代地圖集》"戰國——元"分冊《圖版說明》部分之曹婉如撰《有關華夷圖問題的探討》，頁41。

㉵ 增田忠雄《宋代の地圖と民族運動》，刊〔日〕《史林》第二十七卷第一號，頁79。

㉶ 《史記》卷八七《李斯列傳》，頁2561。

㉷ 清顧炎武《日知錄》卷三一"泰山立石"條，頁2354～2355。

㉸ 唐柳宗元《唐柳河東集》卷七《南越大明寺律和尚碑》之《碑陰》，頁10a。

㉹ 宋呂祖謙《大事記解題》（杭州，浙江古籍出版社，2005，《呂祖謙全集》本）卷七，頁486。

㉺ 宋程大昌《考古編》（瀋陽，遼寧教育出版社，2000，《新世紀萬有文庫》本）卷一〇"秦以前已曾刻石"條，頁70～71。

㉻ 《韓非子·外儲說》左上，據陳奇猷《韓非子集釋》（上海，上海人民出版社，1974）卷一一，頁643～644。

㉼ 顧頡剛《顧頡剛讀書筆記》第九卷（下）《高春瑣語》（二）"趙武靈王及秦昭王之刻石"條，頁7373。

㉽ 藤田豐八《支那における刻石の由來》，據作者文集《東西交涉史の研究》之《西域篇及附篇》（東京，荻原星文館，1943），頁415～462。

㉾ 李零《秦漢禮儀中的宗教》，見作者文集《中國方術續考》（北京，中華書局，2006），頁131～134。

㉚ 馬振智《秦公大墓石磬文字聯綴及有關問題》，刊《陝西歷史博物館館刊》第九輯（西安，三秦出版社，2002），頁41～46。

㉛ 宋趙彥衛《雲麓漫抄》（上海，商務印書館，1936，《叢書集成》初編影印《涉聞梓舊》本）卷八，頁232～237。

㉜ 案此圖今有殘石存世，見曹婉如等編《中國古代地圖集》"戰國——元"分冊，第45圖《長安城圖殘片》，第46圖《長安城圖殘碑》，第47圖《長安城圖殘碑拓片》，第48圖《長安城圖殘片墨線圖》。又關於此圖的繪製和流傳情況，請參見拙文《考〈長安志〉〈長安志圖〉的版本——兼論呂大防〈長安圖〉》，收入拙著《古代交通與地理文獻研究》，頁304～341。

㉝ 元李好文《長安志圖》（清乾隆甲辰畢沅靈巖山館刊本）卷上，頁10b～11a。

㉞ 清王昶《金石萃編》卷一四一宋張舜民《宋故朝奉郎直龍圖閣權知陝州軍府兼管內勸農事兼提舉商虢等州兵馬巡檢公事飛騎尉賜緋魚袋借紫游公墓誌銘》，頁6b～7a。

㉟ 清王昶《金石萃編》卷一四一宋張舜民《宋故朝奉郎直龍圖閣權知陝州軍府兼管內勸農事

兼提舉商虢等州兵馬廵檢公事飛騎尉賜緋魚袋借紫游公墓誌銘》，頁 7b。

(256) 元李好文《長安志圖》卷上《唐驪山宫圖》，頁 13b ~ 16a。

(257) 元李好文《長安志圖》卷中《唐高宗乾陵圖》，頁 5b ~ 6a，又頁 8b。

(258) 清王昶《金石萃編》卷一三七《觀褚書聖教序碑題名七段》，頁 5；又卷一四一宋張舜民《宋故朝奉郎直龍圖閣權知陜州軍府兼管内勸農事兼提舉商虢等州兵馬廵檢公事飛騎尉賜緋魚袋借紫游公墓誌銘》，頁 8a。

(259) 寒齋存宋游師雄刻《唐太宗昭陵圖》拓片。

(260) 清王昶《金石萃編》卷一四一宋張舜民《宋故朝奉郎直龍圖閣權知陜州軍府兼管内勸農事兼提舉商虢等州兵馬廵檢公事飛騎尉賜緋魚袋借紫游公墓誌銘》，頁 6b。

(261) 宋歐陽修《集古錄跋尾》（北京，中國書店，1986，《歐陽修全集》本）卷首《集古錄目序》，頁 1087。

(262) 宋韓維《南陽集》（臺北，臺灣商務印書館，1983，影印文淵閣《四庫全書》本）卷二九《朝散郎試中書舍人輕車都尉賜紫金魚袋曾公神道碑》，頁 9b。

(263) 宋曾鞏《曾鞏集》（北京，中華書局，1984）卷五〇《金石錄跋尾》，頁 680 ~ 688。案曾鞏《金石錄》卷數，鞏弟肇撰行狀等記作“五百卷”，見曾肇《曲阜集》（臺北，臺灣商務印書館，1983，影印文淵閣《四庫全書》本）卷三《子固先生行狀》，頁 51a。

(264) 宋司馬光《溫國文正司馬公文集》（上海，商務印書館，民國《四部叢刊》初編影印宋紹興本）卷六五《河南志序》，頁 12a。

(265) 宋宋敏求《長安志》（北京，中華書局，1990，《宋元方志叢刊》影印清乾隆畢沅刊《經訓堂叢書》本）卷首趙彦若序，頁 74。

(266) 宋朱熹《三朝名臣言行錄》（上海，商務印書館，民國《四部叢刊》影印宋本）卷四之四《集賢學士劉公》，頁 11b。

(267) 宋王應麟《玉海》卷五六《藝文·圖》之“宣和博古圖”條，頁 1070。

(268) 宋陳振孫《直齋書錄解題》卷八《目錄類》，頁 231。案《京兆金石錄》原書久佚，宋陳思《寶刻叢編》（上海，商務印書館，1937，《叢書集成》初編排印《十萬卷樓叢書》本）卷七至九《京兆府》下（頁 177 ~ 279）引述有其中很多内容，可參看。

(269) 元李好文《長安志圖》卷上，頁 10。

(270) 《宋史》卷三四〇《吕大防傳》，頁 10844。

(271) 參見拙文《西安碑林遷置時間新説》，刊臺灣《歷史》月刊 1993 年第 1 期，收入拙著《古代交通與地理文獻研究》，頁 215 ~ 218。

(272) 清王昶《金石萃編》卷一三九宋黎持《京兆府學新移石經記》，頁 5b ~ 6a。

(273) 宋吕大臨《考古圖》（北京，中華書局，1987，影印《四庫全書》寫本）卷首吕氏自撰《考古圖序》，頁2。
㉔ 清葉昌熾《語石》卷六《刻字》，頁122。
㉕ 清葉昌熾《語石》卷六《刻字》，頁121～123。
㉖ 清陸增祥《八瓊室金石補正》（北京，文物出版社，1985）卷八五宋陳摶《廣慈禪院修瑞像記》，頁595。案"璨"字陸氏書訛作"璨"。
㉗ 清王昶《金石萃編》卷一二六《贈夢英詩碑》，頁3a。案"璨"字王氏書訛作"璨"。
㉘ 清王昶《金石萃編》卷一二三宋劉從乂《重修開元寺行廊功德碑》，頁5b。
㉙ 清王昶《金石萃編》卷一二四《三體陰符經》，頁2b。
㉚ 清葉昌熾《語石》卷六《刻字》，頁121。
㉛ 清王昶《金石萃編》卷一四一宋張舜民《宋故朝奉郎直龍圖閣權知陝州軍府兼管內勸農事兼提舉商虢等州兵馬巡檢公事飛騎尉賜緋魚袋借紫游公墓誌銘》，頁9a。
㉜ 清葉昌熾《語石》卷六《刻字》，頁121。
㉝ 清陸增祥《八瓊室金石補正》卷八三《夢英十八體篆並贈詩及書》，頁581。
㉞ 清王昶《金石萃編》卷一二一後周劉從乂《大周廣慈禪院記》，頁5a。
㉟ 曹婉如等編《中國古代地圖集》"戰國——元"分冊，第45圖《長安城圖殘片》。
㊱ 清王昶《金石萃編》卷一三九宋黎持《京兆府學新移石經記》，頁5b～6a。
㊲ 清王昶《金石萃編》卷一三九宋安宜之《奉天縣渾忠武公祠堂記》，頁4。
㊳ 宋呂大臨《宋故清河縣君張氏夫人墓誌銘》，見王其禕、周曉薇《"關學"領袖張載家族人物新史料——〈宋故清河縣君張氏夫人墓誌〉研讀》，刊《碑林集刊》第十四輯（西安，陝西人民美術出版社，2009），頁70～75。
㊴ 參見曾毅公《石刻考工錄》（北京，書目文獻出版社，1987），頁32。案這樣的省稱，也是古人經常會使用的一般用法。
㊵ 宋邵伯溫《邵氏聞見錄》（北京，中華書局，1983）卷一六，頁176。
㊶ 清葉昌熾《語石》卷六《刻字》，頁124。
㊷ 案游師雄主持鐫刻的唐凌煙閣功臣圖，今僅殘存有兩通碑石，一存陝西麟遊縣博物館，一藏西安之陝西歷史博物館，其具體情況可參見王麟昌《宋刻唐代功臣贊像及游師雄題詩碑》一文所做介紹，王文刊《文物》1987年第3期，頁79～81。
㊸ 金維諾《"步輦圖"與"凌煙閣功臣圖"》，刊《文物》1962年第10期，頁13～16。
㊹ 清葉昌熾《語石》卷五《地圖》，頁94。
㊺ 黃濬《花隨人聖庵摭憶》（上海，上海書店出版社，1998）之"地圖與遊記"條，頁431。
㊻ 宋陳思《寶刻叢編》卷一四《湖州》"唐湖州石記"條（頁377）引歐陽修《集古錄目》，謂顏真卿此記"凡湖州諸縣，皆記其山川、前古陵墓"。

㉗ 宋歐陽修《集古錄跋尾》卷七"唐湖州石記"條，頁1177。
㉘ 清官修《四庫全書總目》卷八六《史部·目錄類》"輿地碑記目"條，頁737~738。
㉙ 林鈞《石廬金石書志》（臺北，文史哲出版社，1971，影印民國十二年刊本）卷七《存目》之"輿地碑記目"條，頁483。

辛德勇，1959年生。陝西師範大學博士，現為北京大學中國古代史研究中心教授。

On Stone Inscriptions *Map of Yuji* and *Map of Huayi* in the Period of Fuchang

Xin Deyong

Summary

Map of Yuji (《禹迹圖》) and *Map of Huayi* (《華夷圖》), engraved in 1136 A. D. of the Qi period, are among the earliest stone-carving maps in China, which play an important role in the study of the history of maps. From the middle of the Qing dynasty, a large number of scholars have undertaken various researches on the maps. Nevertheless, there still remain some basic problems unsolved. The thesis attempts to expound on the following following four aspects.

Firstly, *Map of Yuji* and Jia Dan's *Map of Country and Huayi* (《海內華夷圖》) have no direct relationship. Secondly, the new trend in the study of Chinese Classics as well as the reform of the traditional examination sysetm nurtured the study of *Yu Gong* (《禹貢》) in the Song dynasty, which served as the internal cause for the origination and wide coping of *Map of Yuji*. Thirdly, the popularity of *Map of Huayi*, which inherited from Jia Dan's *Map of Country and Huayi*, stemmed from the distinction between "hua" (華) and "yi" (夷) since the Southern Song dynasty. Fourthly, stone-carving *Map of Yuji* derived from Chang'an and then spread all over the counrty. The long tradition of stone inscription culture in Chang'an provided an environment in which such map could originate.

清初"渾托和"考釋

定宜莊　邱源媛

"渾托和"（hontoho）是滿語，原義爲"半分"、"一半"，但還有另一解釋即"管領"。凡讀清史的人都知道，管領是八旗制度中的機構與職官名。八旗制度中有外八旗與內務府三旗之分，內三旗屬下又有"佐領"與"管領"之分，管領唯設於內三旗而外八旗不設。佐領滿語稱"niru"（牛彔），是八旗的基層單位，也是八旗制度的基礎與核心，可以説，八旗制度就是在編設牛彔的過程中逐步建立起來的。有關它的始建時間、性質與作用，學界似無太大歧義。但管領何以稱爲"渾托和"，則頗令人費解。

鄭天挺先生曾經指出："讀史之難，難於熟知史乘用語之當時涵義，其雜有異文殊俗者爲尤甚。"他有鑒於陳寅恪先生"至於清代史事，則滿文名字之考證，殊與推求事實有關"[①]之感言，作《清史語解》，以對相關滿語詞匯"明其本義，申其蘊涵"[②]。這是對後學深有啟示的途徑，也是本文不憚煩瑣，作"渾托和"考的起因。

一　"半個牛彔"考

由於渾托和（hontoho）本義是"半分"、"之半"，所以將"渾托和"釋爲"半個牛彔"（亦即"半個佐領"）便顯得理所當然。早在清道光年間奕賡作《寄楮備談》即稱："半個佐領，今名琿托和，漢語爲管領。"[③]幾乎成爲不替之論。如今學者多沿襲此説，甚至進而推論説："管領原稱渾托和，可能就是自'渾托和牛彔'（hontoho niru）簡稱而來，原意是'半個佐領'。換句話説，以入關前每牛彔三百人計，管領可能是以一百五十個人爲組成的單位。"[④]這個推論包括兩層意思，第一，渾托和是"渾托和牛彔"的簡稱，亦即漢譯的"半個佐領",所以"半個牛彔(佐領)"也就是管領,二者同義;第二,管領之所以被稱爲半個佐領,是以人數計的,也就是説,當人數不足一個整佐領時,就稱爲"渾托和"。還有學者更進一步發揮:"之所以稱之爲渾托和,可能是最初分編這種包衣組織時,是以其下包衣在主人家庭内服務,因而規模較小。"⑤

事實是否果真如此?既然"渾托和"與"半個牛彔"關係密切甚至被視爲同義,所以我們必須先從入關前的滿文文獻入手,查找"半個牛彔"究係何義,以及"半個牛彔"與"渾托和"到底有無關係等問題。

(一)太祖天命年間存在"半個牛彔"嗎?

答案是肯定的。

"hontoho"一詞常見於《滿文老檔》⑥之中。撇開作爲數詞的"半個"如半斗糧、半個月、半日等等不論,與旗分有關的最早見於天命六年(1621年)閏二月二十六日,原文爲:

> darhan hiya i gūsade, niyamjui nadan niru emu hontoho, feideri de nadan niru, aisika, siberi de sunja niru.⑦

漢譯:

> 達爾漢侍衛旗,在尼雅木椎者七個半牛彔,其在菲德里者七牛彔,在愛西喀、西伯里者五牛彔。⑧

再舉類似的一例,同日:

> borjin i gūsade, fanaha de juwan niru, bi yen de ninggun niru emu hontoho, hecemu, hanggiya de juwan niru.⑨

漢譯:

> 博爾晉旗,在法納哈者十牛彔,在避蔭者六個半牛彔,在赫徹穆、杭嘉者十牛彔。⑩

兩例相同,這裏面的"nadan niru emu hontoho"(七個半牛彔)、"ninggun niru emu hontoho"(六個半牛彔),指的顯然都是牛彔亦即漢譯的佐領。這樣的例子在《老檔》和其他文獻都可見到。

不過從《老檔》的滿文表述來看，至少在天命年間⑪，沒見到有"hontoho niru"一說，七個半也好，六個半也好，表示的都是數量，而不是一個專用名詞，這是值得注意的。此外，"半個牛彔"之稱，亦不見於《清太祖武皇帝實錄》、《滿洲實錄》和後來的《太祖高皇帝實錄》之中。

（二）"半個牛彔"與"半個牛彔章京"

與作爲數量的"半個牛彔"同時出現的，還有"半個備禦"，最早見於天命六年（1621年）閏二月二十九日：

> muhu gioroi hoton arara de, yahican buku, bilaha alban i niyalma be unggihekū seme weile arafi, ini hontoho beiguwan i tofohon yan gung faitaha.⑫
>
> 漢譯：
> 築木虎覺羅城時，雅布禪布庫未遣所定官役往築，遂治其罪，裁其半個備禦之十五兩之功。⑬

這裏提到的"hontoho beiguwan"，漢譯爲"半個備禦"。備禦是官名，即牛彔的長官，初設時稱"nirui ejen"（牛彔額真）。太祖天命五年（1620年）改爲漢名，爲備禦官（beiguwan）。太宗天聰八年（1634年）時又改回滿語，稱"nirui janggin"（牛彔章京）。此後到順治十七年（1660年）定漢名爲佐領⑭。所以，牛彔額真、備禦、牛彔章京和佐領，這四個是同義詞，備禦也就是後來通稱的牛彔章京，即佐領。爲避免敘述時的混淆，除引文與特指之外，對於這四個詞，我們在下文中一概以"牛彔"與"牛彔章京"代之。

天命六年（1621年）是改牛彔額真爲備禦的翌年，所以半個備禦，也就是"半個牛彔章京"之義，顧名思義，就是管理半個牛彔的長官。

將半個備禦或稱半分備禦定爲一級職官，很可能是在太祖天命年間，因爲《老檔》中與此有關的就有兩處。一處是天命六年（1621年）閏二月二十九日，雅布禪布庫因未遣所定官役前往築城，而被"裁其半個備禦之十五兩之功"。如果說這條還不能確知是裁掉"半個備禦"之職還是僅僅罰了15兩銀的話，下面一條就很明確了：天命八年（1623年）三月，"革錫林、烏巴海遊擊之職，降爲備禦。鄂伯惠備禦降爲半分備禦"。而到《太宗實錄》卷首的

"修纂凡例"就已明確規定"一、封異姓王公、授昂邦章京以下,半個牛彔章京以上世職及承襲,皆書"。在這裏,"半個牛彔章京"爲一級正式職官名顯然。

對"半分備禦"陟降、獎懲等情況的記載,在清太宗天聰、崇德年間的文獻中處處可見。《老檔》、《清太宗實錄》和其他文獻對於當時事件與時間的記載各有參差,結合起來看,大致有這樣幾種記載值得注意:

首先,是"分定"的"半個牛彔"。

《清太宗實錄》卷21記天聰八年(1634年)十二月丙申"分定專管牛彔"。從中可知許多"半個牛彔"是由皇上分定的(爲敘述簡明,這裏僅摘錄了與半個牛彔相關的部分,該條史料的詳細內容請參見注釋[15]):

> 分定專管牛彔:
> 宗室拜尹圖,三個半牛彔。
> 索海、衛齊、公衮,各半個牛彔。
> 額駙達爾哈,一個半牛彔。
> 巴哈納、何洛會,各半個牛彔。
> 莫爾察、范察各半個牛彔。
> 宗室色勒、薩璧翰、昂阿喇、奧塔、額爾克、吳賴,各半個牛彔。

《實錄》未談及"分定"這些牛彔的原因,而《八旗通志》則記載較詳:"天聰九年正月,免功臣徭役,並命專管各牛彔。"可知這次被"分定"爲"專管"的都是宗室與功臣[16]。

"專管牛彔"亦即世管牛彔,按八旗牛彔(佐領)的類型可大分爲二,一種爲世管,又稱勳舊,另一種爲公中。有學者認爲,世管就是"世襲"的另稱,亦即"世代承襲佐領"之義[17],而"公中"的承襲,則以簡用的方式而不世襲。也就是說,"世管"與"公中"這兩種類型的佐領以是否世襲爲區分標準。清入關前的牛彔以"世管"爲主,佔有80%的比率,非世管牛彔約占20%[18]。值得注意的是,這些宗室、額駙和親信大臣等等分定的牛彔,很少全部是整分的,大多有整有半,還有很多就只有半分,緣何如此,目前還無法解釋。

第二，半個牛彔與整個牛彔一樣多爲世襲。如《清太宗實錄》卷23天聰九年（1635年）三月庚申條，記有半個牛彔章京卦爾察益訥克病故，以其子坤襲職，仍准再襲一次；卷30崇德元年（1636年）六月丁未條，記半個牛彔章京白希病故，以其子錫翰襲職；以及半個牛彔章京托克屯珠病故，以其子納布海襲職，仍准再襲一次，等等。亦有半個牛彔章京有罪而以其叔襲替的⑲。至於不是因世襲而承襲半個牛彔的例子，我們暫時還未看到。

除了由皇上分定之外，一般地說，一個牛彔的首領能否得到世襲之權，是憑藉戰功大小、率領部衆歸附的不同和攜帶的多少來衡量的。半個牛彔雖爲"半分"，似乎也不例外。這裏試舉幾例：

《清太宗實錄》卷37，崇德二年（1637年）秋七月癸未條，敘平定朝鮮皮島功並從前行間勞績：

> 給朱山敕命曰：爾朱山原管包衣半個牛彔事。克皮島時偏師失利，統一船渡海，與敵戰。因我後隊兵退無援，登岸拒戰，陣亡。茲令爾弟吳山襲牛彔章京，准再襲二次；
>
> 給席爾圖敕命曰：爾席爾圖原管護軍參領事。平定朝鮮時，兵部貝勒擊敗敵兵，遣爾取高阜立營，與敵兵戰，陣亡。以爾子郝善襲半個牛彔章京，准再襲一次；
>
> 給阿克拜敕命曰：爾阿克拜原管牛彔章京事。平定朝鮮時，和碩豫親王擊敗敵兵，爾從汛地與古山力戰，陣亡。以爾子喇嘛斯轄布襲半個牛彔章京，准再襲一次；
>
> 給拜尹台柱敕命曰：爾拜尹台柱原係白身，克皮島時，偏師失利，統一船渡海，與敵戰。因我後隊兵退無援，登岸拒戰，陣亡。茲以爾子阿古蘭襲半個牛彔章京，准再襲一次。

都是因作戰陣亡而命其子、弟襲職的例子。

第三，半個牛彔章京與牛彔章京一樣，也可視作是一種"品級"。例如崇德年間，有索海薩穆什喀攜新滿洲男子二千七百餘名、婦女3989口歸附於清，被編入八旗，清廷將其分別等第："一等者，視甲喇章京。二等者，視牛彔章京。三等者，視半個牛彔章京。各照等第。賜朝服、袍褂等物。"⑳又如對參加科舉考試中舉的士人，也有"授半個牛彔章京品級各免人丁四名"[21]的獎賞。

以上三點，事實上也正是整個"牛彔章京"的特點，由此可見，無論從類型、性質等各方面看，"半個牛彔章京"與整個"牛彔章京"都是相同的。也就是說，"半個牛彔"與"牛彔"一樣，一度是八旗中的一級組織；而"半個牛彔章京"也與整個"牛彔章京"一樣，曾經是八旗中的一級職官。

（三）半個牛彔與整個牛彔是以人數區分的嗎？

從字面上看，半個牛彔與整個牛彔的區別是人數，也就是說，當人數不足編爲一個整牛彔的時候，便會編爲半個牛彔。按規定，八旗每牛彔的甲丁額數爲300，那麼半個牛彔就應該是150人左右。這裏我們又要問：事實果真如此嗎？

因人數不敷而只構成半個牛彔的記載確實存在，如《老檔》天聰六年（1632年）正月記：

> 蒙古巴達克由半分備禦擢爲整分備禦緣由：往昔因札魯特部戴青獲罪，奪其諸申交付阿濟格貝勒。時因甲冑不齊，僅半分牛彔著爲半分備禦。今將戴青之諸申給還，著爲整分備禦。[22]

又如《清太宗實錄》卷21天聰八年（1634年）十二月丙申條下記：

> 圖爾格、超哈爾、敖對、巴顏、達爾泰額駙蘇納、毛墨爾根、固山額真阿山，原係半個牛彔，因戰功，增給虎爾哈人，編爲全牛彔，令其專管。

再如崇德七年（1642年）五月初十日[23]：

> 准塔巴圖魯旗下沙金達里原代管半個牛彔，後考旗內餘丁，編爲整牛彔。固山額真准塔巴圖魯爲管牛彔事奏聞於上。奉上諭，命沙金達里代管整牛彔。

都是原來因人數不敷而組成半個牛彔，後來增補人丁而成爲整牛彔的例子。

但是，也有些牛彔同樣人數不足，也是後來才增補足額的，卻被編成整牛彔。陳佳華、傅克東先生在《八旗建立前滿洲牛彔和人口初探》一文中引

《八旗雜檔》，就已舉出若干事例，指出入關前牛彔的建立，其壯丁數不足額者多，足額者少。費英東之父索爾果帶所部軍民500戶，編爲5個牛彔，平均一百戶爲一牛彔；伊勒慎帶領25戶，編爲一牛彔；甚至雅瑚帶領18戶，也編爲一牛彔。努爾哈赤賞賜安費揚古60戶，定制爲"佐領一員，半佐領一員"。都是人數遠遠低於三百卻編爲整牛彔的例子[21]。可見，不足額是相當普遍的現象。

與之相反，我們發現還有人數基本足額，卻仍被編爲半個牛彔的例子。《清太宗實錄》卷21天聰八年（1634年）十二月壬寅記：

> 一等甲喇章京吉巴克達本瓦爾喀馮家屯人，率本屯來歸，授半個牛彔，以壯丁二百五十人，令其專管。及征明時，升一等甲喇章京。

瓦爾喀爲新滿洲之一部，吉巴克達率衆歸附，壯丁已達250人，幾近整牛彔的300之數，卻僅僅給予半個牛彔。

對此可以做出的解釋是，官職爲牛彔章京還是半個牛彔章京，並不是完全根據所轄人丁的數目決定，還會有其他考慮。牛彔爲整爲半，有時候近乎於一種建制，對於費英東、安費揚古等開國勳臣來說，給予若干牛彔的建制，丁數則是日後可以不斷增補的；而對於如親滿洲新附人丁來說，無論人丁多少而僅僅給予半個牛彔，很可能是因其晚近歸附地位較低，在這種情況下，人數的多寡反而倒在其次。這種不是按照人丁多寡編制牛彔，而是編定牛彔之後再往裏不斷補充人丁的做法，對於我們瞭解清入關前後牛彔的編制過程，也不妨爲一個思路。

（四）入關後的"半個牛彔"

然而到此爲止，我們在開頭提出的問題並沒有解決。首先，"半個牛彔"作爲一級機構，入關後是否仍然存在？第二也是最重要的，它究竟存在於哪裏，在外八旗還是在內務府，或者並存於二者之中？對於這兩個問題，《八旗通志·旗分志》的記載可以給出比較詳細的答案。在《旗分志》中提到"半個牛彔"的材料大約有80條左右，這並不是說有80個"半個牛彔"，因爲具體的數字在不斷變化中，很難做準確統計，有些起初是半個牛彔，後來變成一個整牛彔，也有時兩個半個牛彔合併成一個整牛彔，等等，所以採取製表的方式，要比統計明瞭和準確些。我們謹將《旗分志》對八旗滿洲、八旗蒙古中半個牛彔的情況列表如下（參見文末表1）。八旗漢軍的情況另議。

從表中可以看出，首先，絕大多數半個牛彔都以不同方式陸續變成整個牛彔。其中由兩個半個牛彔合併爲一個整牛彔的，大約有13例；由本牛彔人丁繁衍、湊足整牛彔之數的約30例；以後來歸附、俘獲等方式得到的人丁補充進去因而湊足丁額的，約爲14例；還有一些未記改編爲整牛彔的原因。

如果從時間上看，《旗分志》所載半個牛彔中，有50條明確記載了"半個牛彔"改編成"整個牛彔"的時間，其中天聰1條，崇德3條，順治8條，康熙35條，雍正2條，乾隆1條。其餘27條，即使沒有記載準確時間，據推斷也多在順治之前即已完成改編，只有一條無法判斷，參見表1。

附表中未列漢軍，是因爲漢軍中有些情況比較複雜，很難簡單地填入表中。漢軍內的半個佐領很少，情況大致如下：

① 鑲黃旗漢軍第五參領第一佐領：天聰八年編設半個牛彔，康熙二十二年，始編為整佐領。

② 正紅旗漢軍第三參領第一佐領：崇德七年編設半個牛彔，康熙二十年，將此佐領定為整佐領。

③ 正紅旗漢軍第五參領第一佐領：鄭克塽於康熙二十二年，自廣東臺灣投誠。三十二年，編設一佐領，分隸鑲正黃旗，雍正四年，始將此佐領撥隸本旗。六年，因此佐領內壯丁甚少，改為半個佐領。鄭安德緣事降調，以鄭克塽之子鄭安康管理。又康熙二十二年，劉國軒自臺灣投誠，編設一佐領，分隸鑲黃旗，以劉國軒長子劉德任管理。劉德任故，以其弟劉德仁管理。劉德仁故，以其弟劉德傑管理。劉德傑升任陝西遊擊，以劉德仁之子劉顯管理。雍正六年，因此佐領內壯丁甚少，改為半個佐領。九年，此佐領亦撥隸本旗。劉顯緣事革退。十年，八旗會議鄭安康、劉顯俱係半個佐領，請歸併為一整佐領，以鄭安康管理。謹案：雍正九年議奏，鄭、劉兩姓佐領人丁俱不足額，均作為半個勳舊佐領。十年，劉顯革退後，並為兩姓輪管佐領。乾隆三十五年，劉顯病故，無子亦無應襲之人，仍作為半個勳舊佐領。

④鑲紅旗漢軍第一參領第五佐領：天聰九年初編半個牛彔，崇德七年，始編為整牛彔。

⑤鑲紅旗漢軍第四參領第一佐領：係崇德七年，將杏山壯丁編為半個牛彔，康熙二十二年，此佐領壯丁滋盛，因定為整佐領。

⑥鑲藍旗漢軍第一參領第二佐領：崇德七年編設。康熙五十一年，又賞給半分佐領。乾隆二十三年，因半個佐領所屬人等俱係戶下。經值年旗奏明，將半個佐領裁汰，賞給藍甲十一副。

⑦鑲藍旗漢軍第一參領第三佐領：崇德七年編設半個佐領。順治二年，編為整佐領。

⑧鑲藍旗漢軍第四參領第二佐領：崇德七年編設半個佐領。順治十五年，作為整佐領。

可知八旗漢軍中半個牛彔編立的情況與八旗滿洲、八旗蒙古的情況相差不多，也大多編立於皇太極天聰、崇德年間，然後在康熙二十二年（1683年）之前以及更早，就已經改編成為整佐領。

有幾例半個牛彔的情況較為特殊，即由半個佐領改為整個佐領的時間遲至雍正以後。其中一例屬於滿洲旗分，即雍正元年（1723年）奉旨將履郡王之外祖陶爾弼合族人丁，由包衣撥隸本旗，編為半個佐領，旋即便湊足人數編為整個佐領，此例屬於奉旨擡旗，且作為半個佐領的時間很短。其餘幾例，則都是漢軍，其一是臺灣被收復之後鄭克塽降清，清廷於康熙二十二年（1683年），將其所部編設一佐領，分隸正黃旗。雍正四年（1726年），始將此佐領撥隸正紅旗，即從內務府旗分撥到外八旗㉕，入外八旗之後到雍正六年（1728年），又因此佐領內壯丁甚少，改為半個佐領。另一例是康熙二十二年（1683年），劉國軒自臺灣投誠後，撥歸鑲黃旗，編立為一佐領。雍正六年（1728年），也因壯丁甚少，改為半個佐領。雍正九年（1731年），將該佐領劉歸正紅旗漢軍。再於雍正十年（1732年）將鄭氏與劉氏兩個半個佐領，歸併為一整佐領，可見由半湊整的趨勢。乾隆朝的一例更為特殊，原是崇德六年（1641年）編設的一個整個的漢軍佐領，在康熙五十一年（1721年）又賞給半分佐領。而這半個佐領所屬人等俱係戶下，所以乾隆二十三年（1758年）將其裁汰。戶下人即奴僕，這是我們在《旗分志》中看到的唯一有關戶下人編設為半個佐領的記載。

總之,入關之後"半個佐領"還存在了相當長的一段時間,但到康熙朝的前半期,除特例之外,已經都被改編爲整個佐領,被裁撤的只是極少數。在改編的原因中,最多的是因人丁繁衍或有新人丁補入,這是清朝前期八旗人口增加的結果。

下面討論第二個亦即與"渾托和"關係最大的問題,即"半個牛彔"多存在於八旗的哪個部們之中。

雖然入關前及入關初期如《老檔》、《實錄》(《太宗實錄》、《世祖實錄》[26])、《內國史院檔》等史料在提到半個牛彔時,對該牛彔的所屬旗分並未做明確的記載,但還是能夠在言語之間找到一些線索。比如,在順治朝《內國史院檔》(滿文)中,翻查到不少與"hontoho janggin"(半個牛彔章京)相關的史料,現摘錄部分漢譯文如下[27]:

> ①(順治二年九月初七日,中册頁156)高楊生,因能盡職,不違旨意,故授執事官,賜半個牛彔章京,若陳亡,准襲爵,若病亡即不准承襲。
>
> ②(順治三年四月初九日,中册頁303)布彥代病故後,准其子鄂木布襲一等甲喇章京兼半個章京,再襲六次。
>
> ③(順治三年四月初九日,中册頁303)沙喀病故後,准其弟法喀襲半個牛彔章京,戰亡准再襲,病故則免之。
>
> ④(順治三年四月初九日,中册頁303)昂阿病故後,准其子達西襲半個牛彔章京,陣亡則再襲,病故則免之。
>
> ⑤(順治三年四月初九日,中册頁304)郭爾博兌病故後,准其子拜達爾襲半個牛彔章京,陣亡則再襲,病故則免之。[28]

這五條譯文,除第二條外,其餘四條均明確提到若該人陣亡,子孫可襲半個牛彔章京,若病故則免之。第二條,布彥代之子在承襲半個章京的同時,還承襲了一等甲喇章京。甲喇章京乃官名,明萬曆四十三年(1615年),努爾哈赤編置八旗,將五個牛彔合編爲一個甲喇,每甲喇設甲喇額真;天聰八年(1634年),甲喇額真改爲甲喇章京;順治八年(1651年)定漢名爲參領。顯而易見，以上五處"半個牛彔章京"均指披甲上陣的外八旗兵丁，與包衣旗分毫無關係。

如果說以上史料還不足以說明"半個牛彔"的屬性，那乾隆年間《八旗通志·旗分志》（續集）的描述就較爲明確了。該《旗分志》中涉及半個牛彔之處有八十餘處，卻無一例屬於包衣旗分，如上面曾引天聰九年正月"免功臣徭役，並命專管各牛彔"條，其中有命某人專管半牛彔的，也有因軍功而從內牛彔析出，另給予壯丁若干，使之專管的[29]，但在這種從內牛彔析出而編成的專管牛彔中，雖然有很多丁額都不足以構成整牛彔，卻未見有編爲半個牛彔的例子。此外如上述的鄭克塽、劉國軒人丁，無論初編入旗時被納入哪個旗分，但被編爲半個牛彔，卻肯定是被撥入外八旗之後的事了。

因此，雖然我們還不敢肯定說半個牛彔的編制在內務府旗分中就一定不存在，但就目前看到的記載來說，至少半個牛彔的絕大多數是存在於外八旗旗分的，也因此而與我們通常以爲的"管領"風馬牛不相及，半個牛彔與"渾托和"無關，應該是可以肯定的。

二 "包衣大"考

清初的"半個牛彔"既然與管領無干，且清代官方文獻中對管領的源起何時亦了無記載，只能另尋線索。

在官方編纂的清文辭典康熙朝《御制清文鑑》（成書於康熙四十七年，1708年）中，對管領有如下定義：

hontoho: booi da i kadalahangge be hontoho sembi. geli sin jeku jetere aha sembi.[30]

漢譯：

渾托和：包衣大所管鐲的稱爲渾托和，又稱為食斗糧的奴才。

這是迄今所見對管領的最早定義。其後各類辭書對"hontoho"即"管領"的解釋與此各有詳略不同。如乾隆《御制增訂清文鑑》的釋文是"hontoho-booi da i kadalahangge be hontoho sembi."（漢譯：包衣大所管鐲的稱爲渾托和），迄

未再提 "又稱爲食斗糧的奴才" 一句，而光緒二十三年（1897年）出版的《清文總匯》，釋文則爲："包衣達管的食辛者庫的人。"乾隆文本未提辛者庫，光緒文本則爲康熙文本的簡稱。辛者庫是一個相當重要而且非常複雜的問題，需要花費大量篇幅討論，本文不涉及此項内容，這裏只能暫且按下不表，而主要看康熙文本的第一句"包衣大所管鎋的稱爲渾托和"，這話倒過來說，就是管領下的人都歸包衣大管鎋。既然"包衣大"是這裏的關鍵字，所以弄清它出現的時間以及性質與含義，或可爲探尋"管領"問題提供一些線索。

（一）"包衣牛彔" 與 "外牛彔"

包衣（booi）是滿語，意爲"家的"，這是清史學者無人不知的常識，大（da）則指首領，漢文史料多作"包衣大"或"包衣達"，二者同義。本文爲了規範起見，除原始史料外，行文一律使用"包衣大"。包衣大（booi da）顧名思義，就是包衣的首領，即管鎋包衣的人，但包衣未必都由包衣大管鎋，因爲還有作爲職官名稱的包衣牛彔（booi niru）存在，這最早在努爾哈赤的天命年間即可見端倪：

> 汗之包衣伊拉欽，曾因勤善舉爲備禦。今出外採蜜，因行獵而不勤加採蜜，無所收獲，故革其備禦之職。㉛

上文說過，此時的備禦就是佐領，但伊拉欽雖然身爲包衣並且有備禦之職，還不能據此判斷他是不是就是領一個牛彔人丁的牛彔首領。

明白無誤的"包衣牛彔"之稱出現較晚，首見於皇太極天聰年間。

① 皇太極天聰三年（1629年）八月庚午：

> 上諭曰：八貝勒等包衣牛彔下食口糧之人及奴僕之首告離主者，准給諸貝勒家。至於外牛彔下人及奴僕之首告離主者，不准給諸貝勒之家，有願從本旗内某牛彔者，聽其自便。㉜

② 天聰四年（1630年）冬十月辛酉：

> 上諭曰：今時值編審壯丁，凡總兵、副將、參將、遊擊、備禦等官，俱宜自誓。……此次編審時，或有隱匿壯丁者，將壯丁入官，本主及牛彔額真、撥什庫等，俱坐以應得之罪。若牛彔額真、撥什庫知情隱匿者，每

丁罰銀五兩，仍坐以應得之罪。其牛彔額真之革職與否，應俟另議。凡諸貝勒包衣牛彔，或係置買人口，及新成丁者，准與增入，毋得以在外牛彔下人入之。如丙寅年九月初一日以後，有將在外牛彔下人編入者，退還原牛彔。㉝

③《滿文老檔》的天聰六年（1632年）六月初二日：

beise i booi nirui niyalma, dade uksin bifi seme werihengge be dabu, daci uksin akūngge be ume dabure. ㉞

是年五月清軍出關擄掠，得勝而歸，皇太極遣人攜帶他的上諭至各旗，命將俘獲人口，各旗按甲士分之，這是他上諭中的一句，漢譯作："所獲人口，按旗分給……諸貝勒家牛彔之人，原有披甲而留居者，當計數內；原無披甲者，不計數內。"㉟將"beise i booi nirui niyalma"譯作所謂"諸貝勒家牛彔之人"而未提及包衣，略失原義。

《老檔》與《實錄》記載的史實各有詳略參差，但不影響對包衣牛彔性質的理解，其中殊堪注意者三：

第一，包衣牛彔下人丁的來源，包括①條所記食口糧之人及奴僕之首告離主者（注意此條是與外牛彔下人及奴僕之首告離主者並列的）；也包括②條記載的那些諸貝勒"或係置買人口，及新成丁者"，以及③條所稱俘獲的壯丁。顯然他們都是零零散散而不是以族寨為單位整個編成牛彔納入旗下的。這是很重要的一個特點。

第二，諸貝勒各有自己的包衣牛彔，這些包衣牛彔與所謂"外牛彔"絕不相混淆。可知此時八旗已有內外之別，朝廷則致力於嚴格區分內外界限。這種區分是單方面的，即在編審壯丁時，太宗強調的是諸貝勒不可將外牛彔的人丁納入自己的包衣之下，卻未提及自己包衣下的人丁是否可以被撥入外牛彔的問題。

第三，這些包衣牛彔下的人丁與外牛彔人丁一樣，也披甲出征，立下戰功也如外牛彔壯丁一樣受到獎賞。對此，天聰八年（1634年）閏八月太宗率兵入關內擄掠時發布的兩道上諭更明顯：

朕復自宣府新城，東城西城，趨應州駐營。令兩白旗全軍及兩黃旗騎

> 兵，每牛彔甲士五人，並包衣牛彔人，自宣府分兵進保安州，會兵東城。㊱
>
> 兩白旗全軍及兩黃旗騎兵，每牛彔甲士五人，與包衣牛彔人攻保安州。正白旗先登，克之，斬其守備及知州各一員……㊲

顯然諸貝勒的包衣牛彔人，都是直接參與作戰的甲丁。

這裏問題已經凸顯出來，那就是，在當時八旗均分屬於各旗主的情況下，爲什麼還有同樣屬於各旗主貝勒的包衣牛彔？這些包衣牛彔下的甲兵既然與其他八旗官兵同樣披甲出征，往往還協同作戰，他們與其他八旗牛彔下的人丁，區別又是什麼？雖然對於這個問題我們還不敢有肯定的回答，而且在旗制尚屬草創並未最終完善的時候，也未必能有清晰確切的概念。但是可以較爲肯定的是，這些包衣均爲諸旗主、貝勒的私屬，他們與外八旗旗丁的區別，首先在來源上。前面提到，八旗牛彔的類型可大分爲二，一種爲世管，又稱勳舊，另一種爲公中，而清入關前的牛彔都是"世管"，亦即"世襲"的另稱。這就是說，入關前的外八旗，都是由某個族寨首領率領自己族人整個歸附，並按照他們的血緣或地緣關係編成牛彔，所以牛彔章京也具有世代承襲的身份。但由貝勒私屬的這些人丁則不同，他們是貝勒或憑藉作戰，或自己用錢分散地擄掠、置買的，並沒有可以投靠的部族。他們不一定就是奴僕，很可能具有自由民的身份，但與處在那些世管佐領之下、仍與自己的家族、部族人生活在一起的人相比，地位應該是比較低下的。

其次，他們既然是諸貝勒憑自己之力得到的私屬，與諸貝勒的關係便肯定比外八旗那些未被打散固有組織的佐領下人更親近，也更便於役使、更得力。也因如此，諸貝勒當然願意這樣的包衣越多越好，皇太極也必然會對這樣的包衣人數加以限制，這便是上面提到的，皇太極幾次下諭不准諸貝勒將外牛彔之人編入包衣牛彔的原因。

包衣牛彔的首領稱爲包衣牛彔章京（booi nirui janggin），此稱最早見於《老檔》崇德元年（1636年）三月十七日：

> juwan nadan de, gulu lamun i booi nirui janggin šui se neng be efulelhe turgun……㊳

漢譯：

十七日，革正藍旗下包衣牛彔章京水色龍職緣由……㊴

同日：

bayantai si dade bai niyalma bihe, booi nirui janggin obuha, dain de buceci sirambi, nimeku de buceci sirarakū. ㊵

漢譯：

巴彥泰：爾原係白身，著授為包衣牛彔章京，陣亡准襲，病歿不准襲。㊶

巴彥泰原係白身，後被授與包衣牛彔章京一例，也證明了我們在上面的推斷，即包衣牛彔的首領，並非是從哪個部族歸附而來的酋長，而是來自"白身"，所以歸屬於他的牛彔，是非要他陣亡才可以由子孫承襲的。

（二）"包衣牛彔章京"與"包衣大"

上面只是簡單地勾勒出包衣牛彔與外牛彔的區別，包衣牛彔其實是可以作大文章的題目，但這裏不擬多談，還是回過頭來討論本文的主題，即包衣大。

從目前能見到的史料來看，包衣大之稱最早出現於太宗崇德年間，略晚於包衣牛彔，與包衣牛彔章京顯然不能等同。對於包衣大，鄭天挺先生早就注意到並在《清史語解》裏作過考證㊷，茲先列舉鄭先生提到的兩例：

① 崇德三年（1638年）四月乙卯：

> 岳托貝勒新福金訴其大福金於刑部言：大福金設食，召我近前，摘我額上一髮，似是魘魅之術。於是我不食其食，還至室，令塔爾布，往索所摘之髮，不與，我必控訴。塔爾布曰：若出此言，爾首領不保矣。遂去。竟不還報。因遣兩婦人往索之。大福金亦遣兩婦人來言：適見爾髮上有蟣子，為爾捉之，誤摘爾髮已於爾面前擲之矣，留爾髮何為？若聲言此事，彼此俱各不便。又遣包衣大準布祿、薩木哈圖，亦以此言來恐我。刑部訊之，俱實。大福金應論死。塔爾布偏護大福金、恐嚇新福金，亦應論死。準布祿、薩木哈圖知二福金之事，不行舉首，應各鞭一百。奏聞……㊸

② 崇德八年（1643年）八月甲申：

> 有遺匿名帖謀陷固山額真譚泰者，為公塔瞻母家高麗婦人所得，言於包衣大達哈納。達哈納以告伊主公塔瞻，及固山額真譚泰。譚泰、塔瞻因啓諸王。王等令送法司質訊及訊高麗婦人。云帖乃宗室巴布海家太監所與，於是巴布海夫婦及其子阿喀喇，坐造匿名帖陷害譚泰，皆棄市。㊹

崇德年間有關包衣大的史料僅可數的幾條，均見於《實錄》，而以上兩條，是鄭先生自《東華錄》引錄的，內容文字均與《實錄》同。《實錄》還有一條是鄭先生未提到的：

③ 崇德八年八月丙寅：

> 先是，公杜爾祜之母福金，有包衣大宜漢、俄黑、塞克滕，於滕縣城中御前包衣尼雅漢所占房內盜取銀兩、金杯、金鐲、緞、裘、豹皮等物。又於順德府乘尼雅漢他出，執尼雅漢所占房主，掘取銀兩匿之。又私取阿囊阿牛彔下驍騎校殷唐阿、筆帖式哈寧噶所獲進上銀五百兩。其家人噶布喇，同包衣大石漢、木成格告於福金。福金隱匿未報。至是審實。福金應罰銀三千兩。……俄黑、塞克滕、哈寧噶應鞭一百，貫耳鼻。石漢、木成格應各鞭一百。㊺

其中第一條中的包衣大準布祿、薩木哈圖均為岳托屬下。岳托，努爾哈赤次子代善的長子，崇德元年（1636年）封成親王。鄭天挺先生認為，岳托既是當時旗主之一，"這些'包衣大'全是他所屬包衣下的頭目，給使於他家的"。第三條中的包衣大為公杜爾祜之母所屬，杜爾祜是努爾哈赤長子褚英的長子杜度的第一子。褚英早在萬曆四十三年（1615年）就在"以罪圈禁"後死於禁所，他的長子杜度封安平貝勒，崇德六年（1641年）被革爵，七年薨。杜爾祜初封輔國公，"父死，坐事，降襲鎮國公。尋削爵，黜宗室"。到順治二年（1645年）才恢復宗室身份並封輔國公。可知這裏所引的崇德八年事，正是他父親去世一年，他也被削爵罷黜的時期，但其母的包衣大還有至少5人（宜漢、俄黑、塞克滕、石漢、木成格），可以推知他的包衣應該更多。而這次被告發，是否因"牆倒眾人推"還是別有隱情，就不知道了。

第二條中的包衣大達哈納是塔瞻的屬下。塔瞻並非愛新覺羅家族的子弟，而是清開國時期的功臣揚古利的次子。揚古利在清入關前群臣中爵秩最高,其子塔瞻初襲超品公,後降一等公,但父子二人均未嘗作過固山額真。鄭天挺先生據此提出:"所可疑的是塔瞻家何以有'包衣大'?"

對此,鄭先生提出了自己的推論,他認爲這說明了,入關以前一般宗室勳舊無論是否主管旗務全有包衣,有包衣就有包衣大。太祖初起兵幾年追隨的人很多,他們全有給使的包衣,就是僕役。當時旗制未定,所以不會加以限制,旗制既定亦不會因之取消,有一時期勳舊的包衣與分隸各旗包衣佐領下的包衣,同時並存。

鄭先生還推斷說,這家僕實在就是私家的"包衣",因爲要分別於旗制裏的"包衣",所以改稱。逮後包衣制度日嚴,私家的"包衣"漸漸改稱,成了《戶部則例》中所謂"八旗戶下家奴"[46]。

我們這裏基本同意鄭先生的推斷,上面列舉幾例中包衣大管轄下的包衣,應該就是通常意義上的奴僕,或曰奴役。所以,無論八旗貝勒受到封賞或貶黜,也無論是愛新覺羅子弟抑或是外姓功臣,家下都蓄養奴僕,他們被稱爲家人,也就是包衣,都由包衣大管束。

問題在於這些包衣大下的包衣,與包衣牛彔章京治下的包衣有什麼區別?鄭先生認爲區別在於一是私家的,一是旗制中的。這未必盡然,前面說過,包衣牛彔與外牛彔有別,包衣牛彔就屬於各旗主貝勒的私家而不屬於鄭先生所說的"旗制"。所以更有可能的區別,在於包衣大所轄人丁,更多的是在家內服役,上述幾條史料中的包衣大,或歸屬於主人的母親,或歸屬於主人的福晉,就很說明問題。而包衣牛彔章京治下的包衣,則是需要隨主人從軍作戰的。對此,入關後不久的順治十年(1654年)某大臣的上奏,或可提供些線索:

> 都察院左都御史屠賴等奏言,臣等捧讀雨潦修省上諭……至前代,不似我朝有內大臣侍衛各官,故設立寺人衙門。我朝左右有內大臣侍衛隨從,內務有包衣大人、章京管理。今奉上諭設立司禮監等衙門,寺人與近臣兼用。夫宮禁使令,固不可無寺人,但不必專立衙門名色。只宜酌量,與近臣兼用,以供使令可也。疏入,得旨,此所奏是。[47]

此時內務府尚未正式建制(正式建制是在順治末年),但雛形已現。"我朝左右有內大臣侍衛隨從。內務有包衣大人、章京管理", 明確道出了包衣牛彔章京與包衣大作用上的分工。後來內務府漢軍旗人福格的一段常常爲人引用的話,正是對上文的具體注解:

> 其管領下人,是我朝發祥之初家臣;佐領下人,是當時所置兵弁……鼎業日盛,滿洲、蒙古等部落歸服漸多。於天命元年前二載,遂增設外八旗佐領。而內務府佐領下人,亦與管領下人同為家臣,惟內廷供奉親近差事,仍專用管領下人也。[48]

雖然當時還沒有"管領"一詞,但意思是一樣的。可以推斷,包衣牛彔章京管鎋下的人丁,與包衣大屬下的人丁同在包衣(亦即後來的內務府或王府)之內,而分屬於兩個系統,他們的相同之處,是均爲主人的私屬,但前者與外八旗旗丁一樣主要充當披甲,隨主人出征;而後者則主要在家內服役。包衣佐領與包衣管領,就是從這樣兩種不同的包衣發展而來的。

(三) 不同品級的"包衣大"

清入關後沿襲明制,在中央集權的政治體制下建立起一套完整的官僚體系,各級職官的名稱、職掌、品級等,也效法明制一一做出了規定,其中順治二年(1645年)定文武官員品級一事,就是這一重大舉措的組成部分。

爲滿洲貴族帶入關內的各種官員、八旗軍事將領以及從皇帝到王公貴族屬下的各種人員制定一套用以區別職官地位身份的品級,就像崇德年間對宗室王公封爵一樣,這些舉措既關乎當事人的切身利益,加上頭緒紛繁且迄無前例,看似應該不是很簡單的事,但清代文獻對此既然渺無記載,也可能並不像通常以爲的那樣困難,而基本上是比附明代品級即可,初入漢地的八旗將士也未必能立刻就意識到品級的重要性。

制定官員品級的工作正式起動於順治二年的閏六月,首先針對的是朝廷外官,順序是自上而下,御前大臣、固山額眞、六部尚書等爲一品,然後自上而下,依次爲二品、三品、四品……,外八旗各級將領也都一一制定了品級,如梅勒章京(漢名爲副都統)、護軍統領等爲二品,甲喇章京(漢名參領)爲三品,牛彔章京也就是漢譯的佐領,定爲四品。值得注意的是半個牛彔章京也作爲一個等級，定爲五品⁴⁹。這爲我們前面的論證又提供了一個注腳。

前面提到，清入關前無論皇室還是王公貝勒都各有屬人，清廷在爲外廷與八旗官員制定品級的同時，也給予他們同樣的待遇，這意味着他們被正式納入國家官僚體系之內，成爲這個政治體制內各類職官的一部分。且清廷爲這些人制定職官品級，是在"總管內務府"這一機構的形成之前，具體地說，是在爲外廷文武大臣制定品級五個月之後的順治二年十一月：

> ①（順治二年十一月，初四）是日定牛彔章京品級。定奶公滿都禮、邁堪之品級與牛彔章京同。定包衣達十員及阿克敦達之品級，與半個牛彔章京同。定內三庫司庫六員、副尚膳官一員、尚茶官一員，及皇叔父攝政王屬下包衣達六員、阿克敦達兩員、飯房頭目一員，和碩親王屬下包衣達四員、阿克敦達兩員、飯房頭目一員，多羅郡王屬下包衣達三員、阿克敦達一員、飯房頭目一員等人之品級均與護軍校同，爲六品。⁵⁰

> ②順治二年十一月壬子，定乳媼之夫滿都禮、邁堪品級，與牛彔章京同。包衣大十員，牧牛羊官四員，品級與半個牛彔章京同。內三庫司庫六員、副尚膳官一員、尚茶官一員及攝政王下包衣大六員、阿敦大二員、飯房頭目一員，和碩親王下包衣大四員、阿敦大二員、飯房頭目一員，多羅郡王下包衣大三員、阿敦大一員、飯房頭目一員，俱爲六品。⁵¹

這裏引的兩條史料出處不同，其實記載的是同一件事，即對一些職官品級的規定。對於我們這裏討論的問題來說，這件事至關重要，是需要細讀的。

從《實錄》與《內國史院檔》的這條紀錄可知，這次爲皇帝和王公私屬的幾類人制定的品級有三種：

第一種"與牛彔章京同"，僅賜給乳媼之夫滿都禮、邁堪兩人。上面提到，牛彔章京的品級已有明確規定，是四品。

第二種"與半個牛彔章京同"，所給予的是十名包衣大、四名阿克敦達（亦即牧羊官）。我們已經看到，半個牛彔章京的品級是五品。

第三種給予的人員較雜，有內三庫司庫六員、副尚膳官一員、尚茶官一員及攝政王下包衣大六員、阿敦大二員、飯房頭目一員，和碩親王下包衣大四員、阿敦大二員、飯房頭目一員，多羅郡王下包衣大三員、阿敦大一員、飯房頭目一員，均爲六品。

問題集中在包衣大上。

首先，第二種，包衣大的品級與半個牛彔章京同，説明包衣大與包衣牛彔章京只是品級同而職位不同，這也證實了我們前面的判斷。

其次，同爲包衣大，品級卻有兩種，一種是五品，一種是六品。爲什麽會有這種區別？上面所説的第二種等級中的包衣大屬於何處，該文並未明言，但通過第三種包衣大，卻能看出些端倪。在第三種中，有"攝政王下"包衣大六員、"和碩親王下"包衣大四員、"多羅郡王下"包衣大三員等。從中可以推知，雖然第二種中的包衣大未被指明所屬，但第三種中既然已經包括了滿洲貴族中最上面的三等，則第二種中的包衣大應該係指皇室所屬。再者，從這個規定看來，貴族中的不同等級，擁有的包衣大數量也不相同，攝政王即多爾袞，當時處於一人之下萬人之上的位置，他既然享有包衣大六員，則只有皇帝可以擁有比他更多的包衣大。因此，能夠擁有十員包衣大的，顯係皇帝無疑。此外，和碩親王、多羅郡王擁有的包衣大人數依次遞減，可見當時對宗室王公擁有家人的人數，已經有了明確的規定。

皇室包衣與王公包衣之間有嚴格區分，在入關前已初見端倪。天聰三年（1635年）九月皇太極考試儒生，就有"凡在皇上包衣下、八貝勒等包衣下，及滿洲、蒙古家爲奴者，盡皆拔出。一等者，賞緞二；二等、三等者，賞布二，俱免二丁差徭"㉜的規定，可見當時已有皇上包衣、八貝勒包衣以及滿洲、蒙古家爲奴者三類。

再如崇德二年七月皇太極諭：

> 朕侍衛四十員，乃太祖在時免役者，或叔伯兄弟之子，或蒙古貝子之子，或官員之子，或朕包衣之子，皆非應役之人。㉝

既然同爲皇帝侍衛，將皇上包衣之子，與叔伯兄弟（亦即王公）之子、蒙古貝子以及官員之子置於同等地位，"皆非應役之人"，説明皇上包衣享有相當高的地位。

可見，自皇太極起，包衣就有皇上包衣及宗室包衣之分，且皇上包衣已具有與王公等人的子弟同等的地位。相應地，包衣大的地位也必然存在差別。順治二年定品級，不過是將不同包衣大的地位身份進一步予以固定而已。

八旗分爲由皇上統領的上三旗與宗室王公統領的下五旗之後，各自屬下的包衣也隨之被區分開，前者歸屬於內務府，後者歸屬於各王公。而"包衣大"之稱，在上三旗被納入內務府之後，皇室所屬包衣大有着相當複雜的變化過程，容在下文列專章討論。但在王公所屬下五旗中，則基本上相沿不替。以乾隆朝修撰的《八旗滿洲氏族通譜》㊾漢文本爲例，該書中記錄的曾任"包衣大"之職者共 223 人，其中正黃旗 2 人、鑲黃旗 4 人、正白旗 1 人，而鑲黃旗中的 1 人是改隸鑲白旗之後才任包衣大的，除去這人之外，上三旗中的包衣大僅有 6 人。而其餘 216 人均屬於下五旗，其中鑲白旗 80 人，正藍旗 61 人，鑲藍旗 34 人，正紅旗 31 人，鑲紅旗 10 人，如果加上從上三旗改隸的 1 人，應該是 217 人。（詳見文末表 2）

上三旗中仍存在幾名包衣大，可能另有原因，但絕大多數入關初曾定爲五品的皇室包衣大，此時已經不再沿用這個名稱了。《八旗滿洲氏族通譜》中記載了 212 名內管領，其中正黃旗 66 名，鑲黃旗 81 名，正白旗 65 名；內副管領 79 名，正黃旗 23 名，鑲黃旗 23 名，正白旗 33 名，全部隸屬於上三旗，與下五旗的"包衣大"在稱呼上完全區別開來。這意味着至少在漢文文獻中，乾隆朝以後的"包衣大"，已經開始朝着成爲下五旗五公所屬包衣首領專稱的方向轉化。

在這裏，我們之所以作了一個"在漢文文獻中"的限定，是因爲在《八旗滿洲氏族通譜》的滿文本中，還看不出這樣的變化，也就是説，二者均沿用"包衣大"（booi da）一稱。但在總共的 216 名下五旗包衣大中，有 116 名明確注明爲"六品包衣大"。此外有 6 名標注"五品包衣大"的，任職時間都很靠前，而且當他們的後代仍沿襲此職任包衣大時，就均爲六品了。其餘包衣大未標注具體品級。而成書於嘉慶元年（1796 年）的《八旗通志》（續編）中僅正藍旗記載了包衣大品級，也爲正六品㊿，正藍旗當然是下五旗無疑。

總之，包衣大早在入關前就已經大分爲兩種，並且在入關伊始，這種區別就被以評定品級的方式確定下來，此後王公府屬亦即下五旗的包衣首領一直沿襲此稱，品級也迄未變動都是六品。而皇室所屬包衣大，在內務府機構建立之後，便演變而爲"管領"，這才是康熙《清文鑑》將管領釋爲"包衣大所管轄的稱爲渾托和，又稱爲食斗糧的奴才"中所説的包衣大，也就是説，後來被稱爲"管領"的，只是皇室的五品包衣大，王府所屬六品包衣大則與"管領"無干。要特別提出的是，"管領"既是一個職官名稱，又是一個機構名稱，此處僅指職官意義上的"管領"。作爲機構的"管領"變化更爲複雜，我們將在下文討論。

後來被稱爲管領的包衣大，不僅與下五旗包衣大有別，同樣地，也與同屬内務府上三旗的包衣牛彔章京（亦即漢譯的佐領）不同。雖然對滿族史與八旗制度略有瞭解的人都知道，在清前期，包衣佐領下人丁的身份高於管領下人丁，二者間存在的鴻溝頗爲明顯，管領下官員不准補授佐領下官缺，甚至相互通婚也不允許，不過，還很少有人提到過這一區別在職官品級上的體現。事實上，包衣佐領爲四品，管領爲五品，而下五旗的包衣大爲六品，品級不同自然待遇不同，這才是對這幾類人在身份地位上不同的最準確清晰的表述。

三　"渾托和"考

然而行文到此，問題仍未解決，反而看似與我們本文的主題"渾托和考"愈行愈遠。但釐清這些詞語的釋義，卻是追索"渾托和"一詞源頭與釋義的必要前提。

（一）"渾托和"與"包衣大"

從今天能夠搜求到的清代文獻來看，"渾托和"以專有名詞而非數量詞"半個"的形式，最早出現在盛京内務府《黑圖檔》中，時間是順治十三年（1656年）：

  mukden i dorgi baida be kadalara guwen fang jafaha nirui janggin bime emu jergi nonggiha katamu. Adabuha nirui janggin bime emu jergi nonggiha oboi i bithe booi jeku jurgan de onggihe. ijishūn dasan i juwan ilaci aniya anagan i sunja biyai icen duin de onggohe bithe de arahangge. siteku hontohoi seke be welabume onggifi……⑤

漢釋：

盛京包衣佐領安塔木等為報給莊丁孀妻配婚情形事咨宣徽院

康熙元年一月

掌管理盛京內務關防佐領加一級 antamu、擬陪佐領加一級 oboi 咨宣徽院。

順治十三年閏五月初四日咨稱，siteku 管領下 seke 發遣來後，……。㊼

直接將"siteku hontohoi"譯作"siteku 管領下"，若不注意很難看出。此後，"渾托和"一詞便屢見於官書。"渾托和"是怎樣脫離了數量詞而成爲一個專有名詞？要弄清這一關鍵性問題，就需要考察當"渾托和"作爲內務府專有名詞時，它到底是什麼？是一種機構名稱、職官名號？或者是人們對一類特定人群的稱呼？此外，它與包衣大又有什麼樣的關係？

上文曾提到，首次將"hontoho"與"booi da"明確聯繫在一起的，是成書於康熙四十七年（1780年）的《御制清文鑑》，該書完全由滿文撰寫而成，每一個詞彙都用滿文進行了解釋。《御制清文鑑》中僅收入"hontoho"，沒有"booi da"㊽。"hontoho"釋爲"booi da i kadalahangge be hontoho sembi. geli sin jeku jetere aha sembi."漢譯："包衣大所管轄的稱爲渾托和，又稱爲食斗糧的奴才"。由釋義可以看出，"booi da"是負責管理"hontoho"的職官名稱。但"hontoho"是什麼，在這句話中卻有歧義，可以理解爲由包衣大管理的機構，也可以理解爲包衣大管轄的人。

乾隆三十六年（1771年）編撰的《御制增訂清文鑑》㊾，同時收錄了"管領 hontoho"與"包衣大 booi da"二詞，分別置於"設官部一‧旗分佐領類"、"設官部二‧臣宰類"下。"hontoho"釋義與康熙《御制清文鑑》頭半句相同，"booi da"爲"booi nontoho be kadalara hafan be booi da sembi."漢譯："稱管理包衣渾托和的官員爲包衣大"，再次印證了包衣大確屬職官名稱。但渾托和的確切意思，卻還是顯得有些模棱兩可，無法確定。

此後編撰的《御制滿珠、蒙古、漢字三合切音清文鑑》（成書於乾隆四十五年，1780年）以及《御制五體清文鑑》（大致成書於乾隆五十六年，1791年），都只有詞彙，沒有釋義。我們不得不換一個方式來思考"hontoho"的性質，嘗試着對"清文鑑系列"中"hontoho"釋義之外的內容進行考察。

但凡使用過《清文鑑》的學者都知道，"清文鑑系列"是關於清代滿語的分類詞典，所謂分類詞典是指詞典在編排體例上採取分類排列的方法，將詞所代表的事物或概念按一定的類別由大到小進行排列，以便於查找或系統閱讀⁶⁰。也就是説，"清文鑑系列"是按照詞彙類別來進行編撰的，因此，考察"hontoho"相關卷章中的其他詞彙，或可爲我們瞭解"hontoho"提供一些線索。在各種《清文鑑》中，與機構、職官聯繫最緊密的當屬"設官部"，"設官部"一般分爲"旗分佐領類"及"臣宰類"，這兩部分很自然地成爲我們解決該問題的關鍵。

康熙《御制清文鑑》中，"hontoho"的上下詞彙是"niru"（牛彔）、"booi niru"（包衣牛彔）、"fiyentehe"（分管）。"fiyentehe"（分管）較爲特殊，下文將專章探討，此處不論。"niru"（牛彔）、"booi niru"（包衣牛彔）二詞釋義如下：

> niru：tanggū haha be acabufi banjibuhangge be. niru sembi. niru de nirui janggin. funde bošokū. juwan i da. gabsihiyan. bayara. bošokū. moringga uksin. yafahan uksin. baitangga bi.

漢譯：

牛彔：一百個男丁調整編置成的稱爲牛彔（佐領）。牛彔下有牛彔章京、驍騎校、護軍校、前鋒、護軍、領催、馬甲、步甲、執事人。

> booi niru：dorgi booi niru be. booi niru sembi. geli delhetu niru seme gisurembi. wang beile sede inu meimeni delhebuhe booi niru bi.

漢譯：

包衣牛彔：內包衣的牛彔稱爲包衣牛彔，又稱爲內府牛彔（即內佐領）。王、貝勒同樣也有各自被分家的包衣牛彔。

後面一句譯成漢語頗令人費解，問題出在 dorgi booi niru 與 delhetu niru 上。詢之熟悉滿文檔案的專家，稱 dorgi 在滿語中指"內"，也指內務府，所以 dorgi booi niru 可譯爲"內牛彔"，而 delhetu niru 雖然也指內務府牛彔，但包涵的可能更廣泛些，只是譯成漢語只能也是"內牛彔"，或曰"內務府牛彔"。雖然在漢語中無法分清，但在滿語中卻很清楚。事實上，《清文鑑》這段釋文，對於"包衣大"的討論是一個很好的提醒，它已經清楚地説明了，同樣稱爲包衣牛彔，事實上卻分爲皇室（內務府）包衣牛彔和王公所屬包衣牛彔兩種，不能一概而論。這恰與我們下文中將要談到的包衣大有五品與六品之分的討論相符，詳見下文。

由兩個詞彙的釋義可知，"niru"毋庸置疑屬機構類詞彙，在其詞形基礎上衍生出來的"booi niru"也理當是機構，這與"niru"、"booi niru"在史料中的實際應用是相互吻合的。按照使用習慣，與二者對應的職官名稱應是"nirui janggin"（牛彔章京）、"booi nirui janggin"（包衣牛彔章京）。雖然，《御制清文鑑》相關章節內未收錄此二詞，但在"臣宰類"中卻有"janggin"一詞，該詞釋義爲"tušan jergi bisire hafan be. janggin sembi."漢譯：有品秩的所有官員稱爲章京。而且，"nirui janggin"在"niru"釋義中明顯是"niru"的一級職官，同理可推，"booi nirui janggin"也應爲職官。"niru"、"booi niru"屬於機構類名詞，間接地說明了設置在"旗分佐領類"內的詞彙當屬機構類詞彙，"hontoho"也很有可能是一個機構。

乾隆《御制增訂清文鑑》中，"設官部·旗分佐領類"中"hontoho"的上下詞彙爲"niru 佐領、fujuri niru 勳舊佐領、jalan halame bošoro niru 世管佐領、teodenjeme bošoro niru 輪管佐領、siden niru 公中佐領、booi niru 內府佐領、delhetu niru 內府佐領、cigu niru 旗鼓佐領、fiyentehe 分管"等。除"fiyentehe 分管"外，其餘均以"niru"結尾，可見"旗分佐領類"所含屬機構類名稱。

"設官部·臣宰類"中"booi da"的上下詞彙是"beile i faidan i da 司儀長、faidan i hafan 典儀、sula janggin 散騎郎、giyajan 王府隨侍、gucu giyajan 王府隨侍、booi da 管領、amsun i da 司胙長、amsun i janggin 司胙官、amsu i da 尚膳正、cai i da 尚茶正"等。這些詞彙沒有"旗分佐領類"下的這麼劃一，其結尾詞有"da"、"hafan"、"janggin"、"giyajan"等。"janggin"上文已考，不贅，其餘三詞釋義如下[①]：

giyajan：wang. beile se be dahalara urse be. giyajan sembi. geli gucu giyajan seme holbofi gisurembi.

漢譯：

王府隨侍：跟隨王、貝勒等的人們稱爲王府隨侍，又稱爲"gucu giyajan"（王府隨侍）。

hafan：jingse umiyesu bisirengge be. hafan sembi. geli hafan hali seme holbofi gisurembi.

漢譯：

官員：有頂帶的人稱為官員，又稱為"hafan hali"（官員）。

da：yaya baita de dalaha urse be. da sembi.

漢譯：

大：把所有事務中為首的人稱為大。

可見，以"da"、"hafan"、"janggin"、"giyajan"等結尾的詞彙，都應爲職官名稱，該目類下所收詞彙當屬職官類詞彙無疑。

《御制滿珠、蒙古、漢字三合切音清文鑑》[62]、《御制五體清文鑑》[63]"設官部"條目下的詞彙收錄情況，與《增訂清文鑑》相類似："hontoho"所在的"旗分佐領類"收錄機構類名詞，"booi da"的"臣宰類"收錄職官類名詞（詳見文末表4）。因此，基於"hontoho"、"booi da"二詞在《清文鑑》類書中的釋義，及設置目類，我們將"hontoho"推斷爲機構，"booi da"爲管理該機構的官員，基本上是符合史實的。

但是，問題卻仍然沒有解決，包衣大怎麼就與"渾托和"產生了聯繫？而"渾托和"的滿語本義是"半個"，這"半個"又從何談起？我們在前面一再論證它不是指的人數，那它指的又是什麼呢？對此，清代無論官書還是檔案，似乎都沒有給過我們任何提示。我們這篇文章做到這裏，也曾一度陷入困境。

答案是當我們換了另一個角度思考之後，突然獲得啓發的。那就是在探求不同品級的"包衣大"時，發現前面引過的《實錄》與《內國史院檔》中所記載的順治二年（1645年）十一月初四日"定包衣達十員及阿克敦達之品級，與半個牛彔章京同"之句，其實已經透露了"渾托和"之義。這句話用滿文能夠表現得更明顯些，就是包衣大的品級與"nirui hontoho janggin"相同，這很可能就是將"包衣大"與"hontoho"（"半個"）聯繫在一起的原因。這裏所謂的"hontoho"（"半個"）已轉變爲一種非數詞的專有名詞，它指的不是人數，而是品級，恰如我們在第一節中論證過的，"半個牛彔章京"可視爲職官品級一樣。

這當然還只能算作臆斷，要想得出結論，必須找到證據，而證據只能從滿文文獻中搜取。順治年間留存下來的滿文文獻本來不多，相關的檔案原文又很難查閱，好在我們有幸獲得中國第一歷史檔案館諸位領導和同仁的熱心協助，終於尋找到片鱗隻羽，或可連綴起史料之闕。

在留存至今的清初滿文史料中，我們最熟知而且也最有可能搜求到有關線索的是《內國史院檔》。該檔原為滿文，但學界最經常使用的，是由中國第一歷史檔案館編譯、1989年光明日報出版社出版的《清初內國史院滿文檔案譯編》，上中下三冊，分別為天聰、崇德和順治三朝的紀錄。我們最初的做法，是只要在該書中發現"管領"二字，即跟蹤追查它的滿文，也確實找到幾處談及"管領"的記錄。如順治二年（1645年）八月初二日記，有"管領杜爾伯依"處理李鳳純、於二兩人訴訟一事，查滿文原檔，這裏譯作管領的，原文是booi da（包衣大）。同樣的情況還出現在順治三年（1646年）四月二十九日條下，巴顏旗牛彔章京劉虎爾，因王之圍牆圍席被損，該處已出豁口，而被"內管領外木布"責打二遍。其中的"內管領"，原文也是booi da（包衣大）[64]。但我們在該檔中也查到有可能與"渾托和"有關的線索，即順治七年（1650年）檔中出現了"渾托和哈番"（hontoho hafan）[65]一詞。

這個詞引起我們特別注意的原因是"渾托和哈番"中的"哈番"（hafan）既然是滿文"官吏、官員"之意，則直譯為"半個官"，這很容易讓人聯想到是比附於"半個牛彔章京"而來的職官名稱。這恰恰與我們前面的推斷一致。

然而還有問題，那就是僅僅出現這麼一個詞彙，而不知它所指職官屬於哪個機構和它的性質，仍然無法做出判斷。好在除了《內國史院檔》之外，我們在《清代內閣大庫散佚滿文檔案選編》中也發現了"渾托和哈番"一詞，請看順治十八年（1661年）七月二十一日《胡密色等為遵旨核查原平西王下參將勞罕呈請出旗的題本》條下：

> 內務府總管胡密色等謹題，為遵旨查奏事。
>
> 據滿都里佐領下勞罕呈稱：勞罕我曾與劉林圖和平西王一同從山海關領兵前來投順。今和我一同前來的劉林圖業已出旗，勞罕我卻未能出旗，為此曾經具呈，請施憐憫轉奏准我出旗。等因呈訖。六月二十七日內務府四大臣具奏。當日奉旨：著將伊原投來之緣由核查具奏。欽此。欽遵，詢問勞罕：爾從山海關前來緣由如何？率領多少兵投順？爾原係何品級官

員？投來之後，又給何品級？供稱：我原來曾是郭總兵部下參將。下令遼東地方衆蒙古在平西王跟前效力，將其他地方各城衆蒙古收來京城時，我領一百名蒙古人前來。現有九名護軍、六名披甲、一名護軍校，其他蒙古分給各地。來至此城後，給我渾托和哈番，食八十兩俸祿。等語。[6]

這條紀錄之珍貴，在於這是内務府總管胡密色的題本，其中將"渾托和哈番"給予投誠官員勞罕一事，無疑證明了這一官銜屬於内務府。再者，該題本雖爲順治十八年題，但勞罕被授予渾托和哈番職銜，卻是順治初年發生的事。

接下來還有問題，那就是這個渾托和哈番與包衣大又是什麽關係？我們認爲，二者應該是同等的，這裏存在着兩種可能性，一種，"渾托和"是組織（或曰機構）名，它的首領則稱"包衣大"，既然組織叫"渾托和"，則渾托和的首領被稱爲渾托和哈番，也就是"渾托和的官"，本是很自然的事；另一種，由於同爲包衣大，卻因有着歸屬關係和品級的不同，很容易造成混亂，所以在某些情況下，人們會以"渾托和哈番"來代替五品包衣大。但是，"渾托和哈番"始終未成爲一個固定的官職名稱，作爲一個不太規範的、過渡性的名稱，它只是在檔案中偶然露面，而迄未在清代官書中被正式提及。它在官書中的名稱仍然是包衣大，惟於前面注明爲五品、六品而已。

（二）"渾托和"與"管領"

從順治時期的五品包衣大、渾托和哈番並存，到後來演變爲管領，都是清入關之初内務府機構與職官尚不健全的現象。然而無論名稱多麽複雜，有幾條脈絡是始終清晰的，概括地說就是：從八旗制度的整體來看，除了屬於官員與馬甲家下的分散的奴僕不算，旗下包衣的機構可分兩大系統，即皇室所屬與王公所屬。順治朝以後，二者在品級上開始有了明確的區別，分而爲皇上包衣大"正五品"與宗室王公包衣大"正六品"。再從皇室所屬亦即總管内務府來看，初有包衣牛彔與渾托和，此後發展而爲包衣佐領與包衣管領，無論名稱如何變化，名稱背後的機構、概念卻涇渭分明，至少在皇太極以後，是不會混淆的。

管領一詞，源起於"掌官防内管領處"，這是個隸屬於内務府的機構："掌供在内之物役。凡宮中之事，率其屬而听焉。"其設置，據《清史稿》記，初置內管領8人。順治三年（1646年）增4人，十一年（1645年）又增8人。此後康熙二十四年（1685年）增4人，三十年（1691年）增3人，三十四年（1695年）增3人。共30人。又各設內管領與內副管領各一人。內管領一直是正五品，直到道光二十五年（1845年）才降爲從五品，內副管領依此類推，是正六品[67]。

如果仔細閱讀《清史稿》上引文，我們就可發現"管領"概念的表述有些混亂。既說它是內務府的一個機構，又說到任管領及副管領的人數與品級，而後者非常明顯的是在指一種職官。實際上，管領既是渾托和，又是包衣大的漢譯，恰如佐領是牛彔和牛彔章京的漢譯一樣，清代八旗中組織名與職官名經常不分，譯成漢文後尤其如此。佐領是這樣，從"渾托和"和"包衣大"轉化成漢文的"管領"也是這樣，這是很讓人頭疼的事。

從官方文獻推斷，"渾托和"之稱出現於順治初，亦即制定品級之後不久，而以康熙時運用得最爲普遍。雍正二年（1724年）的《清世宗實錄》，還可見"渾托和"一稱：

> 諭內務府，內府佐領、渾托和下人分檔時，派給各莊頭者，以生齒日增，錢糧浩繁，因令往各莊服田力穡。庶幾仰事俯育，人各有資。[68]

但到雍正三年（1725年）十一月，"內管領"一詞便首次出現在《實錄》中：

> 丙申諭諸王大臣等，內府佐領、內管領等，從前康熙三十年間所用錢糧……且內管領人等，即幼稚亦有錢糧。其披甲錢糧，乃分外多得之項。將此裁去，未嘗不可。

從"渾托和"演化爲"管領"的軌跡較爲清晰，以《會典》爲例，康熙《大清會典》[69]"內務府二·會計司"，卷150：

> 康熙元年諭，各<u>渾托和</u>內，無力耕種田地者，將田地收回，交給<u>包衣大</u>，本身給與口糧，奴僕不准給糧，至應得俸餉，照常給發。

雍正《大清會典》[70]"內務府三·會計司"，卷228：

> 康熙元年諭，各<u>內管領</u>屬下，無力耕種田地者，將田地收回，交給<u>內管領</u>，本身給與口糧，奴僕不准給糧，至應得俸餉，照常給發。

二者所記之事，時間與內容均相同，但該管機構與官稱卻不同。康熙朝用"渾托和"指機構，用"包衣大"指官名。而雍正朝則無論機構還是官名，都一概稱爲"內管領"。康熙《會典》"會計司"下的12處"渾托和"及16處"包衣大"，在雍正《會典》中都被"內管領"取代。內管領是內務府管領之義，後來就稱爲管領。由此，僅從字面上就可推知，渾托和與內管領是同義詞，恰如牛彔章京與佐領是同義詞一樣。

從此"渾托和"便都爲"內管領"取代，此後又以"管領"取代了"內管領"。總之後來的各種官方史料，包括《實錄》、《會典》、《會典則例》、《欽定滿洲氏族通譜》、《欽定八旗通志》等，已經基本不再使用"渾托和"一稱[①]。清五朝《會典》相互承續而又有變化的編撰特點，使這一演變脈絡得以清楚地呈現於我們面前。

有關內務府的研究，在清史中一直比較薄弱，而管領的研究在有關內務府的研究中也屬最弱，其中諸多空白和誤解，已非我們這篇小文所能顧及，包括這裏提到的管領的設置時間、管領與"渾托和"之間究竟是否能夠完全等同，其間是否也有變化等等，這裏只能暫且擱置不論。

（三）餘論——"分管"（fiyentehe）

乾隆朝成書的《八旗滿洲氏族通譜》，記載了"包衣管領下人"共375人，其中滿洲姓氏有2人，蒙古姓氏42人，尼堪姓氏325人，撫順尼堪姓氏6人，無高麗姓氏、台尼堪姓氏人；屬於上三旗的有310人，下五旗65人。在漢文本中，所有這375人都被統稱爲"包衣管領下人"。但在滿文本中，卻存在很大區別，隸屬於上三旗的310人，除滿洲姓氏2人由於條件所限，我們未能查到之外，其餘308人，全部稱爲"booi hontohoi niyalma"；下五旗65中，4人稱"booi hontohoi niyalma"，60人稱"booi fiyentehei niyalma"，1人稱"booi nirui niyalma"（詳見文末表3），也就是說，凡屬上三旗的，都稱爲"包衣渾托和下人"或者說"包衣管領下人"，屬下五旗的則不然，這是非讀滿文不可，才能發現的問題。

對於下五旗，該書用了一個以前未曾出現的詞彙即"fiyentehe"，"fiyentehe"是什麼意思呢？查康熙《御制清文鑑》：

fiyentehe：ubu banjibume faksalahangge be fiyentehe sembi[12]

漢譯：

分管：按照身份分別編置稱為分管。

分管的原義是"一股"、"一隊"，而 ubu 的本義是"份"，顧名思義，在這裏是"按份分置"的意思。

"分管 fiyentehe"雖自康熙起就有明確定義，但在實際使用中，似乎並不常見。我們在《滿文老檔》與清歷朝《實錄》以及《內國史院檔》等滿漢文史料中均未見到過該詞，看來"分管"一詞出現的時間不會早於康熙朝。但讓人疑惑的是，在康熙之後至乾隆年間的史料中，除了《八旗滿洲氏族通譜》及"清文鑑系列"[13]外，僅《八旗通志》載有分管的相關記錄。

《八旗通志·旗分志》共記八旗分管52個，其中正紅旗9個，鑲白旗3個，鑲紅旗18個，正藍旗22個，全都分布在下五旗，與《八旗滿洲氏族通譜》中"fiyentehe"僅出現在下五旗的情況完全對應。何以將下五旗包衣另用一稱，細究起來是很有意味的。同時，管領與分管到底有沒有聯繫？有什麽樣的聯繫？也是亟需解答的問題。

由上文可知，（內）管領的建制至康熙中期逐漸完備，共30個，設內管領與內副管領各1人。從我們搜檢的絕大部分史料來看，無論是官書還是檔案，提到內管領或管領時，均指這30個專為皇家服務、從屬於內務府的機構，它們全部屬於上三旗。而且，大多數研究者在談論管領個數時，一說就是30個。這似乎已經成為了一種定論，事實果真如此嗎？

我們在《八旗通志·旗分志》中，共檢出管領87個，其中鑲黃旗管領10個；正黃旗管領10個；正白旗管領10個；正紅旗管領2個；鑲白旗管領20個，後裁汰9個，剩餘11個；鑲紅旗管領15個，後裁汰3個，1個轉為分管，剩餘11個；正藍旗管領8個；鑲藍旗管領12個，後裁汰1個，剩餘11個。可見，上三旗有管領30個；下五旗有57個，即便去掉後來裁汰的14個，也還有43個之多，在數量上甚至超過了上三旗的30個內管領。這些下五旗的管領從哪兒來的呢？

為便於考察，我們將《八旗通志·旗分志》中的"管領"與"分管"建立的時間進行列表（詳見文末表5）。從中可以清晰地看到，上三旗管領基本設置於康熙之前（包括康熙）：國初5個（16.67%），順治7個（23.33%），康熙14個（46.67%），無時間4個（13.33%）。具體建立時間雖與《清史稿》記載有一定出入，但大體趨勢是一致的。下五旗管領建立時間明顯靠後，絕大部分是康熙及其之後建立的：順治1個，康熙15個，雍正19個，乾隆11個，無時間11個。在11個無時間管領中，有6個管領由佐領改編而成，其中4個條目一開始便有"第一參領第四佐領，係康熙三十九年，自花色佐領內分出"等字樣。這說明，雖無法確定其建立的具體時間，但一定設立於康熙之後。此外，還有2個設立在雍正之後。由此可見，11個管領中有6個設立於康熙之後，僅有5個無法判定。即便除去無法判定的5個管領，建立於康熙及其之後的下五旗管領百分比仍占到了89.47%。分管的建立時間相對比較均匀：國初7個（13.46%），順治7個（13.46%），康熙3個（5.77%），雍正19個（36.54%），乾隆4個（7.7%），無時間12個（23.8%）。雍正是分管建立較爲集中的時期。

看來"fiyentehe"（分管）很可能是八旗中的一個獨立的機構，與"hontoho"（管領）既有聯繫，又相互區別。上三旗中只有"hontoho"（管領），下五旗中既有"hontoho"（管領）又有"fiyentehe"（分管）；上三旗管領基本建立於康熙及其之前，下五旗管領近九成建立於康熙及其之後。也就是說，在上三旗管領建立完備之後，下五旗才開始出現管領，但分管建立在時間上的限制卻並不明顯。

遺憾的是，當前所掌握的"fiyentehe"（"分管"）材料實在太少，無法做更爲深入的探討。我們不妨做一個大膽的推測，根據上文，清初有皇上包衣與王公包衣之分，乾隆時期又有"管領"與"包衣大"稱謂的區別，那麼"booi hontoho niyalma"與"booi fiyentehe niyalma"在身份、地位上存在的差異，很有可能也與此有關。

不管怎麽說，滿文中對於隸屬於管領和分管下的人，亦即"booi hontoho niyalma"與"booi fiyentehe niyalma"的區別本來是很清楚的，對於這些名詞的運用本來也是很嚴格的，但一旦譯成漢文，將二者都作"包衣管領下人"，問題便變得混淆不堪，以致後人再難明晰其義，這便是只要研究清史，就不能不習滿文的原因。

通過以上對半個牛彔、包衣大、渾托和等名詞的逐一考察，我們可以得出的結論是：

1. 作爲內務府機構之一的"hontoho"（渾托和），並不是像人們通常誤解的那樣，是因人數相當於"整個牛彔之半"而得名的。它與"半個牛彔"從一開始就屬於不相干的兩個系統，其編設與"人數之半"無關。而所謂的"渾托和牛彔"，更是從來没有存在過。

2. "hontoho"（渾托和）名稱的產生，與順治初制定職官品級之舉有着非常密切的聯繫。因"包衣大"品級等同於"半個牛彔章京"品級，使原本不相干的兩種職官名稱被混爲一體，並由此產生了一個新的機構專有名詞"hontoho"。從五品"包衣大"到"渾托和哈番"再到"管領"一脈相承，在內務府體系中始終自成一體。

人們對於"渾托和"產生誤解，並不是在清亡之後，正如文章開頭提到的，清道光年間奕賡作《寄楮備談》，即已將"渾托和"解釋爲"半個佐領"。奕賡作爲皇族子弟（其父是莊親王綿課），尚有此誤解，更何況後人。如此以訛傳訛的情况，在歷史研究中並不鮮見，而在清史界尤甚。事實上，許多名詞概念，尤其是滿洲特有的名物，早在清代官方文書從滿文譯成漢文之時，混淆錯訛就已產生，"fiyentehe"、"booi fiyentehe niyalma"在漢譯中的消失就是一例。讀清史者不得不十分小心才是。

鳴謝：本文在寫作過程中得到了中國社會科學院歷史所郭松義教授、中國第一歷史檔案館鄒愛蓮館長、吳元豐教授、張莉教授、北京市社會科學院滿學所趙志强教授、中央民族大學歷史系姚念慈教授、中國社會科學院民族研究所江橋教授、臺灣"中研院"近代史所賴惠敏教授和臺灣大學博士研究生黃麗君同學的大力幫助。此外，中國社會科學院研究生院邢新欣同學幫我們查閱了部分史料，並對文稿提出很多有益意見，在此一並表示衷心的感謝。

表1　《八旗通志·旗分志》（續集）（吉林文史出版社2002年版）中有關半個牛彔的記載

序號	旗分	所在組織	編設半個佐領時間	編設整個佐領時間	原　因	出處
1	鑲黃旗滿洲	第一參領第十三佐領		康熙二十三年	以覺羅佛倫所管半個佐領與內大臣覺羅他達所管半個佐領合爲一整佐領	卷二，二五頁
2	鑲黃旗滿洲	第二參領第六佐領	國初以薩克達地方來歸人丁編立	編爲整佐領在康熙三十六年之前㉔	人丁滋盛	卷二，二八頁
3	鑲黃旗滿洲	第三參領第二佐領	國初以沙濟地方來歸族衆合別姓滿洲編立	編爲整個佐領時，仍令萬塔什管理，說明改編的時間前後相差不遠，仍在國初。	以來歸人戶陸續增添	卷二，三三頁
4	鑲黃旗滿洲	第三參領第十佐領	國初以沙濟地方來歸人丁編	康熙三年	人丁足額	卷二，三六頁
5	鑲黃旗滿洲	第三參領第十二佐領	國初以哈爾敏地方來歸人丁編	康熙二年	人丁足額	卷二，三七頁
6	鑲黃旗滿洲	第四參領第七佐領		康熙八年	人丁足額	卷三，四一頁
7	鑲黃旗滿洲	第四參領第十一佐領		康熙十三年	公主門上行走之顧爾布希額駙半個佐領人丁並英親王門上行走之察哈爾地方來歸人丁，增以顧爾布希之孫禪保佐領內滋生餘丁27名共足百丁之數，編爲一佐領	卷三，四三頁

续表

序號	旗分	所在組織	編設半個佐領時間	編設整個佐領時間	原　因	出處
8	鑲黃旗滿洲	第四參領第十七佐領	康熙二十二年將鄂羅斯31人及順治五年來歸、康熙七年來歸之鄂羅斯伊番等編立		又取來鄂羅斯70人編爲一佐領	卷三，四四頁
9	鑲黃旗滿洲	第五參領第一佐領	崇德五年以索倫人丁編立	編爲整個佐領時，第一任管理者布克沙還在世，說明改編時間應距崇德五年不遠	人丁滋盛	卷三，四五頁
10	鑲黃旗滿洲	第五參領第七佐領	國初編立	編爲整個佐領時，以第一任管理者之哥哥管理，改編時間應在國初	增百丁爲一整牛彔	卷三，四七頁
11	正黃旗滿洲	第三參領第十八佐領	初於常海佐領內分出編爲半個佐領	康熙二十三年	於錦州駐防處取來代西族丁19人增入	卷四，七四頁
12	正黃旗滿洲	第五參領第五佐領		以寨三所管半個佐領合顔都所管半個佐領爲一整佐領。康熙十三年，因戶口滋盛將寨三半個佐領人丁分入別佐領，以顔都半個佐領人丁自爲一佐領		卷五，八二頁

續表

序號	旗分	所在組織	編設半個佐領時間	編設整個佐領時間	原因	出處
13	正黃旗滿洲	第五參領第十七佐領	雍正元年以履郡王外祖陶爾弼合族人丁由包衣撥隸本旗編立	原文爲"繼複奉旨"改編爲整個佐領，説明改編時間離雍正元年不遠。	以正紅旗郎中商吉圖之族人歸併爲一整佐領	卷五，八六頁
14	正白旗滿洲	第一參領第四佐領	國初以查昆漢地方來歸人丁編立	一代人之後即改編爲整牛彔，時間相距不會太遠	增50丁爲一整牛彔	卷六，九七頁
15	正白旗滿洲	第二參領第二佐領	國初編立	天聰八年	增以虎兒哈地方人丁，編爲一整牛彔	卷六，一〇三頁
16	正白旗滿洲	第二參領第十六佐領	國初編立	崇德六年	增以鑲白旗額克親所管之半個牛彔合爲一整牛彔	卷六，一〇七頁
17	正白旗滿洲	第三參領第九佐領	國初編立	未注明改編爲一個牛彔的時間，從"第三參領第十佐領，係第九佐領內滋生人丁，於康熙十一年變爲一佐領"可判斷，該佐領改編爲一個牛彔的時間不會晚於康熙十一年		卷六，一〇一頁
18	正白旗滿洲	第四參領第十佐領	國初以烏喇地方人丁編立	改編時間距國初設立時爲兩代	增以明阿弩所管之半個牛彔	卷七，一一七頁
19	正白旗滿洲	第五參領第十佐領	康熙二十一年以新附滿洲編立	原文"尋"改編爲整個佐領，説明時間離康熙二十一年不遠	增以盛京人丁爲一整佐領	卷七，一二三頁

清初"渾托和"考釋　　　　　　　　37

續　表

序號	旗分	所在組織	編設半個佐領時間	編設整個佐領時間	原　因	出處
20	正白旗滿洲	第五參領第十四佐領	國初編立	康熙二十三年	人丁滋盛	卷七，一二四頁
21	正白旗滿洲	第五參領第十五佐領	國初以烏魯特地方來歸人丁編立	改編時間距國初設立時爲兩代	增以22丁編爲整佐領	卷七，一二四頁
22	正紅旗滿洲	第一參領第十四佐領	國初以朝鮮來歸人丁編立	康熙三十三年	人丁繁盛	卷八，一三七頁
23	正紅旗滿洲	第四參領第五佐領	國初以葉赫地方來歸人丁編立	改編時間距國初設立時爲一代	戶口滋盛	卷九，一四八頁
24	正紅旗滿洲	第四參領第十五佐領	康熙十三年以他拉克圖佐領下餘丁分立	康熙二十三年	人丁滋盛	卷九，一五一頁
25	正紅旗滿洲	第五參領第三佐領	國初以葉赫地方來歸之七十餘人編立⑤	康熙十三年	人丁足額，始另立爲整佐領	卷九，一五二頁
26	鑲白旗滿洲	第二參領第一佐領	國初編立　第二參領第二佐領係第一佐領內滋生人丁，於康熙二十三年分編出來。可知第二參領第一佐領，由半個牛彔轉爲一整牛彔的時間，應不晚於康熙二十三年			卷一〇，一六七頁
27	鑲白旗滿洲	第二參領第十一佐領	國初以查昆漠地方來歸人丁編立	改編時間距國初設立時爲一代	增入半個牛彔編爲整牛彔	卷一〇，一七〇頁
28	鑲白旗滿洲	第二參領第十三佐領	國初編立	在同代人管理時改編		卷一〇，一七一頁

·109·

續　表

序號	旗分	所在組織	編設半個佐領時間	編設整個佐領時間	原　因	出處
29	鑲白旗滿洲	第三參領第六佐領	國初以沾河地方人丁編立	改編時間距國初設立時爲一代	增以何勒之半個牛彔編爲一整牛彔	卷一〇，一七四頁
30	鑲白旗滿洲	第三參領第十四佐領	國初編立	在同代人管理时改編	增为整牛彔	卷一〇，一七六頁
31	鑲白旗滿洲	第四參領第十佐領	國初編立	國初滿丕時設立，滿丕時改編	增以額克興額所管半個牛彔爲一整牛彔	卷一一，一八一頁
32	鑲白旗滿洲	第五參領第十七佐領	國初以烏喇地方來歸人丁編	改編時間距國初設立時爲一代	後增爲整牛彔	卷一一，一八九頁
33	鑲紅旗滿洲	第三參領第一佐領	國初編立	順治二年⑯	人丁滋盛	卷一二，二一一頁
34	鑲紅旗滿洲	第四參領第十佐領	順治二年以和托佐領內餘丁編立	康熙七年	人丁滋盛	卷一三，二一九頁
35	鑲紅旗滿洲	第五參領第十二佐領	康熙二十一年副都統牛鈕族衆自包衣撥出編立⑰	二十三年	人丁滋盛	卷一三，二二六頁
36	鑲紅旗滿洲	第五參領第十五佐領	國初編立	康熙六年	人丁滋盛	卷一三，二二七頁
37	正藍旗滿洲	第一參領第四佐領	國初編立	改編時間距國初設立時爲一代	以人丁足額編爲整佐領	卷一四，二三七頁
38	正藍旗滿洲	第一參領第九佐領	國初編立	康熙五年	人丁足額，編爲整佐領	卷一四，二三八頁

續表

序號	旗分	所在組織	編設半個佐領時間	編設整個佐領時間	原因	出處
39	正藍旗滿洲	第一參領第十六佐領	國初以葉赫地方來歸人丁編立	康熙三年	人丁足額	卷一四,二四一頁
40	正藍旗滿洲㉓	第二參領第一佐領	國初以呼爾哈地方人丁編立	順治十四年	人丁足額	卷一四,二四一頁
41	正藍旗滿洲	第二參領第八佐領	天聰八年以沽河地方來歸人丁編立	改編時間距國初設立時為一代	人丁滋盛	卷一四,二四三頁
42	正藍旗滿洲	第三參領第三佐領	國初編設兩半個牛彔	改編時間距國初設立時為一代	併為一整牛彔	卷一四,二四六頁
43	正藍旗滿洲	第三參領第六佐領	國初編設	改編時間距國初設立時為一代	後增入半個牛彔	卷一四,二四七頁
44	正藍旗滿洲	第四參領第二佐領㉔	國初編立	在同代人管理時改編	增以薩哈爾察地方來歸人丁,編為一整牛彔	卷一五,二五二頁
45	正藍旗滿洲	第四參領第九佐領	國初以烏喇地方來歸人丁編立	改編時間距國初設立時為兩代	增以一百丁,編為整佐領	卷一五,二五四頁
46	正藍旗滿洲	第五參領第九佐領	國初以葉赫地方人丁編立	在同代人管理時改編	以伊巴禮之弟伊拜、庫爾禪各管半個牛彔,伊拜升任固山額真,仍合為一整牛彔	卷一五,二五九頁
47	正藍旗滿洲	第五參領第十六佐領㉕	國初以葉赫地方來歸人丁編立	無法判定時間		卷一五,二六一頁

續　表

序號	旗分	所在組織	編設半個佐領時間	編設整個佐領時間	原　因	出處
48	鑲藍旗滿洲	第一參領第一佐領	國初編立	康熙三年	人丁滋盛	卷一六，二七五頁
49	鑲藍旗滿洲	第一參領第十四佐領	國初編立	康熙二年	人丁滋盛	卷一六，二七九頁
50	鑲藍旗滿洲	第二參領第十七佐領	國初以蒙古來歸人丁編立	康熙三十四年	增以本旗餘丁編爲整佐領⑪	卷一六，二八四頁
51	鑲藍旗滿洲	第五參領第九佐領	國初以汪佳地方來歸人丁編立	康熙十一年	人丁滋盛	卷一七，二九九頁
52	鑲藍旗滿洲	第五參領第十二佐領⑫	國初以呼爾哈地方來歸人丁編爲兩半個牛彔	國初設立後不久改編	和善緣事革退，遂合爲一整牛彔	卷一七，三〇〇頁
53	鑲黃旗蒙古	右參領第四佐領	天聰六年編立	康熙二年	人丁滿額	卷一八，三一三頁
54	正黃旗蒙古	喀喇沁參領第十二佐領⑬	康熙二十四年編立	康熙三十一年	毛明安等有罪撤回京師，分隸阿南達佐領下，始編爲整佐領。	卷一八，三二五頁
55	正白旗蒙古	右參領第十佐領	天聰九年編立	不遲於順治朝	至京都後合併兩分管下人丁，始編爲整牛彔	卷一九，三三三頁
56	正白旗蒙古	左參領第三佐領	康熙二十六年編立	三十四年	人丁滋盛	卷一九，三三五頁
57	正白旗蒙古	左參領第六佐領	察哈爾地方緣事歸旗之蒙古	約崇德年間	將科爾沁土謝圖親王屬下籍没人丁11名，並薩勒圖庫倫地方蒙古78名合爲一整佐領	卷一九，三三六頁

續 表

序號	旗分	所在組織	編設半個佐領時間	編設整個佐領時間	原　因	出處
58	正白旗蒙古	左參領第十一佐領⁶⁰	前屯衛人丁52名，崇德九年編立	同代人管理時改編	人丁滋盛	卷一九，三三七頁
59	正白旗蒙古	左參領第十四佐領	康熙二十五年將包衣佐領中吹箚浦人丁撥出編立	改編時距設立時爲一代人	人丁滋盛	卷一九，三三八頁
60	正紅旗蒙古	左參領第五佐領	察哈爾地方人丁編立	改編時距設立時爲一代人	人丁滋盛	卷一九，三四四頁
61	正紅旗蒙古	左參領第十一佐領		康熙八年	分佐領時始分編一整佐領	卷一九，三四六頁
62	鑲白旗蒙古	右參領第八佐領	天聰四年將喀喇沁地方蒙古編立	順治六年	白賽故，將其50合併圖默特之50丁編爲整牛彔⁶⁵	卷二○，三五○頁
63	鑲白旗蒙古	右參領第十一佐領⁶⁶	國初編立	順治八年	益以外牛彔人爲一整牛彔	卷二○，三五一頁
64	鑲白旗蒙古	左參領第八佐領⁶⁷	崇德七年將前屯衛48戶人丁編立	順治八年		卷二○，三五四頁
65	鑲紅旗蒙古	第一參領第三佐領⁶⁸	天聰年間將殺虎口蒙古丁壯入於席爾坦牛彔內，後席爾坦領半個牛彔入鑲黃旗，遂令博爾和對管理本牛彔事	天聰年間	此佐領係特莫爾來歸時併入席爾坦佐領內，席爾坦擡旗後，由必爾噶遜之公中佐領內分出人丁60名，合爲一整佐領。令博爾和對管理	卷二○，三六○頁

續　表

序號	旗分	所在組織	編設半個佐領時間	編設整個佐領時間	原因	出處
66	鑲紅旗蒙古	第一參領第九佐領	順治七年分出羅邦一佐領，外又分出半個佐領	康熙二十三年	人丁足額	卷二〇，三六三頁
67	鑲紅旗蒙古	第二參領第一佐領	國初編立	順治七年	人丁足額	卷二〇，三六四頁
68	正藍旗蒙古	右參領第七佐領	太宗時以喀喇沁烏蘭地方蒙古67戶人丁編立	康熙八年	人丁足額	卷二一，三七一頁
69	正藍旗蒙古	右參領第十二佐領	天聰八年以喀爾沁之上都開繃地方66戶人丁併入色楞塔布囊半個牛彔，爲一整牛彔	康熙二十一年	人丁滋盛	卷二一，三七三頁

表2　《八旗滿洲氏族通譜》（漢文本，遼海出版社2002年版）中"內管領"與"包衣大"統計表

稱號	正黃旗	鑲黃旗	正白旗	上三旗共計	鑲白旗	正藍旗	鑲藍旗	正紅旗	鑲紅旗	下五旗共計	共計
內管領	66	81	65	212	0	0	0	0	0	0	212
內副管領	23	23	33	79	0	0	0	0	0	0	79
共計	89	104	98	291	0	0	0	0	0	0	291
包衣大[⑧]	2	4[⑨]	1	7	80	61	34	31	10	216	223

清初"渾托和"考釋   43

表3　《八旗滿洲氏族通譜》（滿文本，1744年武英殿刻）中"管領"與"分管"統計表

稱號	正黃旗	鑲黃旗	正白旗	上三旗共計	鑲白旗	正藍旗	鑲藍旗	正紅旗	鑲紅旗	下五旗共計	共計
booi hontohoi niyalma	55	124	129	308	3	0	1	0	0	4	312
booi fiyentehei niyalma	0	0	0	0	20	2	21	17	0	60	60
備註	① 滿洲姓氏2人：正黃旗包衣管領下人鼐庸伊、正白旗包衣管領下人阿爾布哈，限於條件，未能查閱。 ② 卷七十六尼堪姓氏中，鑲藍旗包衣管領下人馬有倉的滿文爲"booi nirui niyalma"（包衣牛彔下人）。											
共計	375人											

表4　《清文鑑》類書中"honotoho"（渾托和）與"booi da"（包衣大）對比表

史料名稱	釋義		上下詞彙		目類	
	hontoho 渾托和	booi da 包衣大	hontoho 渾托和	booi da 包衣大	hontoho 渾托和	booi da 包衣大
康熙《御制清文鑑》	booi da i kadalahangge be hontoho sembi. geli sin jeku jetere aha sembi. 漢譯：包衣大所管轄的稱爲渾托和，又稱爲食斗糧的奴才。	無	niru 佐領 booi niru 内府佐領 fiyentehe 分管	無	設官部·旗分佐領類	無

續表

史料名稱	釋義		上下詞彙		目類	
	hontoho 渾托和	booi da 包衣大	hontoho 渾托和	booi da 包衣大	hontoho 渾托和	booi da 包衣大
乾隆《御制增訂清文鑑》	booi da i kadalahangge be hontoho sembi. 漢譯：包衣大所管轄的稱爲渾托和。	booi hontoho be kadalara hafan be booi da sembi. 漢譯：稱管理包衣渾托和的官員爲包衣大。	niru 佐領 fujuri niru 勳舊佐領 jalan halame bošoro niru 世管佐領 teodenjeme bošoro niru 輪管佐領 siden niru 公中佐領 booi niru 內府佐領 delhetu niru 內府佐領 cigu niru 旗鼓佐領 fiyentehe 分管	beile i faidan i da 司儀長 faidan i hafan 典儀 sula janggin 散騎郎 giyajan 王府隨侍 gucu giyajan 王府隨侍 amsun i da 司胙長 amsun i janggin 司胙官 amsu i da 尚膳正 cai i da 尚茶正	設官部一·旗分佐領類	設官部二·臣宰類
乾隆《御制滿珠、蒙古、漢字三合切音清文鑑》	無	無	niru 佐領 booi niru 內府佐領 delhetu niru 內府佐領 fiyentehe 分管	注：該書設官部·臣宰類下有 janggin 章京、janggisa 章京等 gabsihiyan i janggin 前鋒參領 bayarai jalan i janggin 護軍參領 jalan i janggin 參領 nirui janggin 佐領 juwan i da 護軍校	設官部·旗分佐領類	無

續表

史料名稱	釋義 hontoho 渾托和	釋義 booi da 包衣大	上下詞彙 hontoho 渾托和	上下詞彙 booi da 包衣大	目類 hontoho 渾托和	目類 booi da 包衣大
乾隆《御制五體清文鑑》	無	無	niru 佐領 fujuri niru 勳舊佐領 jalan halame bošoro niru 世管佐領 teodenjeme bošoro niru 輪管佐領 siden niru 公中佐領 booi niru 內府佐領 delhetu niru 內府佐領 cigu niru 旗鼓佐領 fiyentehe 分管	beile i faidan i da 司儀長 faidan i hafan 典儀 sula janggin 散騎郎 giyajan 王府隨侍 gucu giyajan 王府隨侍 amsun i da 司胙長 amsun i janggin 司胙官 amsu i da 尚膳正 cai i da 尚茶正	設官部一·旗分佐領類	設官部二·臣宰類

表5 《八旗通志·旗分志》中"管領"與"分管"設置的時間

		國初	順治	康熙	雍正	乾隆	無時間	總計
上三旗管領	鑲黃旗	/	2	4	/	/	4	10
	正黃旗	1	4	5	/	/	/	10
	正白旗	4	1	5	/	/	/	10
	小計	5	7	14	/	/	4	30
	所占比率	16.67%	23.33%	46.67%	/	/	13.33%	100%
下五旗管領	鑲白旗	/	/	15	4	1	/	20
	正紅旗	/	/	/	/	/	2	2
	鑲紅旗	/	/	/	10	4	1	15
	正藍旗	/	/	/	5	3	/	8
	鑲藍旗	/	1	/	/	3	8[⑨]	12
	小計	/	1	15	19	11	11	57
	所占比率	/	1.75%	26.32%	33.33%	19.3%	19.3%	100%

續 表

		國初	順治	康熙	雍正	乾隆	無時間	總計
分 管	鑲白旗	/	/	/	1	/	2	3
	正紅旗	3	5	/	1	/	/	9
	鑲紅旗	/	/	2	16	/	/	18
	正藍旗	4	2	1	1	4	10	22
	鑲藍旗	/	/	/	/	/	/	/
	小計	7	7	3	19	4	12	52
	所占比率	13.46%	13.46%	5.77%	36.54%	7.7%	23.8%	100%

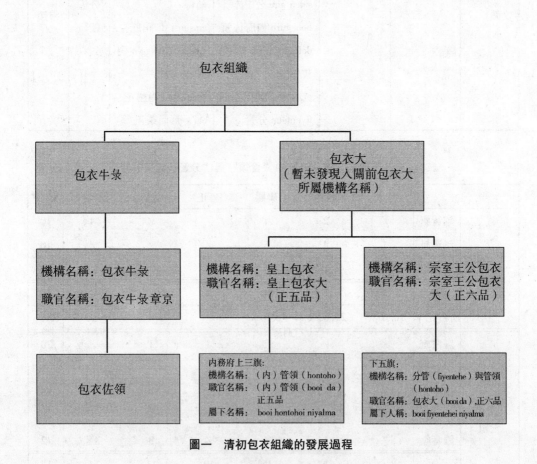

圖一　清初包衣組織的發展過程

注 釋

① 陳寅恪《姚薇元北朝胡姓考序》,載《金明館叢稿二編》,三聯書店2001年版,頁274。
② 鄭天挺《清史語解》,載《清史探微》,北京大學出版社1999年版,頁100。
③ 奕賡《寄楮備談》,載《佳夢軒叢書》,北京古籍出版社1994年版,頁120。
④ 參見陳國棟《清代內務府包衣三旗人員的分類及其旗下組織》,《食貨月刊》第十二卷第九期,1982年版,頁327。
⑤ 杜家驥《八旗與清朝政治論稿》,第十三章《清入關後的八旗奴僕及其與清朝統治》,人民出版社2008年版,頁437。
⑥ 本文《滿文老檔》滿文本選用日本東洋文庫本,漢譯本選用中國社會科學院、中國第一歷史檔案館編譯,中華書局1990年出版的版本,下文對選用版本不再另加說明。
⑦ 《滿文老檔》(滿文)天命一八卷,天命六年閏二月二十六日,頁274。
⑧ 《滿文老檔》(漢文)天命一八冊,天命六年閏二月二十六日,頁170。
⑨ 《滿文老檔》(滿文)天命一八卷,天命六年閏二月二十六日,頁275。
⑩ 《滿文老檔》(漢文)天命一八冊,天命六年閏二月二十六日,頁171。
⑪ 整個《老檔》中唯一一處"hontoho niru"出現在天聰六年正月(太宗天聰653頁):monggo badak be hontoho beiguwan be gulhun beiguwan obuha turgun, neneme jarut daicing be weile arafi jušen gaifi ajige beile de buhe fonde, uksin eheke seme hontoho niru seme hontoho beiguwan obuha bihe, daicing ni jušen be amasi buhe seme gulhun beiguwan obuha.(漢譯:蒙古巴達克由半分備禦擢為整分備禦緣由:往昔因紮魯特部戴青獲罪,奪其諸申交付阿濟格貝勒。時因甲冑不齊,僅半分牛彔,著為半分備禦。今將戴青之諸申給還,著為整分備禦)。
⑫ 《滿文老檔》(滿文)天命一八卷,天命六年閏二月二十九日,頁279。
⑬ 《滿文老檔》(漢文)天命一八冊,天命六年閏二月二十九日,頁173。
⑭ 參見《清太祖實錄》卷七,天命五年三月巳卯;《清太宗實錄》卷一八,天聰八年四月辛酉;《清世祖實錄》卷一三三,順治十七年三月甲戌。
⑮ 《清太宗實錄》卷二一,天聰八年十二月:"丙申,分定專管牛彔。宗室拜尹圖,三個半牛彔。宗室巴布海,一個牛彔。額駙楊古利,兩個牛彔。索海、衛齊、公袞,各半個牛彔。額駙達爾哈,一個半牛彔。巴哈納、何洛會,各半個牛彔。伊縣一個牛彔。董鄂公主兩個牛彔。南褚和爾、本格巴庫,各兩個牛彔。布林海一個牛彔。莫爾察、范察各半個牛彔。阿山、布林堪、馬喇希、董世祿、翁格尼、固山額真葉臣等,給以新附虎爾哈百人,授為專管牛彔。額駙顧三台、諾木渾克什納,各兩個牛彔。宗室色勒、薩璧翰、昂阿喇、奧塔、額爾克、吳賴,各半個牛彔。圖爾格、超哈爾、敖對、巴顏、達爾泰額駙蘇納、毛墨爾根、固山額真阿山,原係半個牛彔,因戰功,增給虎爾哈人,編為全牛彔,令其專管。巴都禮,原係

包衣牛彔，因陣亡，令其子卓羅專管。宗室阿拜、花善、姚塔、吳達海、鄂碩，各半個牛彔。及韓岱等，皆永授爲專管牛彔。"

⑯ 《八旗通志》（續集）卷一"旗分志一"，東北師範大學點校本，吉林文史出版社2002年版，頁3。

⑰ 傅克東、陳佳華《佐領述略》，載《滿族史研究集》，中國社會科學院出版社1988年版，頁316。

⑱ 姚念慈《清初政治史探微》，遼寧民族出版社2008年版，頁27。

⑲ 《清太宗實錄》卷四三，崇德三年八月己未："半個牛彔章京佛索里有罪，以其叔薩瑪哈襲替。"

⑳ 《清太宗實錄》卷五三，崇德五年十月壬辰。

㉑ 《清太宗實錄》卷四三，崇德三年八月戊申。

㉒ 《滿文老檔》（漢文）天聰四六冊，天聰六年正月，頁1209。

㉓ 《盛京吏戶禮兵四部文》，中國第一歷史檔案館編《清代檔案史料叢編》第十四輯，中華書局1990年版，頁78。按：此條不見於《老檔》與《實錄》。

㉔ 陳佳華、傅克東《八旗建立前滿洲牛彔和人口初探》，載《滿族史研究集》，頁278~279。

㉕ 關於鄭克塽和劉國軒開始是被編入內務府一事，參見王鍾翰《清代八旗中的滿漢民族成分問題》，該文徵引《聖祖實錄》："康熙二十三年十二月甲辰，……鄭克塽至京，上（清聖祖玄燁）念其納土歸誠，授鄭克塽公銜，劉國軒、馮錫范伯銜，俱隸上三旗。"肯定說"此所云'俱隸上三旗'，共爲內務府三旗無疑"（《王鍾翰學術論著自選集》，中央民族大學出版社1999年版，頁155）。

㉖ "半個牛彔"之稱，不見於《清太祖武皇帝實錄》、《滿洲實錄》和後來的《太祖高皇帝實錄》。

㉗ 中國第一歷史檔案館編《清初內國史院滿文檔案譯編》順治朝，光明日報出版社1989年版。

㉘ 由於條件所限，我們僅查閱到《內國史院檔》滿文本中順治二年八月冊，及順治三年四月冊。

㉙ 如"圖魯什原係內牛彔，因善於攻戰，効力陣亡，追贈爲'碩翁科羅巴圖魯'，另給其子巴世泰壯丁百名，使之管轄"、"星甫、察木布、喇瑪、扈什布、阿什達爾漢、準塔、阿喇密，此七牛彔未定，或令專管，或爲內牛彔，命仍舊暫留之"等等。見《八旗通志》（續集）卷一"旗分志一"，頁3。

㉚ 康熙《御制清文鑑》卷二"設官部·旗分佐領類"，1708年，武英殿刻本。

㉛ 《滿文老檔》（漢文）天命二七冊，天命六年十月初一日，頁245。

㉜ 《清太宗實錄》卷五，天聰三年八月庚午。

㉝ 《清太宗實錄》卷七，天聰四年十月辛酉。

㉞ 《滿文老檔》（滿文）天聰五四卷，天聰六年六月初二日，頁775。

㉟ 《滿文老檔》（漢文）天聰五四册，天聰六年五月初二日，頁1288。

㊱ 《清太宗實錄》卷二〇，天聰八年閏八月丙寅。

㊲ 《清太宗實錄》卷二〇，天聰八年閏八月丙寅。

㊳ 《滿文老檔》（滿文）崇德五卷，崇德元年三月十七日，頁962。

㊴ 《滿文老檔》（漢文）崇德五册，崇德元年三月十七日，頁1407。

㊵ 《滿文老檔》（满文）崇德五卷，崇德元年三月十七日，頁963。

㊶ 《滿文老檔》（漢文）崇德五册，崇德元年三月十七日，頁1408。

㊷ 鄭天挺《清史語解》，頁122。

㊸ 《清太宗實錄》卷四一，崇德三年四月乙卯。

㊹ 《清太宗實錄》卷六五，崇德八年八月甲申。

㊺ 《清太宗實錄》卷六五，崇德八年八月丙寅。

㊻ 鄭天挺《清史語解》，頁123。

㊼ 《清世祖實錄》卷七七，順治十年七月丁酉。

㊽ 福格《聽雨叢談》卷一，中華書局1984年版，頁4。

㊾ 《清世祖實錄》卷一八，順治二年閏六月壬辰。

㊿ 《清初內國史院滿文檔案譯編》（中册）“順治二年十一月”，光明日報出版社1989年版，頁182。

(51) 《清世祖實錄》卷二一，順治二年十一月壬子。

(52) 《清太宗實錄》卷五，天聰三年九月壬午。

(53) 《清太宗實錄》卷三七，崇德二年七月辛未。

(54) 本文《八旗滿洲氏族通譜》漢文本選用遼海出版社2002年版，滿文本選用1744年武英殿刻本，下文對選用版本不再另加說明。

(55) 《八旗通志》（續集）卷一五“旗分志十五”。

(56) 遼寧省檔案館藏《黑圖檔》（滿文）康熙元年一月，卷四七，頁00008。

(57) 遼寧省檔案館編譯《盛京內務府糧莊檔案彙編》，遼沈書社1993年版，頁7。

(58) 康熙《御制清文鑑》卷二“設官部·旗分佐領類”，1708年，武英殿刻本。

(59) 乾隆《御制增訂清文鑑》卷三“設官部·旗分佐領類”、卷四“設官部·臣宰類”，《四庫全書》經部二三二册，上海古籍出版社1988年版。

(60) 江橋《康熙〈御制清文鑑〉研究》，北京燕山出版社2001年版，頁28。

(61) 康熙《御制清文鑑》卷二“設官部·臣宰類”。

(62) 乾隆《御制滿珠、蒙古、漢字三合切音清文鑑》卷四"設官部·旗分佐領類",《四庫全書》經部二三四册,上海古籍出版社1988年版。

(63) 乾隆《御制五體清文鑑》"設官部·旗分佐領類",清乾隆末年鈔本,北京故宫博物院藏,北京民族出版社影印,1957年版。

(64) 參見《清初内國史院滿文檔案譯編》(中册),頁116、頁315。

(65) 《内國史院檔》(滿文)順治七年十月册。按由於第一歷史檔案館現在嚴格規定凡滿文原件一律不得查閲,我們只能揀選一些有可能與"渾托和"有關的條文(如譯作"管領"之處),請該館工作人員幫助查閲,其困難程度可想而知。

(66) 《清代内閣大庫散佚滿文檔案選編》"職司銓選類"第1件,原件滿文,天津古籍出版社1991年版,頁4。

(67) 《清史稿》卷一一八《職官五·内務府》,中華書局1977年版。該卷原文:"内管領,初置正五品。道光三十五年改從五品。"道光僅有三十年,可知原文不確。同書卷一一七《職官四》:"内管領,初置正五品。道光二十五年改從。副内管領,正六品。"據此可知,内管領由正五品改爲從五品的時間應是道光二十五年。

(68) 《清世宗實錄》卷二〇,雍正二年五月庚戌。

(69) 康熙《大清會典》,1690年,内府刻本。

(70) 雍正《大清會典》,1732年,内府刻本。

(71) 嘉慶與光緒朝的《會典》與《會典事例》中也會偶見"渾托和"一詞,不另。

(72) 康熙《御制清文鑑》卷二"設官部·旗分佐領類",1708年,武英殿刻本。

(73) 乾隆《御制增訂清文鑑》卷三"設官部·旗分佐領類"(《四庫全書》經部二三二册,上海古籍出版社1988年版)釋義與《御制清文鑑》相同,其後的《御制滿珠、蒙古、漢字三合切音清文鑑》卷四"設官部·旗分佐領類"(《四庫全書》經部二三四册,上海古籍出版社1988年版)、《御制五體清文鑑》"設官部·旗分佐領類"(清乾隆末年鈔本,北京故宫博物院藏,北京民族出版社影印,1957年版)也都收入了"分管 fiyentehe"一詞。

(74) 原書謹案:此佐領於康熙三十六年常書獲罪革退,將此佐領作爲公中佐領。於雍正十一年,奉旨仍將常齡放爲世管佐領。"謹案"係原文批註,下同。

(75) 始隸正白旗,附於其族兄蘇納牛录内,以蘇納兼管。後改隸本旗,合於副都統碩占佐領内,令各管其半。至康熙十三年,以諾穆圖之子尚書郭斯海管理。

(76) 謹案《旗册》:此佐領於康熙二年始編爲整佐領,乾隆三十八年奉旨作爲世管佐領。

(77) 謹案:牛鈕始爲包衣佐領,康熙二十一年將遜札齊、阿爾遜、苗其那、瑪朗愛、錫拉等五佐領下人丁撥作半分佐領,將牛鈕撥出包衣,作爲本旗半分佐領。

(78) 謹案《旗册》:剳爾固齊三潭由輝發地方來歸,將所率人丁編此佐領,初隸鑲紅旗,崇德年間撥入本旗。
⑦⑨ 謹案《旗冊》：此佐領係庫雅拉氏50丁及薩哈爾察50丁合編之佐領。
⑧⓪ 謹案：此原係公中佐領，乾隆四十三年奏，改兩姓族中互管佐領。
⑧① 謹案：此佐領因人丁不敷，乾隆六年仍存作爲半分世管佐領。
⑧② 此原係兩姓互管佐領，乾隆二十一年奉旨作爲世管佐領。
⑧③ 謹案：此原係公中佐領，後因連管過三次，准作族中承襲佐領。
⑧④ 謹案：此原係世管佐領。阿漢泰係察哈爾蒙古，由前屯衛帶領人戶來歸，編半個佐領。定鼎後，由包衣佐領下撥出19丁，再加鄂爾多斯19丁，爲一整佐領。仍令阿漢泰管理，襲至納素圖，於乾隆二十一年病故，無嗣，本旗具奏，作爲公中佐領。
⑧⑤ 謹案：此佐領原係鄂齊爾烏巴什與喀喇沁之白賽率衆來歸編半分牛錄，令白賽管理。合圖默特人丁，改作爲白賽、圖默特二族處管佐領。
⑧⑥ 謹案：額思庫由喀喇沁地方率32戶來歸，初編時爲半分牛錄。
⑧⑦ 謹案：此佐領原係國初時察漢台吉率前屯衛人丁來歸，編半個牛錄，令其屬人多爾濟管理。順治八年以後，始以察漢台吉管理。承襲至65，因伊族中無應襲之人，已革佐領黑雅圖之子色達又不能騎射，奉旨作爲公中佐領。
⑧⑧ 謹案：此佐領係特莫爾來歸時併入席爾坦佐領內，席爾坦擡旗後，由必爾噶遜之公中佐領內分出人丁60名，合爲一整佐領。令博爾和對管理。原係無根源佐領，乾隆四十三年作爲族中承襲佐領。
⑧⑨ 包衣大共223人，其中116人明確標注正六品，6人標注正五品，其餘未標注。
⑨⓪ 鑲黃旗雖4人，但其中至少有1人在任職包衣大時已改隸鑲白旗。
⑨① 這8個管領中，其中有4個管領條目一開始便有"第一參領第四佐領，係康熙三十九年自花色佐領內分出"等字樣。這說明，雖無法確定其建立的具體時間，但一定設立於康熙之後。此外，還有2個設立雍正之後。由此可見，8個管領中有6個設立於康熙以後，僅有2個無法判斷。

定宜莊，1948年生，1991年畢業於中央民族大學歷史系，獲博士學位。現爲中國社會科學院歷史研究所研究員。

邱源媛，1977年生，2006年畢業於中國社會科學院歷史研究所，獲博士學位，現爲中國社會科學院歷史研究所助理研究員。

A Decipherment of the "Huntuohe 渾托和" in the Early Qing Period

Ding Yizhuang and Qiu Yuanyuan

Summary

Many scholars are confused by the dual system of the Eight Banners and the Three Inner Banners of the Imperial Department Household in the Qing dynasty. The huge amount of Manchu names and concepts relating to the Imperial Department Household are the keys to understanding the Qing bureaucracy system and their ruling character. However, until now, a lot of these names and concepts were misunderstood and most of them even could not be explained. "huntuohe（渾托和）" is one of these words. In Manchu, "huntuohe" is "hontoho" and it originally means "half". But it also means "Overseer（管領）" which was an important institution and official title in the Imperial Department Household. By the end of the Qing dynasty, it was already unclear why Overseer was called "huntuohe（渾托和）". Therefore a lot of misunderstanding about this word appeared. Based on the careful reading and comparison of many primary sources in Manchu and Chinese, this article conducts a deep textual investigation about how the meaning of "huntuohe（渾托和）" changed from "half" to "Overseer". Regarding the process of establishing the Imperial Department Household, we will also present our own opinions on some crucial problems which have been ignored by previous scholars.

"五行"與"五常"的配法

李存山

一

《四庫全書總目提要·易類序》云:"《易》之爲書,推天道以明人事者也。"其實,不僅《周易》如此,中國傳統哲學的普遍架構就是"推天道以明人事"。王國維曾以是否講"性與天道"來界定"哲學",有謂:"孔子教人,言道德,言政治,而無一語及於哲學。……儒家之有哲學,自《易》之《繫辭》、《説卦》二傳及《中庸》始。"①又謂:《中庸》之講"哲學"是受到老子、墨子的影響。老子的道德政治原理是主張"虚"與"静","今執老子而問以人何以當虚當静,則彼將應之曰:天道如是,故人道不可不如是";墨子的道德政治原理是主張"愛"與"利","今試執墨子而問以人何以當愛當利,則彼將應之曰:天道如是,故人道不可不如是";孔子的道德政治原理是主張"仁"與"義","今試問孔子以人何以當仁當義,孔子固將由人事上解釋之。……若子思則生老子、墨子後,比較他家之説,而懼乃祖之教之無根據也,遂進而説哲學以固孔子道德政治之説。今使問子思以人何以當誠其身,則彼將應之曰:天道如是,故人道不可不如是……其所以爲此説者,豈有他哉,亦欲以防禦孔子之説,以敵二氏而已"②。王國維在這裏説的老子、墨子和《中庸》都是講"天道如是,故人道不可不如是",此即"推天道以明人事",將"天道"作爲"人道"或"人事"應當如何的根據。在老子、墨子、《易傳》和《中庸》之後,這成爲中國傳統哲學的普遍模式。

儒家的道德政治原理在漢代以後主要講"三綱五常",而先秦儒家還没有

"三綱五常"的說法。孔子雖然說"仁"說"義",但《論語》中並沒有將"仁"與"義"並舉的記載("仁""義"並舉始於《老子》和《墨子》)。在孔、孟之間,儒家有"仁、義、禮、智、聖"的"五行"說,此即20世紀末出土郭店竹簡《五行》篇的思想③。但孟子主要講"仁、義、禮、智"四德,在孟子思想流行後,《五行》篇的説法就逐漸消歇了。漢儒在"仁、義、禮、智"四德之後加上了"信",遂有"五常"之説。而"五常"之成立,實是因爲漢儒的宇宙觀吸收了"木、火、土、金、水"的五行説。

漢儒的五行説有儒家經典的源頭。在《尚書·甘誓》中就有:"有扈氏威侮五行,怠棄三正,天用剿絕其命。"明確標明"五行"爲水、火、木、金、土的是《尚書·洪範》:"五行,一曰水,二曰火,三曰木,四曰金,五曰土。"學術界流行的一種看法認爲,"陰陽"與"五行"有兩個源頭,即《周易》講"陰陽",而《洪範》講"五行"。實際上,《洪範》中亦有"雨、暘、燠、寒、風"的五"庶徵"。此五"庶徵"在春秋時期發展成爲"六氣"説(《左傳·昭公元年》謂"六氣曰:陰、陽、風、雨、晦、明也")。"六氣"與"五行"相對待,即《國語·周語下》所云:"天六地五(韋昭注:'天有六氣,謂陰、陽、風、雨、晦、明也;地有五行,金、木、水、火、土也。'),數之常也,經之以天,緯之以地,經緯不爽,文之象也。"《左傳·昭公二十五年》亦云:"則天之明,因地之性,生其六氣,用其五行。"春秋時期還有"三辰五行"説,如《國語·魯語上》云:"及天之三辰(日、月、星),民所以瞻仰也;及地之五行,所以生殖也。"《左傳·昭公三十二年》云:"天有三辰,地有五行,體有左右,各有妃耦。"從《尚書·洪範》將"五行"與"庶徵"分屬不同的範疇,以及春秋時期的"六氣五行"説和"三辰五行"説看,早期的五行説只是指地上的五種主要材質,而没有包括天上的"庶徵"、"六氣"和"三辰"等。這也就是"五行"中没有"氣"或"風",而不同於古希臘的四元素(土、水、火、氣)和古印度的"四大"(地、水、火、風)的原因。在中國傳統哲學中,寒暖之"氣"或來自不同方向的"風",即用"陰陽"來表示。《洪範》的"庶徵"和春秋時期的"六氣",可謂氣之"陰陽"説的早期形態。春秋時期已比較流行"陰陽"説,至戰國時期"一陰一陽"成爲"天道"。"庶徵"和"六氣"可謂"天象",在

"一陰一陽"成爲"天道"之後,"庶徵"和"六氣"就不是重要的範疇了。

老子和莊子"推天道以明人事",他們都講"陰陽"而不言"五行"。《莊子》之書包括内、外、雜篇,洋洋近十萬言,惟有一處言及"五行",見於雜篇的《說劍》,學術界一致認爲,此篇非莊子及其後學的作品,而是"戰國策士游談",如羅根澤《諸子考索》謂:"這明是縱橫家託之莊子而造出故事,編《莊子》書的只見是莊子的故事,遂拉來了。"④《說劍》云:"天子之劍……制以五行,論以刑德,開以陰陽,持以春夏,行以秋冬。"觀此可知,這必是採納了戰國中後期陰陽五行家的思想。

《中庸》和《孟子》講"義理之天",其中有"仁、義、禮、智、聖"五行說的痕迹⑤,而不講"陰陽",更不講"木、火、土、金、水"的五行說。儒家的"陰陽"說大成於《易傳》,即謂"一陰一陽之謂道","陰陽不測之謂神"(《繫辭上》),"立天之道曰陰與陽,立地之道曰柔與剛,立人之道曰仁與義"(《說卦》)。《易傳》不講"五行",其所謂"天一地二,天三地四,天五地六,天七地八,天九地十"(《繫辭上》),只是講"大衍之數"的"陽奇陰偶"(與春秋時期的"天六地五"說不同),至漢儒始將一至五說成五行之生數,二至六說成五行之成數⑥。

儒家的易學講五行說,從現有文獻看,首見於馬王堆帛書的《要》篇。其云:

> 《易》有天道焉,而不可以日月星辰盡稱也,故爲之以陰陽;有地道焉,不可以水火金土木盡稱也,故律之以柔剛;有人道焉,不可以父子君臣夫婦盡稱也,故爲之以上下;有四時之變焉,不可以万物盡稱也,故爲之以八卦。

帛書《要》篇的寫作年代難以確定,從這段話的內容看,它當寫於《說卦》的"立天之道曰陰與陽,立地之道曰柔與剛,立人之道曰仁與義"和《繫辭上》的"易有太極,是生兩儀,兩儀生四象,四象生八卦"之後。文中講"天道"而言及"日月星辰",講"地道"而言及"水火金土木",這又沿用了春秋時期的"三辰五行"說。

將"五行"真正納入"陰陽"氣論的思想體系,是由戰國中後期的陰陽五行家來完成的。《管子·四時》篇云：

> 唯聖人知四時，不知四時乃失國之基。……是故陰陽者天地之大理也，四時者陰陽之大經也，刑德者四時之合也。刑德合於時則生福，詭則生禍。

陰陽五行家的思想特點就是"序四時之大順"（《史記·太史公自序》），其以"陰陽"爲天地之"大理"，以"四時"爲陰陽之"大經"，並且將君主政令的"刑德"合於四時（"德始於春，長於夏，刑始於秋，流於冬"），此即"聖王務時而寄政"，如果刑德合於四時便生福，不合於四時便生禍（天人感應）。《四時》篇又云：

> 然則春夏秋冬將何行？東方曰星，其時曰春，其氣曰風，風生木與骨……南方曰日，其時曰夏，其氣曰陽，陽生火與氣……中央曰土，土德實輔四時入出，以風雨節土益力，土生皮肌膚……西方曰辰，其時曰秋，其氣曰陰，陰生金與甲……北方曰月，其時曰冬，其氣曰寒，寒生水與血……

這是陰陽五行家較早配成的一個世界圖式，在這個圖式中明確提出了"五行"是氣之所生，並且把它們配在四方、四時⑦：木配東、春，火配南、夏，土配中央，金配西、秋，水配北、冬。這種配法就是把四時的更替（所謂"陰陽消息"）同木、火、土、金、水"五行相生"的順序聯繫在一起。《管子·五行》篇亦云：

> 通乎陽氣所以事天也……通乎陰氣所以事地也……人與天調，然後天地之美生。日至睹甲子木行御……七十二日而畢（尹知章注：春當九十日，而今七十二日而畢者，則季月十八日屬土位故也）。睹丙子火行御……七十二日而畢。睹戊子土行御……七十二日而畢。睹庚子金行御……七十二日而畢。睹壬子水行御……七十二日而畢。

這也是把"五行"分配於四時，它們各分管一年的七十二日（每季的後十八日屬於土行御，即《四時》篇所謂"土德實輔四時入出"）。《管子·侈靡》篇亦云："天地精氣有五，不必爲沮。"尹知章注："謂五行之時也，其時之氣不能必，則爲沮敗也。"在這裏，"五行"不僅配在四時，而且成爲天地間的五種"精氣"了。

將陰陽、五行與四方、四時以及五色、五音、五味、五臟、五帝等相配，這種思想大成於《呂氏春秋》的《十二紀》。秦以後，漢儒把《十二紀》編入《禮記》，稱爲《月令》。因而，陰陽五行家的思想被漢儒廣泛吸收。在《呂氏春秋·應同》篇有云：黄帝之時"土氣勝"，禹之時"木氣勝"，湯之時"金氣勝"，文王之時"火氣勝"，"代火者必將水，天且先見水氣勝……水氣至而不知，數備將徙於土"。這就是陰陽五行家鄒衍的"五行相勝"歷史觀，在秦漢時期此說大行於世。因爲漢儒吸收了陰陽五行家的思想，"天道如是"，故人道的"仁義禮智"四德便發展成爲"五常"。

二

《漢書·五行志》云："董仲舒治《公羊春秋》，始推陰陽，爲儒者宗。"這裏所謂"推陰陽"，即講天人感應、陰陽災異，實際上不僅是"陰陽"，而且是以五行推陰陽災異。在董仲舒的思想中，陰陽、五行是"天"之下屬的概念。"天者，百神之君也，王者之所最尊也。"（《春秋繁露·郊義》）"唯天子受命於天，天下受命於天子。"（《春秋繁露·爲人者天》）這一神學意義的"天"，一是講君權神授，"屈民而伸君"，具有鞏固、維護君權的意義；二是要使皇帝有所"敬畏"，"屈君而伸天"，借天意以節制君權。

董仲舒吸收了陰陽五行家的思想，以陽爲德，陰爲刑，"刑者德之輔，陰者陽之助也"（《春秋繁露·天辨在人》）。因爲"陽常居實位而行於盛，陰常居空位而行於末"，這體現了天之"貴陽而賤陰"，"大德而小刑"（《春秋繁露·陽尊陰卑》），所以王者承天意，就要"任德不任刑"。董仲舒又從"陽尊陰卑"而推出"三綱"之說："君臣、父子、夫婦之義，皆取諸陰陽之道。君爲陽，臣爲陰；父爲陽，子爲陰；夫爲陽，妻爲陰。"此即"王道之三綱，可求于天"（《春秋繁露·基義》）。董仲舒也把"五行"與四方、四時相配，他說：

> 天有五行……木生火，火生土，土生金，金生水，水生木，此其父子

也。……木居東方而主春氣，火居南方而主夏氣，金居西方而主秋氣，水居北方而主冬氣……土居中央，爲之天潤……五行而四時者，土兼之也。（《春秋繁露·五行之義》）

因爲"五行相生"的關係猶如"父子"，所以董仲舒說："五行者，乃孝子忠臣之行也。"（同上）

董仲舒在《舉賢良對策》中提出"五常"之說："夫仁、誼（義）、禮、知（智）、信五常之道，王者所當修飭也；五者修飭，故受天之晁，而享鬼神之靈，德施於方外，延及群生也。"（《漢書·董仲舒傳》）在《春秋繁露·五行相生》篇，董仲舒將五行與五官、五常相配，即：

東方者木，農之本，司農尚仁……

南方者火也，本朝，司馬尚智……

中央者土，君官也，司營尚信……

西方者金，大理，司徒也，司徒尚義……

北方者水，執法，司寇也，司寇尚禮……

在五行系統中配以王官，前已見於《管子·五行》篇，謂："春者土師也（尹注：土師即司空也），夏者司徒也，秋者司馬也，冬者李也（尹注：李，獄官也）。"此與董仲舒的配法相較，只有"北方司寇"相同。古文經學的《周禮》是以天官爲冢宰，地官爲司徒，春官爲宗伯，夏官爲司馬，秋官爲司寇，冬官爲司空。此與董仲舒的配法也很不相同。特別是董仲舒將五行與五常相配，木配仁，火配智，土配信，金配義，水配禮，這種配法只有木配仁、金配義與後來的配法相一致，火配智、水配禮不見於後儒之說，而在土配信還是配智的問題上則一直存在著分歧。

因爲五行說流行於漢代，所以它被漢代的易學所吸收也成爲自然而然的事。在《史記·太史公自序》中，司馬遷已說："《易》著天地、陰陽、四時、五行，故長於變。"在西漢中期京房的《京氏易傳》中有云："八卦分陰陽，六位配五行。"這是將五行與八卦的六個爻位相配。又云："《易》者包備有無……生吉凶之義，始於五行，終於八卦。從無入有，見灾於星辰也；從有入無，見象於陰陽也。"這是把從五行推陰陽災異的思想引入了《周易》體系。

學術界一般認爲，"以五行說解《周易》，始於漢易京房"[⑧]。

至西漢後期，《易緯·乾鑿度》在"四正四維"的卦氣圖式[⑨]中配入五行，並將五行與五常相配。其云：

> 八卦之序成立，則五氣變形。故人生而應八卦之體，得五氣以爲五常，仁、義、禮、智、信是也。夫萬物始出乎震，震東方之卦也，陽氣始生，受形之道也，故東方爲仁。成於離，離南方之卦也，陽得正於上，陰得正於下，尊卑之象定，禮之序也，故南方爲禮。入於兌，兌西方之卦也，陰用事，而萬物得其宜，義之理也，故西方爲義。漸於坎，坎北方之卦也，陰氣形盛，陽氣含閉，信之類也，故北方爲信。夫四方之義，皆統於中央，故乾、坤、艮、巽，位在四維，中央所以繩四方行也，智之決也，故中央爲智。故道興於仁，立於禮，理於義，定於信，成於智。五者道德之分，天人之際也。[⑩]

這就是把五行配四正卦，木配震在東、爲春，火配離在南、爲夏，金配兌在西、爲秋，水配坎在北、爲冬，中央不配卦則爲土；進而將五常配入這一系統，震、木爲仁，離、火爲禮，兌、金爲義，坎、水爲信，中央之土爲智。五常出自五行，此爲"道德之分，天人之際"的根本原理。與董仲舒不同的是，《乾鑿度》以火、南爲禮，而董仲舒以火、南爲智；《乾鑿度》以水、北爲信，而董仲舒以水、北爲禮；《乾鑿度》以土、中爲智，而董仲舒以土、中爲信。二者相同的是都以木、東爲仁，金、西爲義。

《孝經緯·援神契》有"五臟象五行"之說，其中也配入了五常。其云："肝仁故目視，肺義故鼻候，心禮故耳司，腎信故竅瀉，脾智故口誨。"宋均注："肝氣清，象木；肺氣理，象金；心氣烈，象火；腎氣濁，象水；脾氣渾，象土。"[⑪]雖然加入了"五臟"，但木爲仁，火爲禮，金爲義，水爲信，土爲智，與《乾鑿度》的配法是相同的。除此之外，《孝經緯》(又作《孝經說》)和《詩緯》也有同樣的配法，如《孝經煒》云："性者生之質，若木性則仁，金性則義，火性則禮，水性則信，土性則知(智)。"[⑫]《詩緯》云："木神則仁，金神則義，火神則禮，水神則信，土神則智。"[⑬]

在緯書中，五行與五常的配法並不完全一致。如《春秋緯·元命苞》云：

肝仁，肺義，心禮，腎智，脾信。肝所以仁者何？肝，木之精，仁者好生，東方者陽也，萬物始生，故肝象木，色青而有柔。肺所以義者何？肺，金之精，義者斷決，西方殺成萬物，故肺象金，色白而有剛。心所以禮者何？心者，火之精，南方尊陽在上，卑陰在下，禮有尊卑，故心象火，色赤而光。腎所以智者何？腎，水之精，智者進而不止，無所疑惑，水亦進而不惑，故腎象水，色黑水陰，故腎雙。脾所以信者何？脾，土之精，土主信，任養萬物，為之象生物無所私，信之至，故脾象土，色黃。⑭

《元命苞》以腎、水主智，以脾、土主信（此配法又見於《樂緯‧動聲儀》），這是與《援神契》以及《乾鑿度》、《詩緯》的配法不同的。又，《易緯‧乾坤鑿度》云："木仁，火禮，土信，水智，金義。"此配法同於《元命苞》，而異於《乾鑿度》。《乾鑿度》又引《萬名經》曰："水土兼智信，木火兼仁惠。"⑮其中"水土兼智信"似是要折衷當時不同的配法。因為在水、土與智、信如何相配的問題上一直存在著分歧，所以後來取折衷說者常引用"水土兼智信"。

西漢末期，揚雄的《太玄》也將五行與五常相配，其《太玄數》云：

三八為木，為東方，為春……性仁……。四九為金，為西方，為秋……性誼（義）……。二七為火，為南方，為夏……性禮……。一六為水，為北方，為冬……性智……。五五為土，為中央，為四維……性信……

這裏所謂"三八為木"、"四九為金"、"二七為火"、"一六為水"、"五五為土"，即五行生成之數的思想。揚雄以水性為智，土性為信，這種配法同於《元命苞》，而異於《乾鑿度》。

與揚雄同時的劉歆在《三統曆》中將五聲"協之五行"，並配以五常和五事（"貌、言、視、聽、思"，見《尚書‧洪範》）。《漢書‧律曆志》載其說：

聲者，宮、商、角、徵、羽也。……協之五行，則角為木，五常為仁，五事為貌；商為金，為義，為言；徵為火，為禮，為視；羽為水，為智，為聽；宮為土，為信，為思。

劉歆的這種配法也是以水爲智，以土爲信，與《元命苞》的配法相同，而異於《乾鑿度》。

東漢章帝時，詔諸儒在白虎觀"講議《五經》同異"，"帝親稱制臨決"（《後漢書·章帝紀》），班固奉命將議定的條文編成《白虎通義》。在這部欽定的國家法典中有"三綱六紀"條："三綱者何謂也？謂君臣、父子、夫婦也。""六紀者，謂諸父、兄弟、族人、諸舅、師長、朋友也。"其中引用《禮緯·含文嘉》曰："君爲臣綱，父爲子綱，夫爲妻綱。""三綱六紀"合稱爲"綱紀"，"大者爲綱，小者爲紀，所以張理上下，整齊人道也"。《白虎通義》又謂："人皆有五常之性，有親愛之心，是以綱紀爲化，若羅網之有紀綱而萬目張也。"這是把"五常之性"作爲"綱紀"得以貫徹的基礎。而"五常之性"的來源，《白虎通義》在"性情"條說："人生而應八卦之體，得五氣以爲常，仁、義、禮、智、信是也。"這是引用了《易緯·乾鑿度》的話。《白虎通義》又講五臟與五常的關係，其中一大段話是引自《樂緯·動聲儀》，同於《春秋緯·元命苞》，即以腎、水爲智，以脾、土爲信，而與《乾鑿度》的以水爲信、以土爲智是不同的。

五行與五常的不同配法，反映在對儒家經典的注疏中。如《禮記·中庸》云："天命之謂性，率性之謂道，修道之謂教。"漢末的鄭玄注："天命，謂天所命生人者也，是謂性命。木神則仁，金神則義，火神則禮，水神則信，土神則知（智）。"鄭玄是以水神爲信，土神爲智，此說同於《乾鑿度》，而不同於《元命苞》以及揚雄、劉歆和《白虎通義》。鄭玄之說在南北朝時期有較大影響，皇侃的《論語集解義疏》解釋"五常"即採其說："五常謂仁、義、禮、智、信也，就五行而論，則木爲仁，火爲禮，金爲義，水爲信，土爲智。"（《論語集解義疏·爲政》）唐代孔穎達的《禮記正義》爲鄭玄注作疏，亦引皇侃之說[16]：

> 云"木神則仁"者，皇氏云：東方春，春主施生，仁亦主施生。云"金神則義"者，秋爲金，金主嚴殺，義亦果敢斷決也。云"火神則禮"者，夏爲火，火主照物而有分別，禮亦主分別。云"水神則信"者，冬主閉藏，充實不虛，水有內明，不欺於物，信亦不虛詐也。云"土神則知"者，金、木、水、火，土無所不載，土所含義者多，知（智）亦所

含者衆，故云："土神則知。"（《禮記正義·中庸》）

孔穎達在這裏肯定了水信、土智之説，但是在《禮記正義·王制》中他又引庚蔚云："木神仁，金神義，火神禮，水神知（智），土神信，是五德也。"由此可以看出，水信、土智還是水智、土信的問題從漢代延至唐代一直没有得到解決。

這一分歧也反映在對《周易》的"乾"之四德即"元亨利貞"的解釋上。《易傳·文言》云：

> 元者善之長也，亨者嘉之會也，利者義之和也，貞者事之幹也。君子體仁足以長人，嘉會足以合禮，利物足以和義，貞固足以幹事。

在這段話中，"元"可配仁，"亨"可配禮，"利"可配義是清楚的，但"貞"是配智還是配信並不明確[17]。漢代以來，"元亨利貞"亦與四時相配，如孔穎達《周易正義》引"莊氏之意"云：

> 以此四句明天之德也，而配四時。元是物始，於時配春，春為發生，故下云"體仁"，仁則春也。亨是通暢萬物，於時配夏，故下云"合禮"，禮則夏也。利為和義，於時配秋，秋既物成，各合其宜。貞為事幹，於時配冬，冬既收藏，事皆幹了也。於五行之氣，唯少土也。土則分王四季，四氣之行，非土不載，故不言也。……施於王事言之，元則仁也，亨則禮也，利則義也，貞則信也。不論智者，行此四事，並須資於知，且《乾鑿度》云"水土二行，兼信與知也"，故略而不言也。

"元亨利貞"既與四時相配，則其同"五行之氣"運於四時相合。元配春，亨配夏，利配秋，貞配冬，即相當於木、火、金、水與四時相配。在"元亨利貞"中"唯少土也"，孔穎達用"土則分王四季，四氣之行，非土不載"來解釋。他以貞為信，即相當於以水為信。這樣，"元亨利貞"不言土，也就是"不論智"，其原因又在於仁、禮、義、信都必須"資於知"。

唐代的李鼎祚在《周易集解》中引隋代經學家何妥對"元亨利貞"的解釋：

> 此明聖人則天合五常也。……貞，信也。君子堅貞正可以委任於事，

> 故《論語》曰"敬事而信",故幹事而配信也。

何妥以貞爲信,與《周易正義》的配法相同。他舉出《論語》的"敬事而信",不失爲貞配信之說提供了一個較強的理由。但李鼎祚在引其說之後便反駁之:

> 案此釋非也。……貞爲事幹,以配於智,主冬藏,北方水也。故孔子曰"仁者樂山,智者樂水",則智之明證矣。不言信者,信主土,而統屬於君。……土居中宮,分王四季,亦由人君無爲皇極而奄有天下。水火金木,非土不載;仁義禮智,非君不弘信。既統屬於君,故先言乾,而後不言信,明矣。

李鼎祚以貞配智,"主冬藏,北方水也",他引孔子所說"智者樂水",似比何妥之說有了更強的理由。貞、水配智,則土即爲信。"水火金木,非土不載",與孔穎達說相同;"仁義禮智,非君不弘信",在形式上也與孔說相同,但內容上"智"與"信"互易。

宋代的理學家主要講"性即理也",但其開山周敦頤亦從五行推出"五性"。如《太極圖說》云:"陽變陰合,而生水、火、木、金、土,五氣順布,四時行焉。……五行之生也,各一其性。……惟人也,得其秀而最靈,形既生矣,神發知矣,五性感動而善惡分,萬事出矣。"按,"五氣順布,四時行焉",此同於漢代的卦氣說。"五性"即五常之性,其來源於五行。周敦頤的《通書》云:"誠,五常之本,百行之源也。"朱熹的《通書解》云:"五常,仁義禮智信,五行之性也。"《通書》又云:"乾道變化,各正性命,誠斯立焉。元、亨,誠之通;利、貞,誠之復。"觀此可知,在周敦頤的思想中,"乾"之四德也是與五行、四時相配。至於五常如何與"元亨利貞"及五行相配,周敦頤的書中略而未講。

張載的《橫渠易說》解釋"乾"之四德,謂:"仁統天下之善,禮嘉天下之會,義公天下之利,信一天下之動。"這顯然是以貞配信,同於孔穎達的《周易正義》。

程頤在《程氏易傳》中解釋"乾"之四德,謂:"四德之元,猶五常之仁,偏言則一事,專言則包四者。""推乾之道,施於人事。……體法於乾之仁，乃爲君長之道，足以長人也。體仁，體元也。……得會通之嘉，乃合於禮也。……和於義乃能利物。……貞（一作正）固所以能幹事也。"在這裏，程頤明確提出了元、仁可以"包四者"，此"四者"即是"元亨利貞"，亦可謂"仁義禮智（信）"。程頤又云："仁、義、禮、智、信五者，性也。仁者，全體；四者，四支。仁，體也；義，宜也；禮，別也；智，知也；信，實也。"（《程氏遺書》卷二上）他並沒有明確地講"貞"是配"智"還是配"信"。

朱熹繼承程頤的元、仁"包四者"之說，而又明確地講："仁義禮智，便是元亨利貞。""仁木，義金，禮火，智水，信土。"（《朱子語類》卷六）也就是說，朱熹是以貞、水配智，以土配信。在朱熹的著作中，對此有很多論述，如其《仁說》云：

> 蓋天地之心，其德有四，曰元亨利貞，而元無不統；其運行焉，則爲春夏秋冬之序，而春生之氣無所不通。故人之爲心，其德亦有四，曰仁、義、禮、智，而仁無不包；其發用焉，則爲愛、恭、宜、別之情，而惻隱之心無所不貫。（《朱文公文集》卷六十七）

朱熹在《答方賓王（三）》中說：

> 蓋人之性皆出於天，而天之氣化，必以五行爲用。故仁義禮智信之性，即水火金木土之理也。木仁，金義，火禮，水智，各有所主，獨土無位而爲四行之實，故信亦無位而爲四德之實也。（《朱文公文集》卷五十六）

朱熹在《論語或問》中說：

> 人稟五行之秀以生，故其爲心也，未發則具仁義禮智信之性，以爲之體；已發則有惻隱、羞惡、恭敬、是非、誠實之情，以爲之用。蓋木神曰仁，則愛之理也，而其發爲惻隱；火神曰禮，則敬之理也，而其發爲恭敬；金神曰義，則宜之理也，而其發爲羞惡；水神曰智，則別之理也，而其發爲是非；土神曰信，則實有之理也，而其發爲忠信。是皆天理之固然，人心之所以爲妙也。（《四書或問》卷六）

在這裏，鄭玄、孔穎達所謂"水神則信，土神則智"，已被更改爲"水神曰智","土神曰信"。朱熹在《周易本義》中解釋"乾"之四德曰：

> 元者，生物之始。天地之德，莫先於此，故於時為春，於人則為仁，而眾善之長也。亨者，生物之通。物至於此，莫不嘉美，故於時為夏，於人則為禮，而眾美之會也。利者，生物之遂。物各得宜，不相妨害，故於時為秋，於人則為義，而得其分之和。貞者，生物之成。實理具備，隨在各足，故於時為冬，於人則為智，而為眾事之幹。……貞固者，知正之所在而固守之，所謂"知而弗去"者也，故足以為事之幹。

朱熹明確地以貞配智，此同於李鼎祚。其理由不是"智者樂水"，而是孟子所謂"智之實，知斯二者（仁義）弗去是也"（《孟子·離婁上》），因為"知正之所在而固守之"，所以"貞固足以幹事"。

朱熹之後，因為程朱理學被奉為儒學正統，故元、明、清諸儒大多同於朱熹的以貞、水配智，以土配信。但如清中期的程廷祚所說："貞之配智，終未有定論也。"他引明代的"承庵姚氏"[18]曰："貞者，此理之正當也。此理正當，自然誠實而完固。故下'貞固'二字，不必以智字解。"程廷祚對姚氏之說有所肯定，謂："朱子解'貞固'為'知正之所在而固守之'，而以孟子之'知而弗去'為證。然孟子自論智之實耳。以《易》論之，所重在貞，而尤在於固，若增加'知'字，則'固'字反不見其可重。即孟子所重，亦在弗去，特因論智之實，故不得不言知。疑《易》非彼之比也。姚氏言若有理，存之。"（《大易擇言》卷一）

程廷祚不知道，在明清之際更有王夫之提出了與朱熹不同的配法。王夫之的《周易內傳》解釋"乾"之四德云：

> 元、亨、利、貞者，乾之德，天道也。君子則為仁、義、禮、信，人道也。……"貞固"者，體天之正而持之固，心有主而事無不成，所謂"信以成之"也。

王夫之是以貞配信，其所謂"體天之正而持之固"略同於朱熹所謂"知正之所在而固守之"，但朱熹以"知而弗去"為理由而配以智，王夫之則以"信以成之"（《論語·衛靈公》）為理由而配以信。不僅如此，王夫之否認《易傳》的"天一地二……天九地十"是講五行生成之數，認為此"乃戰國技術之士

私智穿鑿之所爲"(《周易內傳》卷五)。他又説:

> 時自四也,行自五也,惡用截鶴補鳧以必出於一轍哉!《易》稱"元亨利貞",配木火金土而水不與,則四序之應,雖遺一土,亦何嫌乎!(《思問錄·外篇》)

這就是説,王夫之否認四時與五行有對應的關係,講四時之序可以不言土;更新奇者,他認爲"乾"之四德的"貞"是與"土"而非"水"相配。如其《周易外傳》所説:

> "貞"者,事之幹也,信也。於時爲冬,於化爲藏,於行爲土,於德爲實,皆信也。然則四德何以不言智乎?《彖》云"大明終始,六位時成",則言智也。今夫水,火資之以能熟,木資之以能生,金資之以能瑩,土資之以能浹。是故夫智,仁資以知愛之真,禮資以知敬之節,義資以知制之宜,信資以知誠之實,故行乎四德之中,而徹乎六位之終始。……是智統四德,而遍歷其位,故曰"時成"。(《周易外傳》卷一)

王夫之的"智統四德"説同於孔穎達的"不論智者,行此四事,並須資於知",但他以貞、信配土,以智配水,則又不同於前述任何一種配法。在《思問錄·外篇》,當王夫之講到"《易》稱'元亨利貞',配木火金土而水不與"時,自注云:"貞土德,非水德,詳《周易外傳》。"可見他的這一思想是前後一貫的。

綜上所述,關於五行及"元亨利貞"與五常的配法,大致可分爲四種:其一是以木、春配仁,火、夏配智,金、秋配義,水、冬配禮,土配信,此爲董仲舒之説。

其二是以木、春、元配仁,火、夏、亨配禮,金、秋、利配義,水、冬、貞配信,土配智,爲此説者有《易緯·乾鑿度》、《孝經緯》、《詩緯》、鄭玄、皇侃、何妥、孔穎達、張載等。

其三與其二大同,而相異者在於以水、冬、貞配智,以土配信,爲此説者有《春秋緯·元命苞》、《樂緯·動聲儀》、揚雄、劉歆、《白虎通義》、庚蔚、李鼎祚、朱熹等。

其四是以土、冬、貞配信,以水配智,王夫之持此説。

"五行"與"五常"的配法

以上四種不同配法中，第二和第三種可謂旗鼓相當的兩大主流，因為五行與四時及"元亨利貞"有統一的配法，故其分歧只在於水、貞和土哪個配智，哪個配信；這種分歧之所以"終未有定論"，是因為《易傳·文言》講"貞者事之幹"，"貞固足以幹事"，據此難以確定"貞"是配智還是配信。第一種只有董仲舒持之，這是一種初起的、不成熟的配法[19]。第四種只有王夫之持之，其特點是打破了"元亨利貞"與五行的常規配序，即不是以水、貞相配，而是土、貞相配。

三

先秦儒學奠定了中國傳統哲學重視現世人生道德的價值取向，也奠定了中國傳統哲學"推天道以明人事"的普遍架構。漢代儒學循此而發展，吸收陰陽五行家以及道家、法家的思想，並與秦漢政治制度相結合，其主要思想特點就是從"陰陽五行"推出"三綱五常"，亦即從"陽尊陰卑"推出"君為臣綱，父為子綱，夫為妻綱"，又從"五行相生"推出"仁、義、禮、智、信"。在漢儒看來，因為"三綱五常"出自"天道"，所以它們就具有了絕對化、神聖化的意義。這一思想之影響深遠，由漢至清而持續不絕，直到中國近代才發生變化。

孔子在回答子張問"十世可知也"時說："殷因於夏禮，所損益可知也；周因於殷禮，所損益可知也；其或繼周者，雖百世可知也。"（《論語·為政》）董仲舒在《舉賢良對策》中引用了這段話，並申論說：

> 王者有改制之名，亡（無）變道之實。然夏上忠，殷上敬，周上文者，所繼之救，當用此也。……此言百王之用，以此三者矣。夏因於虞，而獨不言所損益者，其道如一而所上同也。道之大原出於天，天不變，道亦不變，是以禹繼舜，舜繼堯，三聖相受而守一道，亡救弊之政也，故不言其所損益也。繇是觀之，繼治世者其道同，繼亂世者其道變。今漢繼大亂之後，若宜少損周之文致，用夏之忠者。（《漢書·董仲舒傳》）

可能是因為當時"三綱"與"五常"之名初立，尚未流行，故董仲舒在講

"天不變，道亦不變"時，還沒有把"三聖相受"、三代相"因"之道直接說成"三綱五常"。

在董仲舒之後，特別是在《白虎通義》之後，"三綱"與"五常"之說不僅流行，而且成爲欽定的國家法典的核心內容。從現有文獻看，將"三綱"與"五常"連言，首見於東漢經學家馬融對《論語》的注釋。何晏《論語集解》在解釋"殷因於夏禮，所損益可知也……"一段話時引馬融曰："所'因'，謂三綱五常也；所'損益'，謂文質三統也。"此可見在東漢中後期，"三綱"與"五常"合爲一說（即所謂"綱常"），它被視爲華夏文化相"因"而不可變革的"常道"，其所"損益"者不過是"文質再而復，正朔三而改"，如董仲舒所說"王者有改制之名，無變道之實"。

馬融之說在後來的《論語》注疏中一直被肯定。如皇侃的《論語集解義疏》說：

> 馬融云"所因，謂三綱五常"者，此是周所因於殷，殷所因於夏之事也。三綱謂夫婦、父子、君臣也。三事為人生之綱領，故云三綱也。五常謂仁義禮智信也，就五行而論，則木為仁，火為禮，金為義，水為信，土為智。人稟此五常而生，則備有仁義禮智信之性也。……此五者是人性之恒，不可暫捨，故謂五常也。雖復時移世易，事歷今古，而三綱五常之道不可變革，故世世相因，百代仍襲也。

所謂"三綱五常之道不可變革"，這成爲儒家思想的一個教條、一種定式。北宋初年，邢昺奉詔作《論語注疏》，亦引馬融之說，疏云："三綱五常不可變革，故因之也。"

朱熹的《論語集注》也同樣引馬融之說，注云：

> 三綱五常，禮之大體，三代相繼，皆因之而不能變。其所損益，不過文章制度，小過不及之間。而其已然之迹，今皆可見。則自今以往，或有繼周而王者，雖百世之遠，所因所革亦不過此，豈但十世而已乎！

朱熹肯定"馬氏注'所因謂三綱五常，損益謂質文三統'，此說極好"（《朱子語類》卷二十四）。朱熹論"三綱五常"又有云："三綱五常，亘古亘今不可易。""所因之禮是天做底，萬世不可易；所損益之禮是人做底，故隨時更變。"（同上）與漢代相比，朱熹所謂"天做底"已不是把"三綱五常"歸於"陰陽五行"，而是説其出於"天理"。他説："宇宙之間，一理而已，天得之而爲天，地得之而爲地，而凡生於天地之間者又各得之以爲性。其張之爲三綱，其紀之爲五常，蓋皆此理之流行，無所適而不在。"（《朱文公文集》卷七十《讀大紀》）雖然從漢學到宋學，在哲學理論上發生了很大變化，但從"天道"推出"三綱五常"不可變易，這一思維模式没有變化。

在《論語》注釋史上，變化發生在中國近代。康有爲在戊戌變法失敗後，於流亡期間作有《論語注》，他對"殷因於夏禮"章注云：

> 《春秋》之義，有據亂世、昇平世、太平世。子張受此義，故因三世而推問十世，欲知太平世之後如何也。孔子之道有三統三世，此蓋藉三統以明三世，因推三世而及百世也。……人道進化皆有定位，自族制而為部落，而成國家，由國家而成大統。由獨人而漸立酋長，由酋長而漸正君臣，由君主而漸爲立憲，由立憲而漸爲共和。……此爲孔子微言，可與《春秋》三世、《禮運》大同之微旨合觀，而見神聖及運世之遠。

顯然，康有爲已不是"推天道以明人事"。他是用西方的社會進化論來詮釋《春秋》公羊學的三世説，又將此"微言大義"移用到對《論語》的注釋。在這裏，"三綱五常不可變革"的思想已經被"君主制——君主立憲制——共和制"的進化論所取代。

然而，在康有爲寫《論語注》的同時期，張之洞在《勸學篇》中又引經據典，重申了"三綱五常不可變革"。他説：

> "君爲臣綱，父爲子綱，夫爲妻綱"，此《白虎通》引《禮緯》之説也。董子所謂"道之大原出於天，天不變，道亦不變"之義本之。《論語》"殷因於夏禮，周因於殷禮"注："所因，謂三綱五常。"此《集解》馬融之説也，朱子《集注》引之。……聖人所以爲聖人，中國所以爲中國，實在於此。故知君臣之綱，則民權之説不可行也；知父子之綱，則父子同罪、免喪廢祀之説不可行也；知夫婦之綱，則男女平權之説不可行也。（《勸學篇·明綱》）

張之洞不僅認爲"三綱五常"在中國萬世不可變革，甚至認爲"三綱五常"

也普遍適用於西方:"誠以天秩民彝,中、外大同。人君非此不能立國,人師非此不能立教。"(同上)張之洞所講的"三綱五常",重在"明綱",旨在反對政治制度的變革。這在從戊戌變法到辛亥革命的歷史進程中站在了革命潮流的對立面,而且在很大程度上用"三綱"遮蔽了"五常"。

辛亥革命之後,北洋軍閥搞假共和,甚至君主復辟,保守派尊孔教而爲之張目,致使五四"新青年"認爲"孔教與帝制,有不可離散之因緣","吾人果欲於政治上採用共和立憲制,復欲於倫理上保守綱常階級制……此絕對不可能之事"[20]。五四新文化運動主張以"民主"與"科學"救中國,反對儒家的"綱常階級制",其進步意義是不可否認的;但將"三綱"與"五常"合而抨擊之,對"綱常"沒有作適當的分析,也有其歷史的局限性[21]。

張岱年先生在20世紀30年代發表《道德之"變"與"常"》一文,他指出:"道德依時代而不同,隨社會之物質基礎之變化而變化;然在各時代之道德中,亦有一貫者在,由此而各時代之道德皆得名爲道德。""舊道德中有雖舊而仍新者存:於此當明道德之'變'與'常'的辯證法。"[22]張先生所說的道德之"變",是指道德因社會經濟基礎的變革而有發展的階段性、變革性;他所說的道德之"常",是指不同時代之道德中"亦有一貫者在",即道德發展的繼承性、連續性。張先生說:"新道德乃舊道德之變革,亦舊道德之發展……新道德與舊道德之間是有連續性的,新道德非完全否定舊道德。""新舊道德之對待關係,亦對立而統一的,變革之而同時亦有所保持,且係發展之。"[23]這就是"道德之'變'與'常'的辯證法"。在這裏,講道德之"變"是唯物史觀的基本原理,但如果只講"變"而不講"常",則違背了辯證法[24]。

張岱年先生在晚年所作《中國倫理思想研究》一書中也講道德的"變革性"與"繼承性"。他說:"人類道德是隨時代的變化而變化的,這是道德的變革性;而後一時代的道德是從前一時代演變而來的,前後之間也有一定的繼承關係,這可謂道德的繼承性。""馬克思、恩格斯提出道德階級性的理論,是倫理學史上的重大變革。但是,道德的階級性並不排除道德的繼承性。……中國古代思想家的道德學說對於中華民族的精神發展確實有過非常巨大的影響,是應該予以分析的,從而進行批判繼承的。"[25]依此觀點,他對"三綱五常"進行分析,認爲對秦以後出現的"三綱"之說必須加以嚴肅的批判[26],而對"五常"則指出其在歷史上"有一定的階級性",但"也還有更根本的普遍意義",如"仁的根本意義是承認別人與自己是同類,在通常的情況下對於別人應有同情心;義的根本意義是尊重公共利益,不侵犯別人的利益;禮的根本意義是人與人的相互交往應遵守一定的規矩;智的根本意義是肯定'是非善惡'的區別;信的根本意義是對別人應遵守諾言"[27],對此普遍的根本意義是要繼承的。

如果對"三綱五常"進行分析,就必須遵循道德之"變"與"常"的辯證法,而解構"天不變,道亦不變"的形而上學。我在《重視人倫,解構三綱》和《三說"爲父絕君"》兩篇文章中,主要從"三綱"之說的歷史淵源,郭店竹簡的《六德》篇主張"爲父絕君"(當父喪與君喪同時發生時,爲父穿喪服而不爲君穿喪服),但《禮記·曾子問》卻主張"君重親輕","有君喪服於身,不敢私服",以及歷史上的"君父先後"之爭,儒家經典中的人倫之道"造端乎夫婦"與"三綱"之說首重"君爲臣綱"的分歧,來說明"三綱"之說是一種歷史的建構,它應隨著歷史的發展(特別是政治制度的變革)而被解構和廢止,在明清之際黃宗羲等人對"君爲臣綱"已經進行了批判,唐甄對"男尊女卑"也進行了批判,這說明解構"三綱"是符合儒家思想和中國文化發展的邏輯的,代之而起的應是新型的家庭倫理、社會倫理和民主政治[28]。

在中國歷史上,"三綱"與"五常"都被認爲是出於"天道",二者合稱爲"綱常"。如果解構"三綱",而繼承"五常"中的普遍意義,那麼同時就要解構"天道"與人倫道德的聯繫。"三綱"之說是一種歷史的建構,而非出於"陽尊陰卑";"五常"之說也是一種歷史的建構,而非出於"五行相生"。本文對"五行"與"五常"的不同配法的分析,就是要揭示其中的分歧或矛盾,解構"天道"與"五常"的聯繫,還其歷史建構的真面目。當然,"五常"失去了"天道"的支撐,並不失去其現代的普遍意義,只不過這種普遍意義不是基於"天不變,道亦不變"的形而上學,而是基於道德之"變"與"常"的辯證法。對"三綱"的解構是如此,對"五常"的繼承也是如此。

宋代哲學家張載曾經說:"大抵天道不可得而見,惟占之於民,人所悅則天必悅之,所惡則天必惡之,只爲人心至公也,至衆也。……大抵衆所向者必是理也,理則天道存焉,故欲知天者,占之於人可也。"(《經學理窟·詩書》)

觀此可知，儒家雖然重視"天道"，但其根本精神是以人（民）爲本的。在現代社會，解構了"天道"與"三綱五常"的聯繫，並不失儒家的以人（民）爲本的根本精神。

就中國傳統哲學的普遍架構是"推天道以明人事"而言，我認爲，這種架構已經不適應現代哲學的發展[20]，但其中所蘊含的對天地萬物和人的生活世界之實在性的肯定，對人與自然相協調和崇尚道德、堅持在現實世界實現人生與社會理想的價值追求，這種哲學精神是要繼承和發揚的。

注 釋

① 《王國維學術經典集》，江西人民出版社 1997 年版，第 124 頁。按，王國維對孔子不言"哲學"的判斷並不合適，實際上正是孔子奠定了中國哲學重視現實人生道德的"思想範式"，西方哲學家雅斯貝爾斯在 1957 年出版的《大哲學家》一書中即把孔子作爲中國哲學"思想範式的創造者"，而把老子列入"原創性的形而上學家"。
② 《王國維學術經典集》第 125 頁。
③ 竹簡《五行》篇的寫作年代在"孔孟之間"，而馬王堆帛書《五行》篇則在孟子之後。參見拙文《從竹簡〈五行〉到帛書〈五行〉》，載《郭店楚簡國際學術討論會文集》，湖北人民出版社 2000 年版。
④ 參見陳鼓應《莊子今注今譯》，中華書局 1983 年版，第 805 頁。
⑤ 參見龐樸《帛書五行篇研究》，齊魯書社 1988 年版，第 140～141 頁。
⑥ 孔穎達《禮記正義·月令》疏引鄭玄注："天一生水於北，地二生火於南，天三生木於東，地四生金於西，天五生土於中。陽無耦，陰無配，未得相成。地六成水於北，與天一并；天七成火於南，與地二并；地八成木於東，與天三并；天九成金於西，與地四并；地十成土於中，與天五并也。"
⑦ 將四時與四方相聯繫的思想起源很早，這與中國所處北半球溫帶季風氣候的地理位置有關。參見拙著《中國氣論探源與發微》，中國社會科學出版社 1990 年版，第 25～27 頁。
⑧ 參見朱伯崑《易學哲學史》上冊，北京大學出版社 1986 年版，第 129～130 頁。
⑨ 以震、離、兌、坎爲四正卦，分列於東、南、西、北，以乾、坤、巽、艮爲四維卦，分列於西北、西南、東南、東北，表示一年節氣的變化，此"卦氣"說源於《易傳·說卦》的"萬物出乎震……成言乎艮"，而漢代的孟喜、京房發揮之。
⑩ 安居香山、中村璋八輯：《緯書集成》，河北人民出版社 1994 年版，第 10 頁。
⑪ 同上書，第 990 頁。

⑫ 同上書，第 1057 頁。
⑬ 同上書，第 486 頁。
⑭ 同上書，第 628 頁。
⑮ 同上書，第 92 頁。
⑯ 《隋書·經籍志》著錄皇侃作有《禮記講疏》九十九卷、《禮記義疏》四十八卷，並已佚。
⑰ 事實上，《易傳·文言》的這段話源自《左傳·襄公九年》所載穆姜筮之遇"艮之隨"，她說："元，體之長也；亨，嘉之會也；利，義之和也；貞，事之幹也。體仁足以長人，嘉德足以合禮，利物足以和義，貞固足以幹事。"她在當時不可能已有"仁義禮智"四德或"仁義禮智信"五常的思想，更不可能將"元亨利貞"與五行、四時相配。
⑱ "承庵姚氏"即姚舜牧，號承庵，明萬曆元年舉人，著有《易經疑問》、《四書疑問》、《五經疑問》等。
⑲ 董仲舒精於《春秋》公羊學，他將火、夏配智，水、冬配禮，顯然還沒有把《周易》的"元亨利貞"配入五行、四時系統。若火、夏配亨，水、冬配貞，據《易傳·文言》"亨者嘉之會也"，"嘉會足以合禮"，則火、夏、亨必配禮，而不能配智。
⑳ 《陳獨秀文選》，上海遠東出版社 1994 年版，第 49、34 頁。
㉑ 參見拙文《儒學傳統與五四傳統》，載《哲學動態》2000 年第 9 期。
㉒ 《張岱年全集》第 1 卷，河北人民出版社 1996 年版，第 160 頁。
㉓ 同上书，第 161、162 頁。
㉔ 恩格斯在晚年講到哲學發展的繼承與變革，他說："每一個時代的哲學作爲分工的一個特定的領域，都具有由它的先驅者傳給它而它便由以出發的特定的思想資料作爲前提。……經濟在這裏並不重新創造出任何東西，但是它決定着現有思想資料的改變和進一步發展的方式，而且這一作用多半也是間接發生的。"針對一些人對唯物史觀的"形而上學"理解，恩格斯說："所有這些先生們所缺少的東西就是辯證法。"見《馬克思恩格斯選集》第 4 卷，人民出版社 1972 年版，第 485~486 頁。我認爲，恩格斯在這裏對哲學發展所講的話，也適用於道德發展的辯證法。參見拙文《張岱年先生的兩個重要理論貢獻》，載《哲學動態》2007 年第 6 期。
㉕ 張岱年《中國倫理思想研究》，上海人民出版社 1989 年版，第 64、68~69 頁。
㉖ 同上書，第 66、149~152 頁。
㉗ 同上書，第 170~171 頁。
㉘ 參見拙文《重視人倫，解構三綱》，載《學術月刊》2006 年第 9 期；《三説"爲父絕君"——兼論人倫之道"造端乎夫婦"》，載《全球化時代的儒家倫理》，清華大學出版社 2007 年版。

㉙ "天道"（自然規律）與"人道"（價值原則、道德規範）雖然有一定的聯繫，但也有不同層級之分，故從自然規律不能直接推出價值原則、道德規範。張岱年先生的"一本多級"之論即謂"宇宙事物之演化，有若干級之不同，各級有各級之特殊規律。简言之，物爲一本，而生、社會、心等爲數級，生心社會不違物之規律而又自有其規律"。對於各級之特殊規律而言，"有此特殊事物乃有此理，無此特殊事物即無此理。如未有生物則無生物之理，未有人類則無人倫之理"（見《張岱年全集》第 1 卷，第 130、276 頁）。

李存山，1951 年生。1984 年畢業於北京大學哲學系，獲碩士學位，現爲中國社會科學院哲學研究所研究員。

On the Corresponding Relationships of the "Five Elements" with the "Five Basic Virtues"

Li Cunshan

Summary

The general frame of traditional Chinese philosophy was "to handle human affairs in accordance with natural laws." With this concept, the Confucian school of the Han period reached the "San Gang Wu Chang 三綱五常" (the "Main Principles of Social Order" and the "Five Basic Virtues") from the theory "Yin Yang Wu Xing 陰陽五行" (*yin*, *yang* and the Five Elements). From then on, these standards of behavior became the unchangeable "universal doctrine" followed from generation to generation among the people of the Huaxia Culture. Nevertheless, how do the "Five Basic Virtues" correspond to the "Five Elements?" On this problem there were all along diverse opinions from the Han to the Qing period, which indicates that the "San Gang Wu Chang" were definitely not derivations from "natural laws" but a historical conception of the Confucian school. Today it is important to make analysis of the principles "San Gang Wu Chang" by using the dialectic tenet about the change and perpetuity of virtues so as to eliminate their backward, antiquated contents and inherit their universal elements that remain appropriate to modem social life.

周禮與《小雅》部分詩篇的創作

祝秀權

《詩經·小雅》部分詩篇與當時的禮儀有密切關係。對這些詩篇的分析考查，可以看出在創作這些詩篇時的背景，對了解這些詩的本義，糾正對這些詩的誤解，有很多啓示。本文選與"養老乞言"禮、覲見禮、燕禮和軍禮等有關的詩篇，加以闡釋，以證詩與禮的關係和詩、禮互解的重要意義。

一 "養老乞言"禮與《小雅》部分詩篇的創作

《小雅》之始《鹿鳴》一詩，古今論者極多，觀點、結論層出不窮。本文從周代禮樂教化的角度審視此詩，考察其創作的本義。

   呦呦鹿鳴，食野之苹。我有嘉賓，鼓瑟吹笙。吹笙鼓簧，承筐是將。人之好我，示我周行。
   呦呦鹿鳴，食野之蒿。我有嘉賓，德音孔昭。視民不恌，君子是則是傚。我有旨酒，嘉賓式燕以敖。
   呦呦鹿鳴，食野之芩。我有嘉賓，鼓瑟鼓琴。鼓瑟鼓琴，和樂且湛。我有旨酒，以燕樂嘉賓之心。

"我有旨酒"、"我有嘉賓"，"我"是王者、天子。《序》："《鹿鳴》，燕群臣嘉賓也。"但就詩論詩而言，詩中只見"嘉賓"，不見"群臣"。而"嘉賓"與"群臣"應當不是一個概念。雖然周天子亦可以諸侯爲嘉賓，然而此詩"人之好我，示我周行"等語，不是一般諸侯所有之事，而是指某種特定的禮儀而言。所以我們認爲，《鹿鳴》是宴嘉賓之詩。

《孔叢子》記孔子曰："於《鹿鳴》見君臣之有禮也。"《序》于宴嘉賓之外另增"群臣",很可能即是受了孔子語影響所致。但孔子之言並不誤,因爲嘉賓與天子之間無疑是一種君臣關係。"君臣有禮"即是指天子與嘉賓之間有禮。

那麼此詩中的"嘉賓"是什麼身份的人呢?

詩曰:"人之好我,示我周行。"《傳》:"周,至。行,道也。"馬瑞辰《毛詩傳箋通釋》:"《傳》訓'周行'爲'至道',即善道也。"《鹿鳴》詩中的"嘉賓"是一種特殊的人,是能向周天子示以至善之道的長者,是"德音孔昭"、"君子是則是傚"的尊者。

《詩集傳》:"周行,大道也。古者於旅也語,故欲於此聞其言也。"朱熹的闡釋啓示我們:《鹿鳴》一詩的創作及其使用,都應與周代的某一特定禮儀有關。《禮記·文王世子》:

> 凡祭與養老乞言,合語之禮,皆小樂正詔之於東序。

鄭玄注:

> 學以三者之威儀也。養老乞言,養老人之賢者,因從乞善言可行者也。合語,謂鄉射、鄉飲酒、大射、燕射之屬也。《鄉射記》曰:"古者於旅也語。"

孔疏:

> 教世子及學士祭與養老合語之威儀,又教世子等祭與養老合語之義理。……"凡",總包三事也:一是祭,二是養老乞言,三是合語之禮。……學,教也。教以三者威儀容貌。……鄉射、鄉飲酒必大射、燕射之等……至旅酬之時皆合語也。其實祭未及養老,亦皆合語也。故《詩·楚茨》論祭祀之事,云"笑語卒獲"。箋云:"古者於旅也語。"是祭有合語也。養老既乞言,自然合語也。引《鄉射記》者,證旅酬之時,得言説先王之法……言合語者,謂合會義理而語説也。

元陳澔《禮記集説》:

> 養老祈言,謂行養老之禮之時,因祈善言之可行者於此老人也。合語,謂祭及養老與鄉射、鄉飲、大射、燕射之禮至旅酬之時,皆得言説先

王之法，合會義理而相告語也。

據《文王世子》這一記載及前賢的闡釋可知，周代天子有一種"養老乞言"的禮節儀式。這一禮儀既可單獨舉行，亦可以貫穿、融合於祭祀及各種燕、射活動之中。這種儀式有一個關鍵的核心環節："乞言"，即祈求善言之意。這種向天子進獻的善言無疑是關於修身、齊家、治國平天下的至善、至正之言。對照詩篇，我們認爲，《鹿鳴》詩之所詠正是周天子所行的這種"養老乞言"禮。詩中之"我"即周天子，詩中之"嘉賓"即"養老乞言"禮儀中的老人之賢者，而詩所云"人之好我，示我周行"即指這種"乞言"儀式而言。故前人釋"周行"爲至道、善道，應是正解，符合詩的本義和禮儀背景。

上引《文王世子》鄭玄注曰："學以三者之威儀也。"《孔疏》曰："教世子及學士祭與養老合語之威儀，又教世子等祭與養老合語之義理。"另《禮記·文王世子》又曰：

> 天子視學，大昕鼓徵，所以警衆也。衆至，然後天子至。……始之養也，適東序，釋奠於先老。遂設三老五更群老之席位焉。

可以看出，周代行"養老乞言"禮不僅僅是周天子之事，還必與另一種人有關，即所謂的"世子"。《文王世子》記載"天子至"之前，先"衆至"，"衆"即指"世子"們。周天子在視學的場合下行這種"養老乞言"禮，一個重要目的即是向世子們作一種示範作用，因爲這些世子即是將來統治、管理國家的貴族。由此我們認爲，《鹿鳴》所言"君子是則是傚"，即是針對世子、學士們而言的。

《禮記·學記》："大學始教皮弁祭菜，示敬道也；《宵雅》肄三，官其始也。"鄭玄注："宵之言小也。肄，習也。習《小雅》之三，謂《鹿鳴》、《四牡》、《皇皇者華》也。此皆君臣宴樂相勞苦之詩，爲始學者習之，所以勸之以官，且取上下相和厚。"太學之教是爲統治者培養官員，故使國子們習此三詩，即是讓他們熟悉君臣之道、治國之道。《學記》言"大學始教"，這"始教"的背後是否隱含着一個"始作"呢？這種可能性應該是有的。《鹿鳴》的具體創作時間雖無從考證，但應當與《學記》所言之"始教"不會有太遠的距離。對於像《鹿鳴》這樣內容與禮儀密不可分的詩篇，詩之作幾乎就等同於詩之用，詩之本義幾乎就等同於其樂章義、使用義。所以我們看到，《毛詩序》於正《小雅》詩篇一律從其所用上加以闡釋，其緣由即在於，這些詩篇的使用義、樂章義其實即近乎等同於其作義、本義。

《鹿鳴》是爲禮而作，爲禮而用，因而詩篇中的宴飲強調的是君臣之禮，而不是一般的吃喝。《詩》之"四始"《關雎》、《鹿鳴》、《文王》、《清廟》均因強調禮而得以爲"四始"。如果說重禮是《詩經》的重要特徵，那麽"四始"便是禮的標本和典範。

《小雅》中與"養老乞言"禮有關的還有《常棣》、《伐木》二詩。《常棣》：

> 常棣之華，鄂不韡韡。凡今之人，莫如兄弟。
> 死喪之威，兄弟孔懷。原隰裒矣，兄弟求矣。
> 脊令在原，兄弟急難。每有良朋，況也永歎。
> 兄弟鬩於牆，外禦其務。每有良朋，烝也無戎。
> 喪亂既平，既安且寧。雖有兄弟，不如友生。
> 儐爾籩豆，飲酒之飫。兄弟既具，和樂且孺。
> 妻子好合，如鼓瑟琴。兄弟既翕，和樂且湛。
> 宜爾室家，樂爾妻帑。是究是圖，亶其然乎？

《伐木》：

> 伐木丁丁，鳥鳴嚶嚶。出自幽谷，遷于喬木。嚶其鳴矣，求其友聲。
> 相彼鳥矣，猶求友聲。矧伊人矣，不求友生？神之聽之，終和且平。
> 伐木許許，釃酒有藇。既有肥羜，以速諸父。寧適不來，微我弗顧。
> 於粲灑掃，陳饋八簋。既有肥牡，以速諸舅。寧適不來，微我有咎。
> 伐木于阪，釃酒有衍。籩豆有踐，兄弟無遠。民之失德，乾餱以愆。
> 有酒湑我，無酒酤我。坎坎鼓我，蹲蹲舞我。迨我暇矣，飲此湑矣。

《常棣》以"常棣之華，鄂不韡韡"起興。孔疏："以興兄弟能內睦、外禦，則強盛而有光耀，若常棣之華發也。"花只有與綠葉相互襯托才散發光輝，以喻國君只有與兄弟相互團結才能振國興邦，光宗耀祖。以下即着力陳述國君與兄弟和睦團結的重要性。《伐木》亦同樣強調這一點。詩中爲何要強調兄弟和睦團結的重要性？把此二詩放在禮儀文化背景中加以審視，可以知道，《常棣》、《伐木》所詠之事與周代"養老乞言"禮有關，二詩所詠之辭即是"養老乞言"禮中老者進獻的"善言"。當然詩篇是據現存言辭加工、改造而作，它本身並不就是當時的"善言"原文。

何以知《常棣》、《伐木》二詩與周代"養老乞言"禮有關？《禮記·文王世子》曰：

> 天子視學，……始之養也，適東序，釋奠於先老。遂設三老五更群老之席位焉。

鄭玄注：

> 三老五更各一人也，皆年老更事致仕者也。天子以父兄養之，示天下之孝悌也。名以三五者，取象三辰五星，天所因以照明天下者。群老無數，其禮亡。以《鄉飲酒禮》言之，帝位之處，則三老如賓，五更如介，群老如衆賓必也。

孔疏：

> 以其天子父兄所事，故知致仕者，知天子以父兄養之者，以天子冕而總干而舞，執醬而饋，是父兄事也。……云"三老如賓，五更如介"者，案《鄉飲酒》注"敷席，賓席，牖前南面。介席，西階上東面"是也。云"群老如衆賓必也"者，三老既如賓，五更既如介，故群老如衆賓，以其無文，故云必也。案《鄉飲酒》注"席衆賓於賓之西南面，各特焉"是也。

鄭、孔對《文王世子》的注釋爲我們提供了一個重要信息：天子行養老乞言禮的選擇對象是父兄，且天子與之燕時待之如賓。又，《禮記·文王世子》記載：

> 反，登歌《清廟》。既歌而語，以成之也。言父子、君臣、長幼之道，合德音之致，禮之大者也。

元陳澔《禮記集說》：

老、更受獻畢，皆立於西階下東面，今皆反升就席，乃使樂工登堂歌
《清廟》之詩以樂之。歌畢，至旅酬時，談說善道以成就天子養老之禮
也。其所言說者，皆是講明父子、君臣、長幼之道理，集合《清廟》詩
中所詠文王道德之音聲，皆德之極致，禮之大者也。

由這些記載我們可知："養老乞言"禮於"登歌《清廟》"之後，有一種
"既歌而語"的儀式。"語"有一項重要內容：語說父子、君臣、長幼之道，
也就是陳澔所言的"談說善道"。這種"既歌而語"儀式與《詩》的創作有
關，此即本文所論的《小雅》詩篇。

以上禮書經文中的記載為我們理解、闡釋《常棣》、《伐木》二詩提供了
一種可資憑據的禮儀背景和參證。《常棣》一詩反復強調"凡今之人，莫如兄
弟"、"兄弟既具，和樂且孺"等內容，這正是此詩的要義。《伐木》一詩反復
強調"既有肥羜，以速諸父"、"籩豆有踐，兄弟無遠"，這無疑也是此詩的要
義。把詩篇與上文所述的禮儀背景相對照，我們可知：其一，《常棣》、《伐
木》二詩乃為天子之父、兄輩而詠。而"養老乞言"禮中的老者的身份正是
天子之父、兄。其二，此二詩所強調的要義正是"父子、君臣、長幼之道"，
這無疑正是"養老乞言"禮中老者向天子所進的"善道"。以上兩點說明《常
棣》、《伐木》二詩所詠的內容無不與禮書所載的經文相合。因此我們有理由
斷定：《常棣》、《伐木》是周代為行"養老乞言"禮而創作的詩篇。

《鹿鳴》是對周禮中行養老儀式的歌詠，它以詩的形式描述了這種禮儀的
主要環節。而《鹿鳴》詩中老者（即"嘉賓"）之善言為何？從《鹿鳴》詩
不得而知。《常棣》、《伐木》二詩即是對當時老者之善言的記錄和歌詠。也就
是說，《常棣》、《伐木》二詩是根據當時行這種儀式時老者針對天子及世子的
"善言"而創作。它們與《雅》、《頌》中的諸多詩篇一樣，是據現有言辭而加
工創作的詩篇。

宋范處義《詩補傳》論《伐木》篇曰："蓋詩雖因取友而概論，意則主故
舊之不遺。孔子曰：'君子篤于親則民興於仁，故舊不遺則民不偷，此民德歸
厚矣。'"范氏之論極是。《伐木》是據當時養老儀式中老者的"善言"而創
作，而當時老者向天子及"未來的天子"世子進善言，必定要向他們灌輸、
強調一種尊老、愛故舊的思想意識，因為這些老者自身就是天子的"故舊"。

故《伐木》詩中以啓發、勸諫式的語氣曰："相彼鳥矣，猶求友聲。矧伊人矣，不求友生？神之聽之，終和且平。"這與《常棣》反復強調"凡今之人，莫如兄弟"、"儐爾籩豆，飲酒之飫。兄弟既具，和樂且孺"、"是究是圖，亶其然乎"，這些諷諫加啓發式的言辭，其用意是一致的，明確的。這些老者對天子、世子們而言，是一種特殊的關係：既是故舊，又是父兄、友朋的關係。所以我們看到，《常棣》、《伐木》二詩所強調的倫理親情理念，如"凡今之人，莫如兄弟"、"籩豆有踐，兄弟無遠"、"既有肥羜，以速諸父"云云，其實是作爲天子父兄輩的老者從自身利益出發而發的言論；且顯然是長者、尊者的語氣。這些老者既爲自己所受到的待遇而欣悅，又希望這種禮節能長久保持下去。故《常棣》、《伐木》二詩正言、反言、比喻、對比、反問、啓發、誘導、勸諫，反復道之，可謂不遺餘力，煞費苦心。從"養老乞言"禮的角度來加以審視，就不難理解二詩爲何會有此類言辭。上引范處義所引孔子語"君子篤于親則民興於仁，故舊不遺則民不偷，此民德歸厚矣"，亦應是針對周代樂教中的這種養老儀式而發；同時也透露了儒家編詩者將《常棣》、《伐木》收入正《小雅》的用意：欲以之對上下之人有所教化和諫正。

　　上引《文王世子》記載："反，登歌《清廟》。既歌而語，以成之也。"這説明，語説父子、君臣、長幼之道，與"歌"的內容有一定關聯，否則就無法達到"以成之也"的最終目的。"登歌《清廟》"是與文王有關的，所以"歌"後之"語"亦與文王有某種關聯。難怪《毛詩》、三家詩以及漢代學者總是認爲，正《小雅》中《鹿鳴》、《常棣》、《伐木》等這些詩篇均與文王有關。直至清代魏源論《鹿鳴》仍主文王説。今之學者已從歷史、文化、語言等諸多角度證明這些詩篇創作於西周時期，而非文王時詩篇，這是正確的；但今人對秦漢經學家總是把這些詩篇與文王糾纏不清的言論大惑不解，於是一概斥之曰"妄説"。然而毛、鄭這些經學家爲何要發虛妄不實之言呢？其説當然不能排除誤解的可能，但最大的可能性則是，漢人之説應當有一定的文化背景的依據。現在從周禮樂教的角度來審視這些詩篇，漢人以《鹿鳴》等詩篇爲文王詩這種疑惑便可得到一種解釋——這些詩篇與周禮樂教中的"既歌而語"之辭有關，"語"的內容與"歌"相關聯，而"歌"的內容是與文王有關的，故這種"語"也就與文王有一種絲絲相連的"斬不斷、理還亂"的關係了。

並且，記錄這種"養老乞言"儀式的文字載於《禮記·文王世子》①，毛、鄭及漢代學人是一定能看到《禮記·文王世子》的。本之由此，漢人認爲，《鹿鳴》、《常棣》、《伐木》這些詩篇也相應地是文王時期的作品。漢人以這些詩爲文王詩，實際是從禮儀的角度立言的。

茲以《伐木》爲例，闡明"文王說"與詩義的關係。

前人對《伐木》首章之義有種種猜測和爭論。"伐木丁丁，鳥鳴嚶嚶"，《毛傳》直接標明"興也"，而鄭玄《箋》直以賦禮視之而釋之曰："言（文王）昔日未居位在農之時，與友生於山巖伐木爲勤苦之事。"這顯然又是賦了。毛、鄭孰是孰非？後人主興主賦者均大有人在，而以是毛而非鄭者居多。姚範《援鶉堂筆記》："《箋》云：'言昔日未居位在農之時，與友生於山巖伐木爲勤苦之事。'此說已曲。《疏》又釋之，爲此章追本文王幼少之時結友之事，言文王昔日未居位之時，與友生伐木于山阪，丁丁然爲聲也。說詩者如此，可謂《詩》之失愚矣！"胡承珙《毛詩後箋》亦曰："《箋》以'伐木'爲賦，於義淺矣。"筆者認爲，關於《伐木》起首的性質問題，亦需從周禮樂教的角度加以審視，方能知其本義。

《伐木》的起興，其實是一種早期的興，即是周禮樂語之"興"。這種興，即鄭玄注《周禮·大司樂》"以善物喻善事"、注《禮記·郊特牲》"以詩之義發明賓主之德"之謂。如同《大雅·文王有聲》以文王之事興起"今"王之事、《行葦》以公劉之事興起今之事一樣，早期由樂語之教而產生的興，重在以"古"興"今"，以古事引起今事。因爲這種早期的興是以"事"作興的，所以它很有賦的特徵。單從所興之事的角度看，它就是賦②。這樣再來看"伐木丁丁，鳥鳴嚶嚶"：首先，它是興；其次，它其實也是賦。之所以認爲它是賦，因爲這樣的開頭是由當時樂語之教"歌"之後"語"的特徵決定的。"歌"是歌文王的，"語"當然亦以文王始。即以文王始而引出要"語"的正言，以起到以古興今的目的。換言之，這種以賦法作興的實質，源自於儀式中對"歌"之義的傳述與闡釋。魯洪生認爲："《毛傳》所標興之本義爲：借與己意相似或相關之物、事以起情。"③賦比興均源自於禮，其最初均是禮儀術語。

古籍中記載，殷、周之先王多有從事過體力勞動者。《尚書·無逸》周公告成王曰："其在高宗，時舊勞于外，爰暨小人。……其在祖甲，不義惟王，舊爲小人。作其即位，爰知小人之依。……文王卑服，即康功田功。"《楚辭·天問》："伯昌何葉，秉鞭作牧。"郭沫若《中國古代社會研究》即認爲，這是說文王曾背襃衣，拿鞭子，作過牧人。陳子展先生也說："周族在太王、王季時候雖然早已有了農業，可是生產力很低，王子還得參加勞動。"④可知文王位卑時曾從事過體力勞動。至此，我們可以對毛、鄭關於《伐木》起首性質的不同認識重新加以審視：毛以伐木爲興，鄭以伐木爲賦，兩者雖各執一面，然而兩者都是正確的，可謂殊途同歸，相得益彰。後人以己之思維和眼光視毛、鄭爲對立，實際未必如此，毛、鄭很可能是一種互補的闡釋：毛以伐木爲興，很大程度上是就早期周禮樂語之"興"而言，並不排除伐木之本事；鄭以伐木爲直賦其事，也是從周禮樂語之教的角度，對毛公之"興"說加以補充闡釋，並未否認其"興"的特質。

但儘管如此，《伐木》亦只是首章之起興與文王事有關而已，詩的主體內容非文王時事。這正如《大雅·棫樸》以"芃芃棫樸，薪之槱之"作興，《序》以爲"文王能官人也"一樣，《棫樸》亦只首二句與文王有關，詩非作於文王時，亦並非主詠文王事。《藝文類聚》引《周書》曰："文王在翟，（太姒）夢南庭生棘。小子發取周庭之梓樹，樹之於闕間，化爲松柏棫柞，驚以告文王。文王召發於明堂，拜吉夢，受商大命，秋朝士。"此或即《棫樸》起興之本事。

《大雅》詩篇亦有與"養老乞言"禮有關者。如《行葦》：

敦彼行葦，牛羊勿踐履。方苞方體，維葉泥泥。
戚戚兄弟，莫遠具爾。或肆之筵，或授之几。
肆筵設席，授几有緝御。或獻或酢，洗爵奠斝。
醓醢以薦，或燔或炙。嘉殽脾臄，或歌或咢。
敦弓既堅，四鍭既鈞，舍矢既均，序賓以賢。
敦弓既句，既挾四鍭。四鍭如樹，序賓以不侮。
曾孫維主，酒醴維醹，酌以大斗，以祈黃耇。
黃耇台背，以引以翼。壽考維祺，以介景福。

《序》："《行葦》，忠厚也。周家忠厚，仁及草木，故能內睦九族，外尊事黃耇，養老乞言，以成其福祿焉。"前人頗有抨擊此《序》者，認爲"周家忠厚，仁及草木"云云乃序者敷衍成說；但筆者認爲，此詩《序》還是比較符合詩義的，"內睦九族，外尊事黃耇，養老乞言"云云，均非虛言，於詩有證。《鄭箋》："乞言，從求善言可以爲政者，敦史受之。"《孔疏》："三王養老，必就乞言，故《序》因而及之。""《內則》云：'凡養老，五帝憲，三王又乞言，皆有惇史。'言五帝直養其氣體而法效之，三王亦養而法效之，又乞善言，皆有惇史，故知得善言則惇史受之。禮有內、外小史、大史，無惇史，正以待接老人，擇史之惇厚者掌之，惇非官名也，故彼注云：'惇史，史之孝厚者也。'"

《行葦》曰："戚戚兄弟，莫遠具爾。或肆之筵，或授之几。"這與天子行養老乞言禮時以爲父兄選擇對象，且燕時待之如賓的禮儀相合。故《鄭箋》曰："兄弟之老者，既爲設重席授几，又有相續代而侍者。"《孔疏》："《樂記》云：'祀於明堂，以教諸侯之孝。食三老五更於太學，以教諸侯之悌。'是祭與養老爲相類之事。"此詩又曰："曾孫維主，酒醴維醹，酌以大斗，以祈黃耇。黃耇台背，以引以翼。"詩文已明言此爲天子行"養老乞言"禮。

到了西周後期，政治衰敗，形成於周初、成熟於西周中期的各種禮儀亦隨之有所廢壞，與各種禮儀相關聯的詩篇亦呈現出不同的面貌。《角弓》一詩即是西周末期因"養老乞言"禮而創作的詩篇：

騂騂角弓，翩其反矣。兄弟昏姻，無胥遠矣。
爾之遠矣，民胥然矣。爾之教矣，民胥傚矣。
此令兄弟，綽綽有裕。不令兄弟，交相為瘉。
民之無良，相怨一方。受爵不讓，至于己斯亡。
老馬反為駒，不顧其後。如食宜饇，如酌孔取。
毋教猱升木，如塗塗附。君子有徽猷，小人與屬。
雨雪瀌瀌，見晛曰消。莫肯下遺，式居婁驕。
雨雪浮浮，見晛曰流。如蠻如髦，我是用憂。

與《常棣》、《伐木》一樣，《角弓》亦強調兄弟之間的倫理親情，亦顯然是尊者、長者的語氣，它應是因"養老乞言"禮而創作的詩篇。所以《角弓》篇所強調的兄弟親情，也是指天子和作為天子父兄輩的老者之間的親情關係。但時事的不同決定了禮儀的變化，因而《角弓》在勸諫、誘導之外，多了一層怨和憂的情緒。可能在西周後期，各種禮儀的實施已比較鬆懈，所養之老者的地位和待遇已不如初，故詩中曰"老馬反為駒，不顧其後"。這應當也是老者在禮儀中從自身利益出發而發的言辭，酷似父兄口吻。王先謙《詩三家義集疏》曰："宗族有老人，王所宜敬者。今王不講敬老之禮，如老馬而反視為駒，欲任之以勞，不顧其後之勝任與否，非所以優老也。"此言得之。不過詩義本身仍以勸諫、誘導為主。因為"養老乞言"禮是以"祈善言"為核心的，它仍需遵循君臣、長幼之道。《角弓》的主旨仍然保留了"善言"的性質，詩中的憂怨不過是老者借機而發的旁敲側擊之辭而已。詩人亦是據其時"養老乞言"禮中的成辭而作詩。

疑《王風·葛藟》亦是周室東遷後，因"養老乞言"禮廢而作的怨刺之詩。詩曰："綿綿葛藟，在河之滸。終遠兄弟，謂他人父。謂他人父，亦莫我顧！綿綿葛藟，在河之涘。終遠兄弟，謂他人母。謂他人母，亦莫我有！綿綿葛藟，在河之漘。終遠兄弟，謂他人昆。謂他人昆，亦莫我聞！"詩以"綿綿葛藟"起興，以喻王者與親族不可分離的關係。詩中"終遠兄弟，謂他人父"云云即是因"養老乞言"禮廢而發的怨刺之辭。故《詩序》曰："《葛藟》，王族刺平王也。周室道衰，棄其九族焉。"從詩所詠的本事上來說，《序》說不誤。詩中言及"母"是因"父"而連及之，正如同《角弓》詩"兄弟昏姻，無胥遠矣"，"昏姻"其實是因"兄弟"而連及之一樣，詩義無疑是重在父、兄之詠。《左傳》文公七年："昭公將去群公子，樂豫曰：'不可。公族，公室之枝葉也，若去之，則本根無所庇蔭矣。葛藟猶能庇其本根，故君子以為比，況國君乎？'"樂豫之言正與《葛藟》詩義相合。

二 覲見禮與《小雅》部分詩篇的創作

《蓼蕭》：

蓼彼蕭斯，零露湑兮。既見君子，我心寫兮。燕笑語兮，是以有譽處兮。

> 蓼彼蕭斯，零露瀼瀼。既見君子，爲龍爲光。其德不爽，壽考不忘。
> 蓼彼蕭斯，零露泥泥。既見君子，孔燕豈弟。宜兄宜弟，令德壽豈。
> 蓼彼蕭斯，零露濃濃。既見君子，鞗革忡忡。和鸞雝雝，萬福攸同。

此詩中的"君子"受到"萬福攸同"的歌頌，又有"鞗革"、"和鸞"之車飾，可知"君子"必爲周天子，"我"則是分封的諸侯國君。

《菁菁者莪》：

> 菁菁者莪，在彼中阿。既見君子，樂且有儀。
> 菁菁者莪，在彼中沚。既見君子，我心則喜。
> 菁菁者莪，在彼中陵。既見君子，錫我百朋。
> 汎汎楊舟，載沉載浮。既見君子，我心則休。

《序》："《菁菁者莪》，樂育材也。君子能長育人材，則天下喜樂之矣。"古今說詩者未有能出此義者。方玉潤《詩經原始》："此種詩古來相傳既久，可以不必與之立異。"陳子展《詩經直解》："愚謂《菁菁者莪》育才，《子衿》廢學，皆爲名篇，慣用典記。約定俗成謂之宜，非有確證，驟難改易也。"可見古《序》說影響之深。若從詩中"既見君子，樂且有儀"、"既見君子，我心則喜"來看，以此詩爲樂育材之詩亦未爲不可；但此詩"我"見君子後，君子還"錫（賜）我百朋"，這樣一來，此詩就不大可能是樂育材了。且此詩末章之興"汎汎楊舟，載沉載浮"，與前三章之興亦不類，很可能是末章暗中點題之句。《荀子·哀公篇》記孔子曰："且丘聞之：君者，舟也；庶人者，水也。水則載舟，水則覆舟。"此言可能即"汎汎楊舟，載沉載浮"之意。則此詩所詠應爲諸侯見天子之事。《左傳》文公三年："公如晉，晉侯饗公，賦《菁菁者莪》。莊叔以公降拜曰：'小國受命於大國，敢不慎儀？君貺之以大禮，何樂如之！抑小國之樂，大國之惠也。'"此以小國、大國之事理解賦《菁菁者莪》之意，必與此詩本義相關，亦可證《菁菁者莪》非"樂育材"之義。況且《菁菁者莪》與其前之《蓼蕭》、《湛露》、《彤弓》篇次相連，前三篇均諸侯與天子之事，此篇之事自應與之相屬。

《菁菁者莪》共四章，四章之末句，兩言君子，兩言"我"：（君子）"樂且有儀"，"我心則喜"，（君子）"錫我百朋"，"我心則休"。且君子與"我"在四章中交錯出現，構思可謂精巧，用意可謂深而微：蓋"我心則喜"其"樂且有儀"，其"錫我百朋"而"我心則休"。

《蓼蕭》曰："既見君子，我心寫兮。燕笑語兮，是以有譽處兮。""既見君子，爲龍爲光。"《菁菁者莪》曰："既見君子，我心則喜。""既見君子，我心則休。"這些詩中"我"見君子則心喜，心中休美，以之爲榮光。因爲分封的諸侯都是周王室的親近，故其見周天子時才感到"爲龍爲光"。（《傳》："龍，寵也。"）且曰"宜兄宜弟"。這其實反映了"我"和周天子的這種親近的關係，及其時周天子在諸侯國君心目中的威望和地位。

《蓼蕭》和《菁菁者莪》見君子則心喜、心休，那麼不見如何呢？筆者以爲，既然曰見之如何，那麼背後一定隱含着一個不見會如何。只是因爲此二詩乃頌美之辭，不便言不見如何。而在此二詩之前的《出車》篇則有這樣的詩句："未見君子，憂心忡忡。既見君子，我心則降。"雖然《出車》的詩義與此二詩不類，但這種對君子"既見"、"不見"的心理狀態則是相近的。這種見與不見之喜與憂之別，可能是因爲君子對"我"有陟降生殺的權力。不見君子時，不知君子召我何爲，不知見的結果會是怎樣，故憂心忡忡。見之後，則知君子對我並無降黜殺伐之威，於是"我心則喜"、"我心則休"、"我心寫兮"。且既見君子後，見君子"樂且有儀"、"其德不爽"，且與我"燕笑語兮"，還"錫我百朋"，於是我感到"爲龍爲光"。可知這些詩篇應作於周之盛世，其時周王朝對分封諸侯有很大的凝聚力和號召力。《孟子·告子》曰："一不朝則貶其爵，再不朝則削其地，三不朝則六師移之。"孟子所言無疑是西周王室強盛時期的情況，亦應是《蓼蕭》、《菁菁者莪》創作時期的情況。

此二詩之"見君子"應是有某種時事、禮儀背景的覲見。《周頌·載見》"載見辟王，曰求厥章"，《蓼蕭》、《菁菁者莪》"既見君子"與《載見》之"見辟王"若非同一件事，亦必是同一類事。《蓼蕭》見君子時"鞗革忡忡，和鸞雝雝"，《載見》見君子時"龍旂陽陽，和鈴央央，鞗革有鶬"。《載見》見君子而"休有烈光"，《蓼蕭》見君子而感到"爲龍爲光"。這些均暗示了詩篇所詠之時事和禮儀背景的相似或相同。《蓼蕭》孔疏："此經說四海來朝，應是攝政六年時事，當與《明堂位》同。"清陳啓源《毛詩稽古編》"周之王業雖成於文武,然興禮樂、致太平實在周公輔成王時。嘗讀《戴記·明堂位》、《周書·王會解》二篇,想見當時華夷統一之盛。《蓼蕭》澤及四海,孔疏引越裳來朝事,以爲此詩之作當在周公攝政之六年,良有以也。合《明堂》、《王會》二文以讀此詩,覺成周一會儼然未散"。這些詩篇爲成王時詩的古說儘管受到後人的懷疑,但從本文所論來看,古說還是應當受到肯定的。

劉雨《西周金文中的"周禮"》一文論西周覲見禮曰:"在西周,王及貴族都十分重視交際的禮儀,其中尊卑上下的等級制度體現了那個時代政治的一個方面。西周金文中,諸侯邦君朝見周王稱'覲'(寫作'堇')或'見'。"其所舉例證有《史牆盤》:"微史烈祖乃來見武王。"《麥方尊》新邢侯於二月"侯見於宗周",即在二月去宗周覲見周王,討得封賞並舉行嗣封典禮。《燕侯旨鼎》:"燕侯初見事于宗周,王賞旨貝二十朋。"《作册䰧卣》:"唯公大史見服于宗周……公大史咸見服于辟王。"劉雨認爲:"以上諸器皆作於西周早期,可以考見周初諸侯貴族覲見周王時的部分禮儀。""在西周早期,各種覲見禮都有優厚的賞賜。"⑤從覲見禮在西周初期的頻繁和成熟情況,亦可證《蓼蕭》、《菁菁者莪》這些詩篇創作於周初的可能性較大。劉雨認爲,西周金文中所記的賞賜禮,"西周早期用貝,中期用金。但這種情況在文獻中沒有反映"⑥。但從《詩經》來看,《菁菁者莪》曰"錫(賜)我百朋",《箋》:"五貝爲朋。"這無疑是言賜幣禮。若本文所論此二詩作於西周初期不誤的話,則此即是文獻中西周早期賜禮用幣的記錄。詩、禮相關,但詩的本質並不就是禮,這決定了詩篇中不可能有太多的、完整的禮儀記載。《蓼蕭》、《菁菁者莪》二詩無疑是據西周覲見禮而創作。

與覲見禮有關的還有《小雅·采菽》:

采菽采菽,筐之筥之。君子來朝,何錫予之?雖無予之,路車乘馬。又何予之?玄袞及黼。

觱沸檻泉,言采其芹。君子來朝,言觀其旂。其旂淠淠,鸞聲嘒嘒。載驂載駟,君子所屆。

赤芾在股,邪幅在下。彼交匪紓,天子所予。樂只君子,天子命之。樂只君子,福祿申之。

維柞之枝,其葉蓬蓬。樂只君子,殿天子之邦。樂只君子,萬福攸同。平平左右，亦是率從。

汎汎楊舟，紼纚維之。樂只君子，天子葵之。樂只君子，福祿膍之。優哉遊哉，亦是戾矣。

此詩曰"君子來朝，何錫予之"云云，詩義明白無疑，《采菽》所詠之事是覲見禮。《采菽》對覲見禮的歌詠比《蓼蕭》、《菁菁者莪》更具體。由此詩可知，周代覲見禮往往與賜命禮結合在一起，故《采菽》曰"君子來朝，何錫予之？雖無予之，路車乘馬。又何予之？玄衮及黼"；又曰"樂只君子，天子命之"。《大雅·韓奕》詠韓侯覲見周宣王："其贈維何？乘馬路車。"又曰："王親命之：纘戎祖考，無廢朕命。夙夜匪解，虔共爾位，朕命不易。"與《采菽》所詠覲見禮的賜、命相同。《采菽》曰"樂只君子，殿天子之邦"、"樂只君子，天子命之"，可知詩所頌對象"君子"是覲見者諸侯。而《蓼蕭》、《菁菁者莪》二詩曰："既見君子，爲龍爲光"、"既見君子，我心則喜"、"既見君子，錫我百朋"，則"君子"無疑是周天子。同爲覲見禮，而詩篇所頌對象不同，"君子"由指天子到指諸侯，這反映了詩篇創作的時代背景不同：《蓼蕭》、《菁菁者莪》屬"正雅"，可能是周初或西周強盛之世所作，其時周天子地位極爲尊崇，故稱之曰"君子"；《采菽》屬"變雅"，可能作於西周後期，詩人頌諸侯爲"君子"，反映了諸侯地位的上升和強大。而《采菽》"路車乘馬"之賜與《菁菁者莪》"百朋"之賜亦不同，也應是時代不同的標誌。

從西周初期到西周後期，覲禮詩篇由頌天子到頌諸侯，諸侯見天子由小心翼翼、恭謹守禮到可以"優哉遊哉"，這反映了覲禮內容的微妙變化，而這種變化的實質在於天子與諸侯實力與地位的變化。故陳戍國先生論覲禮曰：

縱觀一部《覲禮》⑦，自始至終無一處不顯示王權的尊嚴。"伯父，女順命于王所。""乃右肉袒於廟門之東。乃入門右，北面立，告聽事。"如此云云，誠如沈文倬先生《覲禮本義》所説："識禮之義，然後知非周初不能有此，洵爲殷周之制焉。"西周諸王仗文武周公之遺烈，勢力大於諸侯，諸侯不得不俯首聽命。但夷王下堂見諸侯，已不如《覲禮》"負斧依"之威儀；厲王出奔於彘；宣王幸有召公以子代死，得免於難；幽王則死於犬戎之手；是覲禮雖行於西周，並非一成不變。至於東周，射王中肩者有之，以諸侯召王者有之，直斥天子之母"婢也"者有之，則覲禮難行、終於名存實亡可知。⑧

三　燕禮與《小雅》部分詩篇的創作

《南有嘉魚》：

> 南有嘉魚，烝然罩罩。君子有酒，嘉賓式燕以樂。
> 南有嘉魚，烝然汕汕。君子有酒，嘉賓式燕以衎。
> 南有樛木，甘瓠纍之。君子有酒，嘉賓式燕綏之。
> 翩翩者鵻，烝然來思。君子有酒，嘉賓式燕又思。

"嘉賓式燕綏之"，《箋》："綏，安也。"《儀禮·燕禮》：

> 司正洗角觶，南面坐奠于中庭，升，東楹之東受命，西階上北面命卿大夫："君曰'以我安'。"卿大夫皆對曰："諾。敢不安！"

鄭玄注："君意殷勤，欲留賓飲酒。命卿大夫以我故安，或亦其實不主意於賓。"由此可見《南有嘉魚》一詩必與禮儀有密切的聯繫，這一禮儀即是"燕禮"。詩中一些言辭應是詩人據"燕禮"成辭而作詩。

《湛露》：

> 湛湛露斯，匪陽不晞。厭厭夜飲，不醉無歸。
> 湛湛露斯，在彼豐草。厭厭夜飲，在宗載考。
> 湛湛露斯，在彼杞棘。顯允君子，莫不令德。
> 其桐其椅，其實離離。豈弟君子，莫不令儀。

此詩曰："厭厭夜飲，不醉無歸。"《儀禮·燕禮》：

> 司正升受命，皆命："君曰'無不醉'。"賓及卿大夫皆興，對曰："諾。敢不醉！"皆反坐。

鄭玄注："'皆命'者，命賓，命卿大夫也。"對照詩篇，《湛露》亦是為《燕

禮》而作。詩曰"厭厭夜飲",《毛傳》:"厭厭,安也。"胡承珙《毛詩後箋》:

> 此"厭厭夜飲"訓"安"者,即《儀禮·燕禮》"君曰'以我安'"。下文"不醉無歸",即《燕禮》"君曰'無不醉'",賓及卿大夫皆曰"諾,敢不醉"也。

可知詩人亦是用其時燕禮的部分成辭而作詩。《毛傳》訓"厭厭"爲"安",《鄭箋》釋"綏"爲"安",可能皆是以禮爲訓。《左傳》文公四年:"衛甯武子來聘。公與之宴,爲賦《湛露》及《彤弓》。不辭。又不答賦。使行人私焉。對曰:'臣以爲肄業及之也。昔諸侯朝正於王,王宴樂之,於是乎賦《湛露》。則天子當陽,諸侯用命也。諸侯敵王所愾而獻其功,王於是乎賜之彤弓一,彤矢百,玈弓矢千,以覺報宴。今陪臣來繼舊好,君辱貺之,其敢干大禮以自取戾?'"魯文公爲客人歌奏《湛露》當然是用詩,但甯武子之答語卻涉及到此詩的創作背景,即周天子爲諸侯之朝而於宴時賦《湛露》。甯武子言"昔諸侯朝正於王"云云,當然是指西周時期之事。甯武子明言《湛露》是因天子宴樂諸侯而賦,則《湛露》必是因燕禮而創作。

《左傳》甯武子語不僅言及《湛露》,亦言及天子賜諸侯彤弓之事,此即《小雅·彤弓》篇之所詠:

> 彤弓弨兮,受言藏之。我有嘉賓,中心貺之,鐘鼓既設,一朝饗之。
> 彤弓弨兮,受言載之。我有嘉賓,中心喜之,鐘鼓既設,一朝右之。
> 彤弓弨兮,受言櫜之。我有嘉賓,中心好之,鐘鼓既設,一朝醻之。

《序》:"《彤弓》,天子錫有功諸侯也。"從詩中"彤弓弨兮,受言藏之"諸語看,《序》說固有據;但詩又曰"鐘鼓既設,一朝饗之"云云,可知此詩所詠之賜應是燕後之賜,即此詩所詠亦與燕禮有關。孫詒讓《籀廎述林》:"首章'饗之',即獻。次章'右之',即酢。合之三章云'酬之',正是獻、酢、酬之禮。"周代燕禮中"獻"、"酢"、"酬"程式的完成,稱爲"一獻"之禮。這充分證明了此詩創作的禮儀背景。

但此詩的禮儀背景並非一般的燕禮,而是周代比燕禮等級高的饗禮。詩中已明言"一朝饗之",其所詠屬饗禮可確定無疑。不過饗禮與燕禮相近,它可以視爲一種高級的燕禮，兩者的禮節有相同亦有相異的因素。饗禮在後代失傳，故《儀禮》不載饗禮。因其與燕禮相近，故我們仍可從燕禮的角度視之。在周代，只有周天子可行饗禮；且饗禮一般只用於周天子招待高級貴族⑨。《禮記·王制》孔穎達《疏》引皇侃語認爲，周代饗禮用於四種情況，其一便是諸侯來朝。在正《小雅》中，《南有嘉魚》、《蓼蕭》、《湛露》、《彤弓》、《菁菁者莪》諸詩所詠禮儀背景相近，且篇次相連。若以禮儀的背景視之，則它們可確定爲同時、同事而創作的一組詩，從諸侯來朝，到燕飲，到賞賜，可謂一應具有，次序井然。《彤弓》爲招待高級貴族之饗禮，其下篇《菁菁者莪》即曰"錫我百朋"，這無疑是一種重禮。此亦可見這組詩篇在時事及禮儀背景上的關聯。

許維遹《饗禮考》列舉饗、燕禮九別，其中有：先饗後燕、饗晝燕夜、饗不食燕食、饗不必賦詩燕必賦詩等⑩。由此可見饗、燕的密切關係及其異同。驗之於本節所論詩篇，亦大體相合。如《湛露》云"厭厭夜飲"，即燕禮行於夜之證。《彤弓》所詠是饗禮，不見宴飲之辭，此可證"饗不食燕食"。《彤弓》箋云："王意殷勤於賓，故歌序之。"《孔疏》："由王如此，故復作詩歌而敘之，解此彤弓之意，以王中心之實，故歌之以示法耳。"那麼若以詩爲證的話，則饗禮有可能亦賦詩。

據劉雨《西周金文中的"周禮"》，燕禮以盡歡而散爲其特徵，而饗禮則相反：備酒食而不用。漆子揚也說："《燕禮》是與群臣的歡會，只求盡情宴飲。"⑪這與詩所詠內容均相吻合。《彤弓》、《菁菁者莪》所詠爲饗禮，即毫不言及燕飲之事；而《湛露》曰"不醉無歸"，無疑是燕禮了。

《彤弓》篇所言天子賜諸侯弓矢之事，古籍中亦有所載。《穀梁傳》定公八年："大弓者，武王之戎弓也。周公受賜藏之魯。"《尚書·文侯之命》記晉文侯迎立周平王有功，平王賜以"彤弓一，彤矢百"。《左傳》僖公二十八年："晉侯獻楚俘于王，賜之彤弓一，彤矢百。"《左傳》襄公八年："季武子賦《彤弓》。宣子曰：'城濮之役，我先君文公獻功於衡雍，受彤弓于襄王，以爲子孫藏。'"《左傳》昭公十五年："彤弓虎賁，文公受之。"天子賜諸侯弓矢之事亦見於銅器銘文。這些均可與詩相互印證。如天子賜周公、晉文侯，顯然是以饗禮招待高級貴族，與《彤弓》"一朝饗之"後而賜以弓矢正相合。

《南有嘉魚》、《湛露》、《彤弓》諸詩皆因燕、饗禮而作，而詩篇的創作宗旨應當與禮儀本身一樣具有一定的政治教化意義。《禮記・燕義》："燕禮者，所以明君臣之義也。"鄭玄注："言聖人制禮，因事以托政治。"清惠周惕《詩說》："宴饗，小節也，而《禮》詳載之。飲食，細故也，而詩屢言之。何也？先王所以通上下之情而教天下尊賢、親親之意也。爲之賓主以盡其歡，爲之揖讓百拜以習其禮，爲之琴瑟鼓鐘以和其心，爲之酒監、酒史以防其失，爲之司射、誘射以分別其賢不肖。蓋明示以歡欣交愉之情，而隱折其驕悍不馴之氣，使之反情和志，怡然自化而不知，此聖人治天下之微權也。誰謂飲食乃細故哉？"此從政治教化意義上理解、審視燕飲詩，顯然是得其要義的。

這種因燕禮而創作的詩篇在西周後期亦呈現出不同的面貌。如《頍弁》：

有頍者弁，實維伊何？爾酒既旨，爾殽既嘉。豈伊異人？兄弟匪他。
蔦與女蘿，施于松柏。未見君子，憂心奕奕。既見君子，庶幾説懌。

有頍者弁，實維何期？爾酒既旨，爾殽既時。豈伊異人？兄弟具來。
蔦與女蘿，施於松上。未見君子，憂心怲怲。既見君子，庶幾有臧。

有頍者弁，實維在首。爾酒既旨，爾殽既阜。豈伊異人？兄弟甥舅。
如彼雨雪，先集維霰。死喪無日，無幾相見。樂酒今夕，君子維宴。

詩中所反復強調的"爾酒既旨，爾殽既嘉。豈伊異人？兄弟匪他"云云，與《南有嘉魚》、《湛露》所詠的燕飲禮儀相同，《頍弁》也是因燕禮而創作的詩篇。不過此詩末曰："死喪無日，無幾相見。樂酒今夕，君子維宴。"這種頹廢、消極的情緒，不應是西周禮儀興盛時所應有。這種衰世的燕飲已不再強調令德、令儀，而是於酒後帶來絕望、頹廢之感。吳闓生《詩義會通》曰："此乃同姓宴樂之詞。末章憂危之旨溢於言表，自爲亂世悲愁之作。"這種燕飲之後的消極頹廢情緒，影響了後世同類詩篇的創作。故朱熹云："詩言喪亂無日，古人燕樂多爲此言。漢魏以來樂府猶多如此。"

《小雅・瓠葉》亦是詠燕禮之詩：

幡幡瓠葉，采之亨之。君子有酒，酌言嘗之。
有兔斯首，炮之燔之。君子有酒，酌言獻之。
有兔斯首，燔之炙之。君子有酒，酌言酢之。

　　　　有兔斯首，燔之炮之。君子有酒，酌言酬之。

　　燕禮中一獻之禮獻、酢、酬的禮儀程式在此詩中明言無疑，故此詩定是詠燕禮之詩。《左傳》昭公元年："趙孟賦《瓠葉》，穆叔曰：'趙孟欲一獻。'"亦可證此詩的禮儀性質。

　　《瓠葉》所詠一獻之禮與《彤弓》所詠饗禮的程式是相同的。兩詩所詠禮儀的不同之處可能在於禮儀層次的不同，這種禮儀層次的不同是由人物身份的不同決定的。《彤弓》所詠是周天子燕賜諸侯之禮，而《瓠葉》所詠應是士禮。《儀禮·既夕禮》鄭注："士臘用兔。"又《儀禮·士冠禮》鄭注："一獻之禮有薦，有俎。"據賈公彥《疏》，"薦"指"薦脯醢"，"俎"指"俎牲體"。驗之於詩，《瓠葉》"幡幡瓠葉，采之亨之"即"薦脯醢"之類，"有兔斯首，炮之燔之"即"俎牲體"之類。由此可證《瓠葉》詩所詠的禮儀性質。此詩位於《小雅》之末，或即是因其人物身份、禮儀層次較低的緣故。

　　正《小雅》詩篇可能均因禮而作。《毛詩序》於變《小雅》之始《六月》遍舉正《小雅》廢棄不用之惡果，曰："《鹿鳴》廢則和樂缺矣，……《菁菁者莪》廢則無禮儀矣。《小雅》盡廢，則四夷交侵，中國微矣。"我們不禁要問：《詩序》所言之"廢"是廢詩還是廢禮？筆者認爲，《詩序》表面上是言廢詩，而實際上是言廢禮。因爲正《小雅》詩篇的創作與周禮的關係極爲密切，故《詩序》以言廢詩而意指廢禮。《六月》孔疏曰："此二十二篇，《小雅》之正經，王者行之，所以養中國而威四夷。今盡廢，事不行，則王政衰壞，中國不守，四方夷狄來侵之，中夏之國微弱矣。"從《孔疏》所言看，其意亦指廢禮。黃節《詩旨纂辭·變雅》亦曰："《序》所謂《小雅》盡廢者，謂廢其事而不行也。然則國史所定大師所掌之詩，昔之以爲常樂者，至是因事廢，而詩亦隨廢。"[12]又，《禮記·經解》篇曰："朝覲之禮，所以明君臣之義也。聘問之禮，所以使諸侯相尊敬也。喪祭之禮，所以明臣子之恩也。鄉飲酒之禮，所以明長幼之序也。昏姻之禮，所以明男女之別也。……故昏姻之禮廢，則夫婦之道苦，而淫辟之罪多矣。鄉飲酒之禮廢，則長幼之序失，而爭鬥之獄繁矣。喪祭之禮廢，則臣子之恩薄，而倍死忘生者衆矣。聘覲之禮廢，則君臣之位失，諸侯之行惡，而倍畔侵陵之敗起矣。"《經解》篇所言各種禮廢與《六月·序》如出一轍，兩說很可能同源。

四　軍禮與《小雅》部分詩篇的創作

《采芑》：

　　薄言采芑，于彼新田，于此菑畝。方叔涖止，其車三千，師干之試。方叔率止，乘其四騏，四騏翼翼。路車有奭，簟茀魚服，鉤膺鞗革。

　　薄言采芑，于彼新田，于此中鄉。方叔涖止，其車三千，旂旐央央。方叔率止，約軝錯衡，八鸞瑲瑲。服其命服，朱芾斯皇，有瑲蔥珩。

　　鴥彼飛隼，其飛戾天，亦集爰止。方叔涖止，其車三千，師干之試。方叔率止，鉦人伐鼓，陳師鞠旅。顯允方叔，伐鼓淵淵，振旅闐闐。

　　蠢爾蠻荊，大邦為讎。方叔元老，克壯其猶。方叔率止，執訊獲醜。戎車嘽嘽，嘽嘽焞焞，如霆如雷。顯允方叔，征伐玁狁，蠻荊來威。

《序》："《采芑》，宣王南征也。"然細審詩義，詩中並無真實的戰事，詩所詠之事乃是對周代軍禮的演習。何以知之？有以下幾方面證據。

1.《采芑》共四章，前三章均以興開頭，然後引出方叔對軍隊的檢閱，頌軍容之整、軍威之狀，詩的主體部分毫不言及戰事。只是在詩的末章以"蠢爾蠻荊，大邦爲讎"，引出"顯允方叔，征伐玁狁，蠻荊來威"等內容，然而亦只是"蠻荊來威"而已。從詩所陳述的內容看，無任何戰事發生。這與《采薇》、《出車》、《六月》等開篇即抒寫戰事大有不同，形成了鮮明對比。詩末章"征伐玁狁"即是指《六月》詩所詠征伐玁狁之事。兩相對照可知，周人可能正是乘伐玁狁獲勝之餘威，舉行"治兵"、"振旅"儀式以威懾荊蠻。清吳闓生《詩義會通》："先大夫曰：'此蓋北伐振旅，侈陳軍威以風荊蠻。'劉向所謂'方叔、吉甫爲宣王誅玁狁而百蠻從'者，最得其實。蘇轍云：'方叔南征，先治其兵，既衆且治而蠻荊遂服。'"

2. 詩第四章明言"顯允方叔，征伐玁狁，蠻荊來威"，可知無戰事發生，只是方叔征伐玁狁之後，威懾荊蠻的一次軍事行動。所以末章"方叔率止，執訊獲醜"亦只是對軍事演習的描述，並非真實的戰爭行動。"方叔率止"之後並無任何戰鬥過程和準備，而直接即可"執訊獲醜"。難道敢與"大邦爲離"的荊蠻竟如此不堪一擊，克之如探囊取物？這只能理解爲：詩中所述之事乃是類似今軍事演習的儀式，非真實的戰爭。林義光《詩經通解》曰："執訊獲醜，願望之詞也。"

3. 此詩的主體內容都是在宣揚軍威，而不是在描寫戰事。宣揚軍威、軍容的文字占了詩的絕大部分篇幅。若詩篇果是頌美宣王南征的真實戰爭，爲何不着力描寫戰事，而只是自誇軍威？《朱子語類》曰："南征蠻荊想不甚費力，不曾大段戰鬥，故只極稱其軍容之盛而已。"陳子展《詩經直解》："方叔夏天和吉甫北伐，他就不可能又在秋天南征，除非他僅僅治兵，虛張聲勢，南蠻就望風畏服。"

4. 詩中反復強調："方叔涖止，其車三千，師干之試。"此數語處於前幾章的中間，是此詩所突出強調的內容，亦是詩篇主題句之所在，是詩的主旋律。"師干之試"何意？《傳》："干，扞。試，用也。"《箋》："其士卒皆有佐師扞敵之用爾。""師"當爲軍隊之意，如《秦風·無衣》"王於興師"。嚴粲《詩緝》："干，盾也。程子曰：師干，猶今云兵甲也。""干"即代指兵器。朱熹《詩集傳》："試，肄習也。言衆且練也。""試"當爲"操練"之意。就"師干之試"句的詩義看，詩既已明言非真實的出征殺敵，而只是習武演練而已。《詩經傳說匯纂》引蘇轍曰："宣王之南征，使方叔治其軍而後用之。方叔之治軍也，陳其車馬，而試其衆以捍敵之法。"清顧鎮《虞東學詩》："詩無舉征伐事而言'試'者。此詩前三章兩言'師干之試'，明是先期練治以習號令、信賞罰，故三章以後遂以明信稱方叔也。《左傳》：'楚子將圍宋，使子文治兵於睽。''子玉復治兵於蒍。'蓋古人用兵原有此法。末章方言威蠻荊事，豈有未至地而先戰者？蓋以宿望之將，率練治之兵，未嘗戰也。……詩意是因南征而治兵，非因治兵而南征也。"

5. 此詩三章曰："方叔率止，鉦人伐鼓，陳師鞠旅。顯允方叔，伐鼓淵淵，振旅闐闐。""鉦人伐鼓"者，鉦人伐鉦，鼓人伐鼓也。"陳師鞠旅"者，陳其師旅而告之也。《毛傳》："入曰振旅。"《鄭箋》引《公羊傳》莊公八年文曰："出曰治兵，入曰振旅，其禮一也。"那麽在第三章之中，爲何方陳師出兵，即立即振旅而還？若是真實的戰爭，詩人不至於如此高度概括而言之吧？鄭玄似乎亦惑於《序》說，在引《公羊傳》文時，竟略去了語意緊密相承的後文關鍵一句話。《公羊傳》原文曰："出曰祠兵，入曰振旅，其禮一也，皆習戰也。"《穀梁傳》作："出曰治兵，習戰也；入曰振旅，習戰也。"《周禮·夏官·大司馬》："中春教振旅，司馬以旗致民，平列陳，如戰之陳。""中秋教治兵，如振旅之陳。"《左傳》隱公五年："三年而治兵，入而振旅，雖四時講武，猶復三年而大習。"西周金文中亦有"王大省公族於庚，振旅"（《中觶》）的記載。證之以上文獻資料，可知此詩第三章陳師告旅之後即曰振旅而還，乃是"習戰也"。此種"習戰"，實即古人所言之"治兵"、"振旅"儀式，類似今之軍事演習；若從禮儀的角度而言，則無疑此即屬於周代的軍禮。

方玉潤《詩經原始》："如許大篇文字，而發端乃以采芑起興，何能相稱？"說重大軍事行動以采芑起興不相稱，固然有一定道理。然而《采薇》同樣是寫軍事征伐，而以采薇起興。《采薇》《采芑》二詩以采薇、采芑興起軍事行為，確與《雅》中同題材的《四牡》、《出車》、《六月》、《江漢》、《常武》等詩不類。宋唐仲友《詩解鈔》為此疑提供了一種解釋：

  古之兵出於農。地政修廢，兵力之強弱也。周之衰，田萊多荒而軍政壞。宣王中興而農政修，兵復出於農。故曰："薄言采芑，于彼新田，于此菑畝。"又曰："于彼新田，于此中鄉。"然則不先修地政而求兵之強者，吾未之信也。

其說新穎可喜，言之成理。如此看來，此詩前三章以"采芑"、"飛隼"起興，其實近於賦，即詩人于"治兵"、"振旅"之地實賦其景，以之作興。因為方叔所練之兵、所治之軍，其身份原本都是農人。若純理解為興，那麼練兵、治軍與采芑何干？《采薇》以"采薇"起興亦可作如是解。

《六月》、《采芑》和《采薇》、《出車》所詠之事相近，一般認為是同時、同事之時。編《詩》者以《采薇》、《出車》為正詩，以《六月》、《采芑》為變詩，應當是有一定用意的。通過比較，我們認為《采薇》、《出車》真實地揭示了宣王北伐、南征時將士的哀怨情緒，而《六月》、《采芑》在很大程度上只是虛美而已。《六月》、《采芑》所記之事雖實，而所頌之辭卻有虛美的成分。所以，關於宣王南征北伐數詩的正、變之分，可能暗含了《詩》之編輯、傳授者對宣王中興及其武功的看法和評價。顧炎武《日知錄》："宣王之功，計亦不過唐之宣宗，而周人之美宣，亦猶魯人之頌僖也，事劣而文侈矣。"《毛傳》於《采芑》篇有一句耐人尋味之言："言其強美，斯劣矣。"《孔疏》申其意曰："必言其強美者，斯劣弱矣。《老子》曰：'國家昏亂有忠臣，六親不和有孝慈，明名生於不足。'詩人所以盛矜于強美者，斯爲宣王承亂，劣弱矣，而言之也。"可能傳《詩》的毛公亦不滿於其虛美不實之詞，方出此言。《毛傳》一般只作字詞上的訓詁，像這樣直接針對詩中所詠之事而發表言論表達毛公自己的評論，此種情況《詩》傳中極少出現。清李光地《詩所》亦云："觀《東山》、《采薇》、《出車》皆眷眷於征人道路之艱辛，室家之離別，《杕杜》則並探其父母之憂思，皆聖人所以體天地之心也。至宣王諸詩，徒侈其盛威於中國，而此意微矣。"可知這種對"宣王中興"不以爲然的評論古已有之。下篇《車攻》美宣王復古，其詩終之曰"允矣君子，展也大成"，《孔疏》："宣王中興明君，美其復古，比諸成、康才四分之一，則'展也大成'徒虛言耳。"

由以上對《采芑》詩義的考論可知，《采芑》所詠即周代的"治兵"、"振旅"儀式，這種儀式亦即周代之軍禮。若聯繫《采芑》之下二篇《車攻》、《吉日》加以考查，詩篇所詠爲軍禮並爲軍禮而創作的性質更爲明顯。

《車攻》：

> 我車既攻，我馬既同。四牡龐龐，駕言徂東。
> 田車既好，田牡孔阜。東有甫草，駕言行狩。
> 之子于苗，選徒囂囂。建旐設旄，搏獸于敖。
> 駕彼四牡，四牡奕奕，赤芾金舄，會同有繹。
> 決拾既佽，弓矢既調。射夫既同，助我舉柴。
> 四黃既駕，兩驂不猗。不失其馳，舍矢如破。
> 蕭蕭馬鳴，悠悠旆旌。徒御不警，大庖不盈。
> 之子于征，有聞無聲。允矣君子，展也大成。

《車攻》一詩據《傳》、《疏》的闡釋，當與其上《六月》、《采芑》二篇爲同時、同事、同禮之詩。《序》："《六月》，宣王北伐也。""《采芑》，宣王

周禮與《小雅》部分詩篇的創作　　25

南征也。""《車攻》,宣王復古也。宣王能內脩政事,外攘夷狄,復文、武之境土;脩車馬,備器械,復會諸侯於東都,因田獵而選車徒焉。"《毛序》釋詩,多有聯繫前後篇、採用互文見義法者,此即一例。《車攻》篇《孔疏》曰:"以詩次有義,故序者每乘上篇而詳之。言'內脩政事,外攘夷狄'者,由內事脩治,故能外平強寇,即上二篇南征、北伐是也。……既攘去夷狄,即是復竟土,是爲復古也。"《孔疏》深得《序》義,這幾首詩在本事及禮儀背景上的關聯是可以肯定的。

《車攻》二章曰:"田車既好,田牡孔阜。東有甫草,駕言行狩。"《傳》:"田者,大芟草以爲防,或舍其中。褐纏旃以爲門,裘纏質以爲槸,間容握,驅而入,擊則不得入。之左者之左,之右者之右,然後焚而射焉。天子發然後諸侯發,諸侯發然後大夫、士發。天子發抗大綏,諸侯發抗小綏,獻禽於其下,故戰不出頃,田不出防,不逐奔走,古之道也。"《孔疏》:"言既會諸侯,又與田也。……未田之前,誓士戒衆,故教示戰法,當在其間止舍也。……以教戰試其能否,故令驅焉。""《周禮》:'仲夏教芨舍。'鄭云:'芨舍,草止也。軍有草止之法。'此苗田即草止,明芨草止其中焉。或舍其中也。以教戰即軍禮,同,故言'軍有草止之法'。仲夏舉草舍之法,田禮皆當然也。故'仲冬教大閱'云:'前期群吏,戒衆庶,脩戰法。虞人萊所田之野爲表,百步則一,爲三表。又五十步爲一表。田之日,司馬建旗于後表之中,群吏以旗物鼓鐸鐲鐃,各帥其民而致。質明,弊旗,誅後至者。乃陳車徒,如戰之陳。'注云:'萊,芟除可陳之處。表,所以識正行列也。四表積二百五十步。左右之廣,當容三軍,步數未聞。'鄭云'芟除可陳之處',是芟草爲教戰之所。《傳》言'田者,大芟草以爲防',則芟草爲田獵之處,明先獵以教戰,合圍又在間焉,二者同處也。""教戰既畢,士卒出和,乃分地爲屯。既陳,車驅卒奔,驅禽,內之於防,然後焚燒此防草,在其中而射之。"

由《傳》、《疏》對《車攻》詩義及其禮儀背景的闡釋,我們可知:

其一,《采芑》、《車攻》、《吉日》三詩所詠即周禮中之軍禮。三詩所詠之軍禮是前後密切聯繫的,可視爲一種三位一體的軍禮。《采芑》所詠是"既會諸侯"之後,"誓士戒衆,教示戰法"之事,《車攻》所詠是"教戰既畢","乃分地爲屯",教以"草止之法",之後"焚燒此防草,在其中而射之"之事。

其二，《車攻》篇《傳》、《疏》的闡釋已不僅僅是針對《車攻》一詩，而是聯繫詩的內容，針對周禮中的軍禮而加以闡釋。故《孔疏》曰"教戰即軍禮"。只有以軍禮爲背景和視角加以闡釋，才能揭示這些詩篇的本事、本義，因爲這些詩篇即是據軍禮而作。

《周禮·夏官·大司馬》："中夏教茇舍，如振旅之陳。群吏撰車徒……皆如振旅。遂以苗田，如蒐之法。……中秋教治兵，如振旅之陳。"此處所記皆爲軍禮。其中"中夏教茇舍"，鄭玄釋爲軍隊之"草止"之法，此即《車攻》篇所詠之本事及禮儀背景。而"中秋教治兵"則是上篇《采芑》所詠的內容。無論"茇舍"還是"治兵"，皆"如振旅之陳（陣）"，可知它們的禮儀性質相同並相關。《太平御覽》卷八百三十一引《韓詩內傳》曰："春曰畋，夏曰蒐，秋曰獮，冬曰狩。夫田獵，因以講道、習武、簡兵也。"可知《車攻》之田獵，與《采芑》之習武、簡兵，宗旨亦是相同的。

《采芑》篇所詠是周代治兵之軍禮，而《序》卻以實事釋之曰"南征"。既然是治兵習禮，就沒有所謂"南征"之事。劉雨《西周金文中的"周禮"》有如下論述，爲《序》以《采芑》爲"南征"提供了一種解釋：

> 《啟卣》："出狩南山。"《啟尊》："啟從王南征。"兩器為一人所作，所記亦同一事件，一說"出狩"，一說"南征"，可見此時的出征往往以出狩為掩護。大隊兵馬浩浩蕩蕩地於山川之上狩獵，這本身就是一種炫耀武力的戰爭演習。文獻中所記的"大蒐禮"講的也是借狩獵之機演練軍陣，作為一種戰爭準備的手段。……金文和文獻中有關觀兵的記載說明，觀兵是周人一種很重要的戰爭手段，其作法是使用強大武力相威脅，而不直接使用武力，用軍事壓力使敵人屈服。周人這種構兵於禮的作法把殘酷的軍事鬥爭掩蓋在諸如出狩、軍事演習等活動中，以求達到"不戰而屈人之兵"的目的。[13]

劉雨先生的論述足以解筆者之惑。由此可知，"南征"和"出狩"、治兵實爲一事，《序》說仍不誤。《序》之"南征"可能是一種直探其本義的說法，可能序《詩》者認爲，出狩、田獵、觀兵都只是現象，南征才是其目的，故

《序》捨去其他，而專以"南征"作解。劉雨之説亦可證明，《車攻》、《吉日》二詩所詠天子狩獵之事，無疑與《采芑》同屬周代之軍禮，且很可能是一時之事。

本節所論詠軍禮三詩，既有禮儀上的背景，亦有時事上的背景。《車攻序》即以"復會諸侯於東都，因田獵而選車徒"云云指實其事，並以之爲宣王"復古"之舉。《序》説大體不誤。胡承珙《毛詩後箋》："成康之時本有會諸侯於東都之事。《逸周書·王會解》首云成周之會，孔晁注云：'王城既成，大會諸侯及四夷也。'《竹書》：'成王二十五年，大會諸侯於東都，四夷來賓。'皆其明證。宣王中興，重舉是禮，故曰'復會'。"方玉潤《詩經原始》："昔周公相成王，營洛邑爲東都以朝諸侯。周室既衰，久廢其禮。迨宣王始舉行古制，非假狩獵不足懾服列邦。故詩前後雖言獵事，其實歸重'會同有繹'及'展也大成'二句。蓋東都之朝不行久矣，至宣王始行之，而謂列辟能帖然服乎？迨至來會，得睹車徒之盛，紀律之嚴，射御之巧，頒賜之公，不覺心悅誠服，始歡聲鼓舞而爲舉柴之助。曰'展也大成'，喜之，亦幸之也。中興之業，豈易建哉？"王宗石《詩經分類詮釋》："古代借田獵來進行軍事演習和訓練，分四季舉行，即所謂春蒐、夏苗、秋獮、冬狩，以冬季農閒時期的一次規模最大。這詩所寫的是周天子夏季的一次田獵。《周禮·大司馬》謂仲夏苗田用車。劉昭《續漢書補注》：'周宣王狩于敖。'即此。""古代漁獵社會只知種草、養獸，其時只有草田，在草田獵取獸類便叫田。狩獵即所以訓練士卒作戰。"⑭以上言論皆有理有據。可知周宣王有意模仿成王之舉，"復古"之言不虛。《易林·履之夬》："《吉日》、《車攻》，田弋獲禽。宣王飲酒，以告嘉功。"《鼎之隨》同。又，《墨子·明鬼篇》："周宣王合諸侯而田於圃田，車數百乘，從數千，人滿野。"《朱子語類》："時舉説《車攻》、《吉日》二詩，先生曰：'好田獵之事古人亦多刺之，然宣王之田乃是因此見得其車馬之盛，紀律之嚴，所以爲中興之勢者在此。其所謂田，異乎尋常之田矣。'"

《吉日》：

> 吉日維戊，既伯既禱。田車既好，四牡孔阜。升彼大阜，從其群醜。
> 吉日庚午，既差我馬。獸之所同，麀鹿麌麌。漆沮之從，天子之所。

瞻彼中原，其祁孔有。儦儦俟俟，或群或友。悉率左右，以燕天子。
既張我弓，既挾我矢。發彼小豝，殪此大兕。以御賓客，且以酌醴。

《采芑》、《車攻》、《吉日》三詩在《小雅》中篇次相連，據詩義，當爲同時、同事、同禮之詩。《車攻》"赤芾金舄"如同《采芑》"朱芾斯皇"。《吉日》四章言善射，"既張我弓，既挾我矢。發彼小豝，殪此大兕"，即《車攻》"舍矢如破"之意。《吉日》四章言田獵後"以御賓客"，亦照應着《車攻》"大庖不盈"之意。

《吉日》篇所詠之事和禮行於"吉日"，《傳》釋之曰："外事以剛日。"此亦本禮而釋。《禮記·曲禮》："外事以剛日，內事以柔日。"鄭注："順其出爲陽也。出郊爲外事。《春秋傳》曰：'甲午祠兵。'內事以柔日，順其居內爲陰。"因此所謂"吉日"，亦即"剛日"，"外事以剛日"，無疑指行於郊外之治兵、狩獵等事。此亦可證《吉日》所詠之事及禮必爲軍禮。

《吉日》三章曰："悉率左右，以燕天子。"《傳》："驅禽之左右，以安待天子。"《箋》："悉驅禽順其左右之宜，以安待王之射也。"《周禮·夏官·田僕》："設驅逆之車。凡田，王提馬而走，諸侯晉，大夫馳。"鄭玄注："驅，驅禽，使前趨獲。提猶舉也。晉猶抑也。使人扣而舉之、抑之，皆止奔也。"可知詩中所詠之事與周禮完全相合。王先謙《詩三家義集疏》："《左傳》昭公三年：'鄭伯如楚，子產相。楚子享之，賦《吉日》。既享，子產乃具田備。'此《吉日》爲出田之證。《車攻》由會諸侯而田獵，《吉日》則專美田事也。"

隨從臣下驅趕野獸以待周王去射，乃是按君臣之禮而行的舉動；此禮的要義亦是爲顯示君臣上下的等級之別，正君臣之義。在西周王室強大之時，這種君臣之禮的實施是認真的、一絲不苟的。故《詩序》以爲《吉日》美宣王"能慎微接下"，從而能使臣下"自盡以奉其上"，這並非純粹在宣揚封建教義，而是當時行這種禮，確實既能顯示君臣之間的親和，又能正君臣之義。從此意義上而言，詩人之美也並非虛美。宋唐仲友《詩解鈔》：

> 法能制人於所及見，不能制人於所不見。至於恩禮之所感，則雖幽遠而愛敬之心存。君射而有司翼五豝，是法也。至於"漆沮之從，天子之所"，豈法之所能制哉？職能拘人之所當爲，不能得人於所不必爲。至於

> 恩禮之所感，則無親疏而愛敬之心同。王田則虞人注禽，是職也。至於"悉率左右，以燕天子"，豈職之所能拘哉？惟下之奉上如此，故上之人得以"發彼小豝，殪此大兕"，不自以爲能而以御賓客，且以酌醴。則謹微接下之道終得有始矣。亦惟謹微接下，故無不自盡以奉其上耳。故《吉日》之所美者微，而寓意則大。

唐氏之言可謂善得詩旨。可以斷言，西周天子舉行包括軍禮在內的上述諸禮儀，絕不是爲了娛樂，而是有明確的政治目的和意義。故《禮記·射義》論天子舉行燕射之禮時曰："詩曰：'曾孫侯氏，四正具舉。大夫君子，凡以庶士，小大莫處，御于君所。以燕以射，則燕則譽。'[15]言君臣相與盡志於射，以習禮樂，則安則譽也。是以天子制之，而諸侯務焉。此天子之所以養諸侯而兵不用，諸侯自爲正之具也。"這對於揭示周禮的政治要義，可謂一語中的——禮是治人、治國的方略，是一種統治手段。朱熹《詩集傳》引東萊呂氏亦曰："《車攻》、《吉日》所以爲復古者何也？蓋蒐狩之禮可以見王賦之復焉，可以見軍實之盛焉，可以見師律之嚴焉，可以見上下之情焉，可以見綜理之周焉。欲明文武之功業者，此亦足以觀矣。"

注 釋

① 《禮記》其他篇章也有對養老禮儀的記載，如《樂記》記武王克殷後："食三老五更於大學。"《祭義》："食三老五更於大學。"但對這種禮儀記載最詳的是《文王世子》。
② 賦比興在一定意義上是同源的。並且賦比興在早期是融爲一體的。頗疑漢儒將周禮樂語之教"興、道、諷、誦、言、語"概括、簡化爲"賦、比、興"。
③ 魯洪生《〈毛傳〉標興本義考》，《中國詩歌研究》第一輯。
④ 陳子展《詩三百解題》，復旦大學出版社，2001年，第618頁。
⑤ 劉雨《西周金文中的"周禮"》，《燕京學報》第三期，第78～79頁。
⑥ 劉雨《西周金文中的"周禮"》，《燕京學報》第三期，第82頁。
⑦ 筆者按：指《儀禮·覲禮》。
⑧ 陳戍國《先秦禮制研究》，湖南教育出版社，1991年，第228頁。
⑨ 參考劉雨《西周金文中的"周禮"》、楊寬《西周史》等。
⑩ 引自劉雨《西周金文中的"周禮"》，《燕京學報》第三期，第92頁。
⑪ 漆子揚《從〈儀禮〉樂制的變通看周代樂禮的文化屬性》，《中國文化研究》2008年春之

⑫ 黃節《詩旨纂辭·變雅》，中華書局，2008年，第465頁。
⑬ 劉雨《西周金文中的"周禮"》，《燕京學報》新三期，第68~69頁。
⑭ 王宗石《詩經分類詮釋》，湖南教育出版社，2001年，第501~502頁。
⑮ 按：此是逸詩。《孔疏》以爲即《貍首》之詩。

祝秀權，1968年生。2009年畢業於揚州大學中文系，獲博士學位。現爲淮陰師範學院中文系教師。

Rites of the Zhou Period and the Creation of Some Works in the Book of Songs: "Xiao Ya"《小雅》

Zhu Xiuquan

Summary

A part of works in The Book of Songs: "Little Refined" (or "Xiao Ya" by transliteration)《詩經·小雅》arc closely related to rites of that time. Studies of these works will give us inspiration to understand the background of their creation, reveal their original meanings and correct mistakes in their interpretation. The present paper expounds a number of songs relative to rites of "asking policy formulators for providing for the ages," going to the court, giving banquets and behaving in the army, and thus shows the relationship between songs and rites of the Zhou period and the important significance of the two things in their mutuai interpretation.

古今中西之間
——陳垣與20世紀中國史學

陳智超

一 引 言

進入20世紀，以梁啓超《新史學》（1902年）爲標誌，中國史學進入一個新的時期，涌現出了一批傑出的史學家，形成了一個群星璀璨的局面。他們對中國現代史學的形成和發展起了重要的作用，而且在國際上有廣泛的影響。研究這一批巨星產生的原因，和他們成長的過程，總結其中的經驗教訓，對於我們中國史學今後的發展有重要的意義。

這批史學家，他們的情況差別很大，有的是文史皆備，有的專攻史學，也有的史學還不是他們的主項。他們的經歷相差也很大，所以這是一個大的課題，我們需要在個案研究的基礎上進行綜合研究。今天我就講講我的祖父陳援庵先生。

在20世紀20年代，陳援庵和王國維齊名。1929年傅斯年組建中央研究院歷史語言研究所，給援庵先生寫了一封信。他說：

> 斯年留旅歐洲之時，睹異國之典型，慚中土之搖落，並漢地之歷史言語材料亦為西方旅行者竊之奪之，而漢學正統有在巴黎之勢。是若可忍，孰不可忍？幸中國遺訓不絕，典型猶在。靜庵先生馳譽海東於前，先生鷹揚河朔於後。二十年來承先啓後，

傅斯年像

· 177 ·

負荷世業，俾異國學者莫敢我輕，後生之世得其承受，為幸何極。

——傅斯年1929年致陳垣信

傅斯年舉了兩個人，一個是王國維先生，"靜庵先生馳譽海東於前"，揚名於日本。另一個就是陳援庵先生，"先生鷹揚河朔於後"，當時援庵一直在北平。傅斯年的信件現在在台灣都已經公布了，看過傅斯年的信的人都一致認爲，這是他一生中所寫的最謙恭的一封信。了解他的性格的人也都知道，他這個人是絕對不會客氣的。這樣一個人寫出這樣一封謙恭的信，而且他是在歐洲特別是在德國留學，親眼看到當時漢學的情況，他寫出這樣一封信，作出這樣一個評價，這可以給我們評價援庵先生提供一個很重要的參考。

國外的漢學家伯希和，他是近代西方漢學界最傑出的代表之一。1933年4月15日，他離開北平，準備回國，在車站上他講了這麼一段話：

中國近代之世界學者，惟王國維及陳先生兩人。不幸國維死矣，魯殿靈光，長受士人之愛護者，獨吾陳君也。

伯希和像

伯希和也僅舉王國維和援庵先生兩人而已，王國維一死，碩果僅存的就只有援庵先生了。伯希和來中國與學術界有很多交往，在一次學術界的聚會上，有人問伯希和："你說當今歷史學界，誰是最高的權威？"他不假思索地回答："我以爲應該推陳垣先生。"這是伯希和的評價。

毛澤東1951年11月在全國政協一屆三次會議閉幕後的國宴上，介紹援庵先生說："這是陳垣先生，讀書很多，是我們國家的國寶。"

傅斯年和伯希和的評價代表了20年代和30年代前期的情況。30年代中期以後學術界特別是史學界一般有"史學二陳"、"南北二陳"之稱。"南陳"就是指長期在南方西南聯大、嶺南大學、中山大學任教的陳寅恪先生，"北陳"就是指援庵先生，雖然他是廣東人，但由於從20世紀初一直在北京，所以稱爲北陳。當時"二陳"並稱，這是大家都比較熟悉的。

二　援庵先生生平簡介

援庵先生生於清光緒六年十月初十，換成公曆就是 1880 年 11 月 12 日。他出生在廣東新會縣一個藥材商人的家庭，是家裏邊第一代讀書人。他的公曆生日和孫中山是同一天，但是孫中山比他大 14 歲。他的舊曆生日與幾個人是一樣的，一個是宋徽宗，一個是慈禧，還有一個不太有名的，是唐朝的唐文宗。这三個人都是十月初十生的。如果跟他同一代的史学家相比，他比梁啓超小七岁。這也是一個值得研究的問題。梁啓超也是新會人，兩人家鄉相距不到 30 公里。新會過去很少出有名的人物，最有影響的就是明代的陳獻章（陳白沙），他

陳垣先生像

是新會出現的第一個有全國性影響的人物。但就是在 19 世紀的下半葉，在相距不到 30 公里的地方出現了梁啓超和陳垣這兩人。陳援庵先生比王國維小三歲，比陳寅恪大十歲，比胡適大 11 歲，比顧頡剛、郭沫若、范文瀾大 13 歲，比傅斯年大 16 歲，比翦伯贊大 18 歲，其他像侯外廬先生等就更晚了。

五歲的時候他跟隨父親從新會到廣州讀私塾，開始讀四書五經，一直到 14 歲，接受的是傳統儒家的啓蒙教育。跟別人不同的是，他 12 歲時偶爾發現了張之洞的《書目答問》，就漸漸按着《書目答問》所開的書目，找他自己所喜歡的書去買來看。當然這有一個很重要的條件是，他的父親對他讀書是非常支持的，後來花了一百多兩銀子給他買了一套"二十四史"，只要是他想要讀的書，都會毫不吝嗇地為他購買。13 歲時他就閱讀《四庫全書總目提要》，而且以後讀了兩三遍。對於一個十三四歲的孩子來講，能夠這麼關注這本書是不平常的，他看了以後眼界大開，懂得了除了他在私塾裏面學的儒家經典以外，還有這麼多書特別是史學方面的書，所以就不以私塾的教學為滿足了，就喜歡看他喜歡看的書。他後來回憶，他的長輩有的人覺得他怎麼不好好正經讀儒家的經典，而是去讀其他一些書，但他的父親是一直支持他的。

17歲時，1897年，他從廣東到北京參加順天鄉試，考舉人。他為什麼從廣東跑到北京去考舉人呢？這是因為當時順天鄉試錄取的名額比較高，他父親花錢給他買了一個監生的資格，所以他可以跳過童試的階段，直接到北京來考。本來他認為他讀了那麼多書，應該沒什麼問題的，但是由於他不受八股文格式的拘束，考官認為他的試卷不合程式，結果就名落孫山了。回廣東以後，他一面苦練八股文，一面他覺得辜負了長輩的希望，就自己在一個私塾裏當教師，經濟上獨立，他不好意思再要家庭供給了。過了兩三年他通過了童試，考取秀才，得到一個廩生的資格，每年可以得到一些助學金。所以後來他填寫學歷的時候，他都寫的是前清的廩生。

　　進入20世紀以後，他參加了反清反對列強的鬥爭。現有明確記載的，1904年，他24歲時，全國掀起反對美國續頒《華工禁約》的廣泛的全民運動，他是廣州"拒約會"（抗議美國《華工禁約》的組織）的負責人之一。1905年25歲時，他和一些友人在廣州創辦了《時事畫報》，畫畫的都是很有名的人物，像陳樹人、高劍父等。援庵負責報中的文字部分，進行反對清朝反對列強的文字宣傳。1907年27歲時，他進入廣州的博濟醫學堂學習西醫，這是一個美國教會辦的學校，孫中山也在那裏學習過。1908年28歲時，他退出博濟醫學堂，和一些朋友創辦了中國第一所民間辦的高等西醫學校，叫光華醫學專門學校。1910年成為這個學校第一屆畢業生，畢業以後繼續留在學校當教員，並從醫。這段時間他發表了大量介紹醫學知識的文章。1912年32歲，他是同盟會的廣東支部負責人之一。1913年33歲，他以革命報人的身份當選眾議員。這在當時是一種職業，所以1913年他就從廣州到北京定居，除了偶爾回廣東，從此基本上就在北京活動。他一生三分之二的時間是在北京度過的。

　　民國初年時由於他在辛亥革命前後的政治活動，1921年底到1922年5月，他曾經一度署理過教育次長，即教育部副部長，那時候教育部只有一個副部長，而且教育部長黃炎培沒有到職，所以這一段時間他實際上主持教育部工作，大約有半年時間。以後他逐漸脫離了政界，專注於歷史學的研究和教學。

　　他的一生從1897年17歲教私塾開始，教過小學，教過中學，教過大學，從教74年。特別從1922年開始，在北京大學、輔仁大學、燕京大學、北京師範大學任教50年。前段時間北大尚小明教授告訴我,他說在清華教員名單裏面還有陳垣的名字。希望哪一位哪天了解到更加具體的情況,能告訴我一下,他在清華是否有任教,多長時間,教了些什麼。清華的教員名冊上是有他的。他從1926年開始任輔仁大學的副校長、校長,後來在北京師範大學當校長,當了46年的大學校長,這在中國教育史上也是不多見的。從1917年他發表第一篇史學論文《元也里可溫攷》開始,到1966年最後一篇論文,前後從事史學研究五十多年。他對宗教史、中外關係史、元史、歷史文獻學等方面貢獻尤多。

1948年,他當選中央研究院院士。新中國成立以後,1954年,他除了擔任北師大校長以外,還兼任中國科學院歷史二所的所長。當時歷史所總共三個所,一所所長郭沫若,三所所長范文瀾,他是二所所長。1955年,他當選中國科學院哲學社會科學部的學部委員。從1954年開始,他連續當選全國人民代表大會第一、二、三屆代表,從1958年開始,他連續當選全國人民代表大會的常務委員。1959年,他79歲高齡時加入了中國共產黨。

從以上的簡單介紹可以知道,他是一位沒有家學、沒有師承、自學成才、土生土長的大史學家。他僅僅有兩次短期出國的經歷,一次是1909年他在醫學校的時候,和著名詩人蘇曼殊的哥哥是同學,一塊到日本去了解醫學史的書籍;一次是1917年時作為當時交通系首領梁士詒的隨員,到日本去與日本財經界進行會談。

三 古今觀、中西觀與20世紀中國史學家的責任

每一位自覺的歷史學家,儘管他的認識有深淺之分,甚至有正確和錯誤之分,但只要是一個自覺的史學家,他一定有自己的古今觀。他對下面兩個問題一定有自己明確的答案:一是古和今的關係,也就是歷史和現實的關係;第二,他還必須要回答一個問題,史學的研究對象是歷史,是過去,那麼史學和現實有什麼關係。

接著要談的是中西觀。1840年鴉片戰爭之後,中國的門戶洞開,西方的堅船利炮、所謂奇技淫巧(中國過去看不起的技術)、文化思想,甚至包括煙

草、鴉片，滾滾而來。20世紀每一個自覺的中國歷史學家，他一定要對下面兩個問題作出明確的回應：一是怎麼樣看待中國和西方的關係，這是過去傳統史學家不會遇到的問題；第二是中國文化和西方文化的關係。今天我談的西方包括日本，日本自從明治維新以後，提倡"脫亞入歐"，而中國人所接受的西方理論思想等等，包括馬克思主義，很多是經過日本傳入中國的。所以我這裏講的中西觀、中國和西方的關係，包括中國和日本的關係。

作為一個有責任感的史學家對這兩種關係會有不同的答案。在這種情況下，作為一個中國的史學家，他的責任是什麼？而且他要確定自己承擔這種責任的角色和方式。援庵先生當然有他的古今觀、中西觀和責任感，其中有一貫的、基本的理念，它隨着時代的前進而前進，隨着認識的加深而加深，所以下面我按照四個不同時期，來介紹他對這三個問題的答案。

四　青年時期（1904～1912）

第一個階段是青年時期，我將它定在1904～1912年，即他24歲到32歲期間。為什麼定在這個時間段呢？至少從1904年他24歲開始，他就以一個革命者的身份，並且主要是以文字宣傳的形式，投入了反對清朝、反對西方列強的鬥爭，寫了大量的政論、時評。從1907年開始，他學醫、從醫、教醫，也寫了一系列有關醫學的文章。因為他當時的時評是反對清朝的，但是是在清朝統治下的廣州，所以都是用的筆名。新中國成立以後，援庵曾經寫信給廣東中山圖書館，希望他們把《時事畫報》借來給他看。圖書館保存的只有一部分，寄來以後，他當時親自點出來，哪些文章是他寫的。他當時用的筆名很有意思，比如"謙益"，意思是"滿招損，謙受益"，"謙益"就是映射"滿招損"，即意味着滿清衰亡。再比如"錢罌"，就是儲錢罐，古人叫"撲滿"，這個筆名也是有反滿的含義。我後來根據他指點出來的這些筆名，找到了幾十篇他當時寫的文章。最早的一篇是在1907年，此前肯定還有文章，但是他沒有看到1907年以前的《時事畫報》，沒有指出來，所以我也不敢確定，有些只能存疑。我們現在了解他早年的文字宣傳作品是從1907年開始的，但實際上他1904年就投入鬥爭了。

在1904到1912年辛亥革命民國成立的這一段時間，他的古今觀、中西觀是如何的呢？在他發表的這些文章裏面，有兩個很突出的重點：一是他反復強調歷史的觀念對於一個民族、國家的重要性。他很多文章都痛感於中國民眾對於歷史觀念之缺乏，而且也有自責。另一方面，他批評那些墨守舊法，不求新知的觀念，很贊賞那些反古之言。

我們舉一個例子來看。我們能找到的他當時寫的一篇文章，叫《記王將軍墓》，寫於1907年。王將軍名叫王興，清朝初年奉南明唐王的弟弟朱聿鐠爲旗幟，在廣州附近起兵抗清，最後被清兵包圍，他一家人自焚，全部壯烈犧牲。廣東人就在廣州南郊爲他立了一座很高的碑。1907年清明節時，援庵與其朋友到碑前憑吊，就問當地人這座碑是什麼碑，當地人告訴他是王將軍的碑。又問王將軍是什麼人，做了什麼事，當地人一概不知。所以援庵就寫了這篇《記王將軍碑》，他講：

> 將軍者，先民之英傑也。抑何其冢至於荒榛之極，是亦吾民無歷史觀念之過也。

墓碑當時周圍都是荒草矮樹，把墓碑給擋住了，他認爲是我們的民眾"無歷史觀念之過也"。而且他也自責：

> 非客（指援庵先生之友）言，余亦幾忘之矣。是誠吾民無歷史觀念之過也。

如果不是朋友提醒的話，我也幾乎忘記了，也是"無歷史觀念之過也"。下面接着講：

> 庚子之役，吾國人相率而豎順民旗於十一國聯軍之前者，正將軍之所深痛者也。……（吾作此文）以告來者，是以匹夫倡義，為國盡瘁而無炳炳於時者王將軍之墓，庶幾吾民其生歷史之觀感也。

第二篇叫《讀金正希先生集》。金聲，字正希，徽州休寧人，是晚明很有名的人物，因爲他的八股文做得很好，當時考科舉的人都要熟讀他的文章作爲範文，就像現在很暢銷的教學輔導書一樣。在清兵入關以後，金聲隨南明隆武朝起兵抗清，最後被清兵俘虜，不屈而死。援庵先生文章就講：

> 金聲不幸能作八比（指八股文），故人稱金聲之八比；金聲又幸而能作八比，故人得以八比識金聲。不然，以吾國人之薄於歷史觀念，又烏知有金聲其人哉！金聲蓋明季忠義之士而宏達君子也。

人們了解金聲，就是因爲他會做八股文，他要是不會做八股文，人們連金聲是什麼人都不知道了。這篇文章再次強調歷史觀念，痛感中國人薄於歷史觀念。

第三篇文章叫《説銅壺滴漏》。銅壺滴漏是中國古老的計時器，現在在歷史博物館有復原品。當時在廣州拱北樓裏陳列了一個銅壺滴漏。援庵先生借此事發表議論：

> 中國人最富於愛國心者也。唯其富於愛國心，故凡物之出自中國，雖極拙鈍，必極口稱詡，以爲外國莫及焉。獨惜中國人徒有愛國之心，而無歷史之觀念。唯無歷史之觀念，故雖德之威廉、美之華盛頓，入中國既久，中國人必聖帝而明王之矣。廣州拱北樓之銅壺滴漏，其一也。

這話背後什麼意思呢？原來廣州拱北樓的銅壺滴漏是元朝時蒙古人做的，他當時的觀念是拿元朝來映射清朝，把元朝、清朝和外國列強的入侵做一些聯想和對比。當然在今天這樣講這是不對的，但是他當時反清，很重要一個方法就是借元朝來說事。他就講：時間一長了，大家就都不知道了，以爲這是中國人的東西，實際上是外族造的。

第四篇，是他1908、1909年寫的一篇醫學文章，叫《黃綽卿像題詞》。黃綽卿名黃寬，廣東香山（即後來的中山）人，他是有記載的亞洲留學歐洲學習西醫的第一人。援庵認爲像這樣一個人物，應該留下傳記讓後人知道。但是一般人根本不知道黃寬這個人，只是他死了30年以後，偶爾有一本藥物書裏面提了他一下：

> 卒後才三十歲，僅得留姓氏於藥物學書之首，亦吾人薄於歷史觀念之故也。……吾國革新事業類多先於人，而進步則不免在人後，皆後起者之

無以繼先民哉!

援庵先生拿黃寬跟日本人對比,黃寬留學歐洲回來的時候是在 1856 年,日本人最早到西方留學學習西醫的是在 1862 年。黃寬比日本人都要早,所以説"吾國革新事業類多先於人"。大家要注意了,他認為中國學習西方的醫學是一種革新,是一種進步,我們本來起步比日本人要早,但是沒有人跟着去繼續做。後來他又發現一個比黃寬更早的學習西醫的人,是新會人,是在康熙時跟葡萄牙人學西醫,叫高竹。高竹比黃寬還可悲,黃寬還留了個名字,高竹連《新會縣志》都沒有留名。像這樣一些人物沒有記載,這是很可悲的。

下面一篇是 1909 年寫的,叫《題鄭學士送別圖》。鄭學士名鄭豪,是光華醫學專門學校的校長。1909 年清朝宣統元年,由清政府派到挪威卑爾根參加第二屆國際麻風病學術會議。當時光華醫學校的學生為他舉行送別會,還拍照留念。援庵先生除了作一送別序以外,還在拍的送別照片上題字:

> 夫送別亦至常矣,何獨有紀於是?吾慨乎吾國人歷史觀念之薄。斯為吾國醫事紀念之大者,不可無紀也。(開第三次萬國麻風會時)吾猶欲持是圖而覘吾國醫學進步之高度也。

送別是很平常的事情,為什麼要紀念呢?援庵先生感慨中國人歷史觀念的淡薄,認為這是中國醫學史上值得紀念的大事,當時中國人很少出去參加國際醫學學術會議,鄭豪去挪威參加國際會議,對於中國醫學來講是一件大事情,這件事是應該記錄下來的。他説,等到開第三次麻風病學術會議的時候,我還要拿這幅圖與第三次會議作一對比,看中國醫學特別是麻風病的研究究竟進步了多少。這就好像我們今天體育運動要有記錄,沒有記錄就沒有對比,就不知道進步在哪裏。這是一方面。

另一方面,他認為每個中國人一定要牢記中國的歷史,但這並不是要躺在先人的功勞簿上,而是要繼承先人的優良傳統,要繼承優秀成果,在此基礎上創新。所以他嚴厲批評那些墨守舊法、不求新知的人,提倡反古之言。他寫了一篇文章叫《王勛臣像題詞》(1908 年)。王勛臣名清任,是清代很有名的一個醫生。他不僅給人看病,還有著作《醫林改錯》傳世。王清任在《醫林改錯》序裏面講,醫生看病要了解人的內臟構造,光從外表看是治不好病的。

但是過去中國社會是嚴格禁止解剖屍體的。王清任看宋代留下來的那些內臟圖都不對，他為了弄清楚人的內臟結構，就到荒墳堆中刨出腐爛的小孩屍體，觀察其露出來的內臟，或者到刑場上去看犯人被淩遲之後暴露的內臟情況。用這樣一種非常規的方法，他觀察了人的內臟的實際情況，寫了《醫林改錯》，糾正了過去中國醫書中很多錯誤。所以援庵對王清任評價極高，認為：

> （王清任）局處於數千年學說之下，而能為是反古之言，譬之於儒，則黃梨洲之儔也。

黃宗羲（號梨洲）在他的《明夷待訪錄》中說："君為天下之大害。""天子之所是未必是，天子之所非未必非。"這是一種民主的思想。援庵先生認為王清任就是醫界的黃宗羲，或者說黃宗羲就是儒界的王清任。

兩年之後他寫了一篇《中國解剖學史料》，更進一步發揮了這一思想：

> 自世界醫學之輸入日見發達，囂然者以為世界醫學之所長特解剖學，於是舉吾國昔日之近似解剖者以為爭勝之具。……吾國內、難、甲乙諸經何一非古代解剖學。第數千年來，未聞有能於古籍之外新尋出一物，新發明一功用，而拘守殘帙，相與含毫吮筆，向壁構虛而爭辯則有之，抑亦大可駭已。他人方日事探險，日闢新島，而我則日蹙百里，乃誇大其祖若宗開國之雄烈以自慰，抑亦可謂大愚也已。吾今即述其祖若宗開國之雄烈，黃帝子孫，有能來言恢復乎，吾將執大刀劈斧從其後。

他說，西醫有解剖學，我們中國的老祖宗也有。用這種方法跟外國人比高低，中國的內經、難經、甲乙經這些經典裏面，確實是有解剖學的思想，他就舉了很多解剖學史料。但是，光是講祖宗怎麼行，卻沒有在前人基礎上有所發明推進。而且當時的形勢，西方列強不斷擴張侵略，中國的版圖一天天縮小。這時候你光空口誇耀我們祖宗怎麼輝煌，這有什麼用呢？我們需要革新。

總結青年時代援庵先生的古今觀，我們可以看到他很強調一點，即加強全民的歷史觀念，不能忘記歷史。他甚至引了龔自珍的話："滅人之國，必先滅人之史。"要消滅一個國家，必須要先讓這個國家的人民根本不知道自己祖國的歷史。他以此警惕國人。在當時形勢下，他希望國人記住的是像王興、金聲這樣抗清的烈士，以及他們所體現的反抗壓迫的獻身精神。當然，另一方面還要銘記我們國家、民族所受的苦難和屈辱，還要銘記像黃寬、高竹那樣向西方學習的革新事業的先行者，還有那些在歷史上具有里程碑意義的事件。當然，歷史學和歷史學家的責任之一，就是要把這些歷史真實地記錄下來，傳給後世。這是他當時的古今觀。

他當時的中西觀是什麼？他的中西觀既體現在他的著作當中，也體現在他的行動當中。跟其他同行相比，他沒有像梁啓超、王國維、陳寅恪、胡適、郭沫若、傅斯年那樣長期的國外留學的生活經歷，他僅僅短期訪問日本兩次。但是因爲他生長在珠江三角洲，從小就切身感受到西方列強的欺侮侵略，也感受到歐風美雨的沐浴，所以在對待西方的態度上有兩條紅線在他青年時代是交織在一起的：一條是要向西方學習先進的理論和科學，一條是堅決反對列強的侵略和欺辱。剛才講到1904年美國續頒《華工禁約》。19世紀下半期美國在中國特別是廣東和福建大量招收華工，珠江三角洲一帶有很多人，去美國開發西部，修建東西大鐵路，開發加州金礦。等到鐵路修成了，金礦也開出來了，美國政府就開始排擠華工，頒布了一系列的法律，一步步加重對華工的種種限制。這就在中國激起了普遍的反對美國《華工禁約》的活動。援庵先生是廣州的"拒約會"的負責人之一，他的學生之一就是當時廣州反對美國《華工禁約》而被清朝政府逮捕的。1908年他爲什麼要退出博濟醫學堂，就是因爲博濟醫學堂是美國教會辦的。美國教會當局歧視在博濟醫學堂教書的中國教員和學習的中國學生，所以他就和朋友創辦了光華醫學專門學校。爲什麼取名"光華"，很明確就是要"光我華夏"。當時他們很明確，醫校創辦的宗旨有三條：第一要和帝國主義列強爭國權，第二要爭醫權，第三要爭醫學教育權。

這是一個方面，但另一方面他又虛心學習西方先進的思想理論、科學技術。他當時反對清朝的統治壓迫，所運用的思想武器之一，是前面講的祖國的優秀歷史傳統，另一方面就是西方的先進思想，特別是啓蒙思想和進化論。我們看他當時寫的一篇文章《老父識民權》，他先引了范曄《後漢書·逸民傳》一段話。當時漢桓帝到各地巡遊，到了漢水一帶，老百姓都跑去圍觀，只有一個老頭還在田裏幹活。漢桓帝的隨從尚書郎張溫就很奇怪，人家都去圍觀你不去，讓他上來。老頭不理他，張溫就下到他幹活的地方問他爲何不上來。范曄就在《後漢書》中記載了漢陰老人質問張溫的一段話：

> 請問立天子以父天下耶，役天下以奉天子耶？昔聖王宰世，茅茨采椽，而萬人以寧。今子之君（指漢桓帝），勞人自縱，逸遊無忌，吾為子羞之。

皇帝要像父親一樣養育自己的老百姓呢，還是要拿老百姓的財富來供奉皇帝呢？過去三皇五帝之時生活非常簡單，居於茅屋，但天下安寧。現在的皇帝勞民傷財，巡遊無度，我替你感到羞愧。當時老人講出這一段話來是很不容易的，而范曄將這一段話載入《後漢書》中，也反映了范曄的進步思想。援庵先生引了這段話之後說：

> 幼時聞諸兒童言，曰皇帝係人皇，天子係金口，吾已疑之矣。曰武狀元要同皇帝倒尿壺，吾益疑之。疑天子果有如是之尊榮而奴畜天下也。及長，讀西方《民約書》（指盧梭《社會契約論》），始知伯里璽天德（president 當時的音譯）乃國民之公僕，係以天下役天子，不以天子役天下也。……因憶吾中國書如范蔚宗之能排貴勢，重人權，其言或有可觀也。其《逸民傳》果有漢陰老父其人焉。以茲偉論求之漢以後，猶空谷足音也。豈世人之醉飽於專制乎哉，毋亦作史者之過歟！

是天子要為老百姓服務，而不是老百姓為天子服務。所以援庵先生就特別引了范曄在《後漢書·逸民傳》中所記的漢陰老父的話，但是這樣的話在後代就再也聽不見了。究竟是老百姓在專制統治下不敢說話了呢，還是本來有這樣的話，但是史家不敢或者沒有意識到應該把這句話記在歷史上？很明顯他是受到了《民約論》的影響。這裏還可以再講一個故事，援庵先生一個朋友姓盧，他的號是盧梭魂，可見當時進步青年是如何受到啓蒙思想的影響。所以這裏就是拿《後漢書·逸民傳》和《民約論》來反對清朝統治。

另外，援庵先生本人學習西醫，可他本來家裏是中藥材世家，本不相信西醫，究竟怎樣轉向西醫的呢？這裏有一段他自己寫的文字：

> 家藏醫藥之書頗富，勵耘翁（指生父維啓）便血，數年不治，乃泛覽醫書，頗惡西學。至是乃不得不就近求治於教會所立之博濟醫學堂，診知為胱石，施手術，石大如鵝卵。心服其技之神，乃習其術，並與其徒往還，於是遂研究基督教。

這是援庵先生1940年代的回憶。援庵先生生父號勵耘，他把自己的書屋叫做"勵耘書屋"，一方面是勉勵自己要努力耕耘，另一方面是紀念父親，他能夠買那麼多書，能夠按照自己的意願學習，跟他父親的支持是分不開的。他父親便血，數年不治，作為中藥材世家當然是吃中藥，但是治不好。他翻覽西醫書籍，對西醫很排斥，但沒有辦法，不得不求治於教會醫院，診斷為膀胱結石，開刀手術後就好了。就是在這樣的情況下他開始學習西醫，而且很長一段時間對中醫喪失了信心。30年代他在客廳放了一個瓷製骷髏頭，他認為是非常美的，因為他學解剖。一直到晚年他才慢慢又吃了一點中藥。學西醫的博濟醫學堂是基督教會辦的，所以他開始研究基督教，後來還曾一度受洗。這一轉折對他後來從事史學研究影響很深。可見他對西方科技、先進理論並不排斥，而是認真學習的。在30年代他寫給我叔叔的一封家書中說：

> 余今不業醫，然極得醫學之益，非只身體少病而已。近二十年學問，皆用醫學方法也。有人謂我懂科學方法，其實我何嘗懂科學方法，不過用這些醫學方法參用乾嘉諸儒考證方法而已。

援庵先生活了91歲，也得益於醫學。同時他中西觀、古今觀結合，從史學上繼承傳統的方法，另外也吸收醫學（主要指的是西方近代的科學技術）的養分。關於他是如何將傳統史學方法與近代科學結合起來的，這是一個大課題，可以做一大文章。

五　壯年時期（1912～1937）

援庵先生的壯年時期是從1912年民國元年到1937年抗戰爆發，他從32歲一直到57歲。1913年即民國二年，援庵先生當選眾議員，從此在北京定居。北京不但是當時中國的政治中心，也是文化中心。他在北京定居，應該說對他一生的治學有很大關係。

第一，他在北京讀到了在廣東時想讀而沒法讀到的書，特別是《四庫全書》。今天我們要讀《四庫全書》已經很方便了，但在當時要讀《四庫全書》是非常非常難的，在廣東根本就沒有機會。他到了北京以後，大概花了十年工

夫,研究《四庫全書》修纂的歷史,閱讀了《四庫全書》中外面没有刊行的書。他是中國第一個看過文津閣、文淵閣兩部《四庫全書》的人,當然不是說他從頭到尾細緻讀了。我這只是舉一個例子,他能讀到在廣東時想讀而没法讀到的書。

第二,到了北京以後,他有機會和北京的一流學者進行直接的交流。他曾經說過:"無友不能成學。"一個人做學問没有朋友互相激勵、互相琢磨是不能有很大的進步的。當時像王國維、陳寅恪、胡適、傅斯年等人,他都有密切的交往。

第三,他到北京以後,可以了解到很多國際漢學界的信息。他雖然是一個本土的史學家,但他十分關心日本史學界的動態。像日本的權威的史學雜誌,如《史學雜志》、《史林》等,每期的目錄他都要及時看,重要的文章他都要請人翻譯出來,現在還保留了一大摞當時日本史學家的重要文章。包括他跟伯希和交往以後,他的學術視野和抱負比以前更加寬廣和高遠。所以北京這樣一個環境,對他的學術進步起了很大的作用。今天我們的條件已經大不相同了,在他當時來講確實是很不容易的。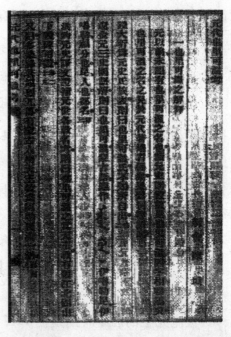

他的第一篇正式的史學論文是《元也里可温考》。也里可温,是元朝時對基督教各派的總稱,因此這篇論文也就是考證元朝基督教的歷史。這篇文章一發表,立刻引起了不但是中國,而且還有國外包括日本學術界的熱議。他的文章1917年發表,1918年日本《史學雜志》就發表一篇評論:

> 吾觀支那之熱心學者,樂而研究此特種題目,其研究方法,一一批評史料,理論正當,多不失科學的態度,其前途誠可畏也。中華民國政治的

命運，無論興廢如何，總之漢民族之學術新生面，不遠而大進步，殆無疑矣。吾人常拜西洋人之後塵，尚祈無再瞠乎支那之後也。
——日本《史學雜志》29編第3號《評增訂再版元也里可溫考》（1918年）

我們看日本學者的口氣，他說過去中國人哪會去研究一個元朝的基督教，這是從來沒有的。而且研究方法，對史料進行批判，理論又正當，這將大有前途，學術上中國人要趕上來了。這是日本史學界對這篇文章的迅速反映。

1923年以後，援庵先生逐步退出政界，全心從事史學研究和教學，很快奠定了他作爲一位世界級學者的地位。這時候他的古今觀，在原來的基礎上又有發展，概括起來，就是學古而不能復古，也不能對祖國的歷史採取虛無主義態度。他的中西觀，就是要法西（效法西方），但絕不能迷西（迷信西方），更不能全盤西化。他認爲中國史家的責任，就是要把漢學中心奪回中國。

這一階段他特別反對復古思想，這一觀念突出表現在他的《日知錄校注》當中。清初的顧炎武是援庵先生非常尊崇的學者之一。特別是"九·一八"事變以後，民族危機日益嚴重，身處北平，切身感受到日本軍國主義步步緊逼，華北危亡。所以當時他的史源學課教材就是顧炎武的《日知錄》，因爲顧炎武說過他平生的志與業，即他的政治抱負和他的學術，都集中體現在《日知錄》當中。援庵先生就拿《日知錄》作爲教材。一方面，儘量找出《日知錄》的大量引文的出處，作了很多校證，同時對顧炎武的思想和學術進行評論。這些評論當中，對顧炎武有高度的評價，也有非常嚴厲的批評，主要批評什麼呢？顧炎武在和他朋友楊雪臣的信中講過，他寫《日知錄》就是要"撥亂滌污，法古用夏，啓多聞於後世，待一治於後王"。希望將來後世能出現明君，以他的這一套思想治理天下。古代的優良傳統自然是要學習的，但你強調法古過頭了，就走向了反面。所以援庵先生在批語中多次批評顧炎武，比如說他"是古皆好的"，"以復古爲標榜"，"榮古虐今之見，牢不可破如此"，"事事不如古人，其然耶？"而且指出了今古的不同，是形勢發展的必然趨勢，可顧炎武哀歎"氏族之紊"，民族之間通婚顧炎武很不贊成。援庵先生說這是形勢如此。顧炎武講三代除了三公不能稱公，現在居然到處稱公，"何其濫歟，何其僞歟"。援庵先生的批語說："古今自不同，無所謂僞濫。"這是形勢發生了變化。所以他對顧炎武的復古思想有很嚴厲的批評。

但另一方面，他也反對對祖國的歷史採取虛無主義的態度。他在1929年做了一次演講，叫《中國史料的整理》，針對有些人主張把中國的古籍通通燒掉的説法，他説："我們斷無把它放棄之理，反之，我們若是自己不來整理，恐怕不久以後，燒又燒不成，而外人卻越俎代庖來替我們整理了，那才是我們的大耻辱呢！"以此明確反對歷史虛無主義。

他的中西觀的一個集中表現，是他寫的《元西域人華化考》。這是他前期的代表作，也是他作爲一位世界級學者的奠基作。蔡元培先生讀了這部著作之後，認爲這是"石破天驚之作"。爲什麼一部學術著作會給人這樣一種感覺呢？我們需要注意這部著作的時代背景。後來援庵先生給一位老朋友寫信時説："此書著於中國被人最看不起之時，又值有人主張全盤西化之日。"民國雖然成立了，帝制推翻了，但是中國民主自由還是都沒有實現，有些地方更糟了，當時是中國最被人看不起的時候，所以有人主張全盤西化。就在這種背景下，他寫了《元西域人華化考》來做正面的回應。這個時候中國不但是政治落後，軍事落後，經濟落後，甚至國民體質也落後，被稱爲"東亞病夫"，學術文化也處於落後狀態，被人輕視。所以前引的那段日本《史學雜志》的評論，雖然對《元也里可温考》有很高的評價，但是後面的潜台詞就是對中國學術的輕視態度，大家都可以體會得到。所以援庵先生寫《元西域人華化考》，用了大量的史料，論述了在元朝這麼一個大一統的局面下，大批過去被隔絶的外國人來到中國，大批原來在西北的少數民族來到了中原地區，接觸了中原的文化，受到感染，爲之同化。整本書的中心就是這一點。他一再強調這些人"慕效華風"、"愛慕華風"的事實，還說"文化之感人，其效力比武力爲大"，用我們今天的話講就是"軟實力"。這本書就是要唤醒國人振興中華文化。他在書中還意味深長地告訴國人，要警惕那些"誇彼善俗，思革吾華風者"，而有些中國人就認爲西方什麼都是好的，中國就應該全部照着西方辦。他1924年時就發出這樣的警世之忠言。

當然他在闡明中華文化海納百川的胸懷的時候，並不是一味排斥西方，而是堅持認爲，仍然要學習西方的一切優良的東西，甚至提出要"法西"，效法西方。他在《日知録》的一條批注裏面説，要是顧亭林活在今天，一定會

"效法泰西，遊歷各國，考察善政，倡言變法，一易其復古思想爲法西思想"。

援庵先生對西方的兩方面態度，典型地表現在對伯希和的態度上。伯希和是西方最傑出的漢學家的代表之一，也是掠奪敦煌文物最精的一個人。在他之前有斯坦因，帶走的東西比較多，但是伯希和雖然沒有斯坦因拿的多，卻拿的都是最精華的東西，因爲他熟悉中外古今學術。根據現在掌握的材料，最遲到1924年，援庵先生與伯希和兩人就有學術上的交流，那一年他應伯希和之請，讓他一個助手到福州專門去找一方摩尼教的《二宗三際經碑》，去了但沒找到。1927年伯希和送給援庵先生好多種他的著作的單行本，而且請援庵先生把其中的幾本轉交給王國維先生，援庵先生有封回信，這封回信是最近從法國巴黎吉美博物館的伯希和檔案中找到的。援庵先生在這封信裏說：你寄來的著作我收到了，而且給王國維的單行本我也給他送去了，但是遺憾的是，送去以後的三天，王國維自沉於昆明湖，非常惋惜。從這件事可以看到他們三人之間的密切關係。1931年，援庵先生出版了《敦煌劫餘錄》，這是一本北京圖書館藏敦煌經卷（主要是佛教經卷）的目錄書。爲什麼叫《敦煌劫餘錄》呢？因爲敦煌的這些經卷，後來藏在北京圖書館（現國家圖書館），是經過斯坦因、伯希和掠奪之後，剩下的一部分運到北京，一共八千卷。援庵先生用了幾個月工夫，編了《敦煌劫餘錄》這部目錄書。在書的序言裏面，他點名批評伯希和：

> （清光緒）三十三年，匈人斯坦因、法人伯希和相繼至敦煌，載遺書遺器而西，國人始大駭悟。

援庵先生當時跟伯希和還有交往，有人勸他說"劫餘"這兩個字是不是太刺激了，最好改一個字眼，他說不行，用"劫餘"兩字還不足以表達我們的憤慨之思，所以堅持不改。伯希和後來還來過中國兩次，他當然也知道《敦煌劫餘錄》，但是伯希和不止一次在公開場合表達他對援庵先生的敬意。在此我們可以看到，中國學者只有堅持民族大義，堅持愛國立場，才能贏得對手的尊重。1945年10月伯希和去世，援庵先生寫信給傅斯年表達了惋惜之情。

在這種情況下，援庵先生多次表明，中國史家的責任是什麼呢？外國人看不起中國，中國又這麼一種情況，他說中國史家的責任就是要把漢學中心奪回中國。1959年1月，當時胡適從美國回到台北，在"中研院"當院長，他在

"中研院"的團拜會上説:"20年代我在北平的時候,就和陳援庵、沈兼士兩位談起,將來的漢學中心應該在什麽地方?在中國的北平呢,還是在日本的京都,還是在法國的巴黎?"這是胡適1959年的回憶。現在我們看到1931年9月14日的胡適日記,這一天陳援庵問他:"漢學正統此時在西京(日本京都)呢,還是在巴黎?"談到此處,兩人只能"相對歎氣,盼望在十年之後也許可以在北京了!"

援庵先生很多學生都曾經回憶他當時是如何教導學生的。他在北京大學時的學生鄭天挺回憶,1921年在北大研究所國學門的一次會議上,聽陳老師(援庵)説:"現在中外學者談漢學,不是説巴黎如何,就是説西京如何,没有提中國的。我們應當把漢學中心奪回中國,奪回北京。"他在燕京大學時的學生翁獨健回憶:"1928年,當時我是大學一年級學生,在課堂上聽到陳垣教授甚有感慨地説過這樣的話:今天漢學的中心在巴黎,日本人想把它搶到東京,我們要把它奪回到北京。"1929年他在北平師範大學(現北京師範大學)兼過一段時間的史學系主任,那時的學生柴德賡回憶:"援庵老師深以中國史學不發達爲憾,常説:日本史學家寄一部新著作來,無異一炮打在我的書桌上。"30年代中期援庵先生在北大的一個學生朱文長回憶,當時已經是"九·一八"以後了,當援庵先生被問及如何看待時局時,他發表了這麽一段話:

> 一個國家是從多方面發展起來的,一個國家的地位,是從各方面的成就累積的。我們必須從各方面就着各個所幹的,努力和人家比。我們的軍人要比人家的軍人好,我們的商人要比人家的商人好,我們的學生要比人家的學生好。我們是幹史學的,就當處心積慮在史學上壓倒人家。

從前引傅斯年給援庵先生的信中,我們也可以體會到,傅斯年也有同感。他説西方旅行者將中國歷史語言材料捆載而西,就包括了伯希和。從個人成就來説,援庵先生的研究成果已經得到中外學者的公認,但他所追求的絕不是個人的成就,而是整個中國史學界地位的提升。我們從他在不同時期對不同學校的學生的諄諄教導中,可以體會到他的苦心。當然,作爲一個學者,當時他也只能做到這些。

六 抗日戰爭時期（1937～1945）

1937年"七·七"事變，中日戰爭全面爆發。中國面臨着亡國滅種的危險，中國和日本軍國主義的矛盾成了壓倒一切的矛盾，抗日成了全國人民最主要的任務。"七·七"事變不久，北平很快被日本占領。由於輔仁大學是德國教會辦的，還有燕京大學是美國教會辦的，所以當時輔仁、燕京是在淪陷區的北平僅存的可以不向敵僞當局注册，而且爲國民政府承認學歷的兩所大學。到1941年太平洋事變以後，美日宣戰，燕京大學也被

封了，輔仁大學成爲僅存的一所還爲國民政府承認的大學。所以很多沒有條件到大後方，又不願意在敵僞控制下的學校任教的老師、讀書的學生，都集中在輔仁。所以抗戰八年是輔仁大學的鼎盛時期。援庵先生當時留在北平，他

多方面維持輔仁大學，堅持教學。右上方這張照片是他在1942年返校典禮的運動會上講話的照片，他借孔子開運動會講了一個故事，説《禮記·射義》裏面有一段講射箭比賽，孔子讓子路把門，説有三種人不能入會場，其中一種是敗軍之將，一種是認敵爲父的。他借孔子的話斥責當時會場裏的一些漢奸之流，結果這些漢奸也就灰溜溜地走了。因爲他講孔子講《禮記》，那些人也對他没什麽辦法。他一面堅持教學，一面以筆做刀槍，在八年當中寫成了六種專著，成爲他一生當中著作最豐盛的時期。

八年抗戰他在淪陷區北平的心情如何呢？1957年他爲自己所寫的《通鑑胡注表微》所作的重印後記中，描述過他當時的心情。《通鑑胡注表微》是他後期的代表作，也可以説是他最後的一部著作。《通鑑》是指司馬光的《資治通鑑》，"胡注"是指胡三省的注，現在我們讀的《通鑑》裏面都附有胡三省注。過去一般人對胡三省的看法，認爲他很熟悉地理形勢、政治沿革，後來還認爲他考據也不錯。這是後來人對胡三省注的認識。胡三省是宋末元初人，他在胡注裏面表達的思想，過去一直沒有人注意，包括援庵先生自己。爲什麽呢？因爲形勢不一樣。在淪陷區的北平，援庵先生就體會到了胡三省在注裏面表達的思想，所以寫了《通鑑胡注表微》，就是要發掘胡三省在注中隱藏的思想，予以表明。他説：

> 我寫《胡注表微》的時候，正當敵人統治着北京，人民在極端黑暗中過活，漢奸更依阿苟容，助紂爲虐。同人同學屢次遭受迫害，我自己更是時時受到威脅，精神異常痛苦。閱讀《胡注》，體會了他當日的心情，慨歎彼此的遭遇，忍不住流淚，甚至痛哭。
>
> ——《通鑑胡注表微重印後記》

舉個例子，胡三省講到五代後晉開運三年（946），遼兵打到開封，把皇帝擄走，太皇太后臨朝寫了降書。胡三省在這一段下有注："臣妾之辱，惟晉、宋爲然，嗚呼痛哉！"晉指五代後晉，宋就是指南宋。南宋之事是胡三省自己親身經歷的，元兵包圍了臨安，當時小皇帝稱臣，而且太皇太后簽降表，她要簽名簽上"謝道清"。《資治通鑑》只寫到五代，胡三省看到後晉的歷史，就想到他自己親身經歷的宋朝亡國之痛。過去援庵先生沒有亡國之痛，讀到此處並無感想，到這時候在淪陷區的北平，他就能體會到胡三省的思想，而且發奮要把胡三省隱藏在字裏行間的思想表達出來。實際上，也是通過《表微》，表達他自己的思想。

所以，在這樣的形勢下，他對歷史的功用，以及史學家的責任，就有了與過去不同的側重點。1943年1月，他在給方豪的一封信裏面就談了自己的轉變。方豪17歲進入修道院，後來成爲天主教神父。當時天主教修道院非常嚴格，在裏面學習的人不能與外界通信。方豪的一個哥哥在杭州開米鋪，他當時給援庵先生寫信請教，通過他哥哥來收轉。從他17歲開始通信，一直保持到後來40年代。方豪是個很聰明、很用功的人，在中西交通史研究方面取得了很大成就。1943年，他在遷至遵義的浙江大學教書，而且也在遵義的天主教堂當神父。援庵先生就給他寫了這封信。由於一個在淪陷區北平，一個在大後方，所以雖然能夠通郵，但時間很慢，也不太正常，通信之時有些話就不能說得很明顯。下面這段話很重要，顯得有些隱晦：

> 至於史學，此間風氣亦變。從前專重考證，服膺嘉定錢氏；事變後頗趨重實用，推尊昆山顧氏；近又進一步，頗提倡有意義之史學。故前兩年講《日知錄》，今年講《鮚埼亭集》，亦欲以正人心，端士習，不徒為精密之考證而已。
>
> ——《致方豪信》（1943年1月）

話是講北平史學界的變化，實際上是講援庵先生自己思想的變化。他20年代時着重考證，服膺乾嘉考據學者如錢大昕。"事變"指"九·一八"事變，此後日本很快占領東北，華北出現了偽政權，所以要趨重實用，推尊昆山顧炎武。"近又進一步"，"近"即指抗戰爆發，要提倡"有意義之史學"，但他不能明講。《鮚埼亭集》這本書的作者是清初的全祖望，字謝山，寧波人。全祖望成就有多方面，但《鮚埼亭集》中很多是表揚那些明末清初在東南一帶抗清的義士，為很多人立傳。所以抗戰時期援庵先生就把《鮚埼亭集》作為教材，借了全祖望所表揚的抗清義士，來激發學生的民族思想，以"正人心，端士習"。"士"是指知識分子。當時也有不少知識分子下水，最有名的大家都知道的周作人，他跟援庵先生原來關係也很不錯。很多知識分子到抗戰後期就堅持不下去了，所以援庵先生就寫了這些。

什麼叫"有意義之史學"呢？如何致用呢？援庵先生在《通鑑胡注表微》中講到什麼是致用："陳古證今"是致用，"勸戒為史家之大用"，"導人以忠孝"是致用。反過來，"有聞必錄"不一定致用，有時候甚至可能引起反作用。所以他又說："史貴求真，然有時不必過泥。凡事足以傷民族之感情，失國家之體統者，不載不失為真也。"後來他又反復強調："傷民族之感情者，不研究不為陋。古人謂：食肉不食馬肝，未為不知味。"一個美食家，不等於什麼都要吃，不吃馬肝不等於不知道美味。一個史家也不見得什麼都要記下來才叫全，才叫真。在這樣的形勢下，抗戰期間他的六部著作都是有所爲而作的。他在50年代初給他一個老朋友、20年代他在思辨社的同仁、武漢大學的席啓駉教授寫了一封信，他説：

> 北京淪陷後，北方士氣萎靡，乃講全謝山之學以振之。謝山排斥降人，激發故國思想。所有《輯覆》、《佛考》、《諍記》、《道考》、《表微》等，皆此時作品，以爲報國之道止此矣。所著已刊者數十萬言，言道、言僧、言史、言考據，皆托詞，其實斥漢奸、斥日寇、責當政耳。
>
> ——《致席啓駉信》（1950年代初）

《輯覆》是他寫的《舊五代史輯本發覆》，《佛考》是《明季滇黔佛教考》，《諍記》是《清初僧諍記》，《道考》是《南宋初河北新道教考》，《表微》是《通鑑胡注表微》，都是這段時間的作品，這是援庵先生在淪陷區的"報國之道"，斥責漢奸、日寇，指責不積極組織民衆抗日的政府和官員。他給楊樹達先生的信中也講："國難中曾著宗教三書（指《佛考》、《諍記》、《道考》），皆外蒙考據宗教史之皮，而提倡民族不屈之精神者也。"他在這些作品裏，表彰了在殘酷的民族鬥爭中堅持民族氣節，甚至貢獻出生命的英雄，他無情斥責了那些賣國求榮的漢奸，譴責那些不積極組織民衆抗敵的政府和官員。

沈兼士讀了他的《明季滇黔佛教考》以後送了他一首詩，其中兩句是："傲骨撐天地，奇聞泣鬼神。"一部學術著作在當時竟引起了這樣的反響，像前述《元西域人華化考》，在當時也是石破天驚。時過境遷，這些學術著作爲什麼在今天還有生命力，還一再重印呢？我覺得，第一，這些作品所發揚的精神是先人的寶貴遺産，將會激勵後人不斷地前進。他所鞭撻的一些醜惡現象，仍然會在新的條件下復活。第二，這些著作都是建立在可靠的事實基礎上，經得起時間的考驗。援庵先生一直強調"史貴求真"，"爲學求真不求勝"，這是他一貫堅持的。所以怎麼樣保證論述的真實性，從怎樣收集材料，到經過去粗取精，去僞存真的加工，到正確的解釋詮釋，一直到怎麼樣選擇最合適的表達方法，他有一套系統的論述。在此不細述。我覺得，援庵先生在抗戰期間，已出色地盡到了一個中國史學家的責任了。

七 晚年（1946～1971）

《通鑑胡注表微》開始寫作於1944年抗戰期間，最後完成二十多萬字的定稿已經是1946年，抗戰已經勝利，那時他66歲，已經進入他的老年。他在家書中多次表現出了他的疲態。1946年4月，他在一封家書中講："我近來老得厲害，預備印完《表微》後即須暫停工作。"7月份他又說："余自《胡注表微》完成後，尚未有第二題目，要稍爲休息。"到11月份，他又說："《表微》下冊差廿頁印畢，新戰線尚未闢，將軍老矣。"在過去，66歲已經是高齡了。

1948年底，人民解放軍包圍北平。南京國民政府三次派飛機到圍城的北平，要接援庵先生南下。這時候時局面臨着一個轉折點，他也面臨着人生的一次重要抉擇。他的決定是什麼呢？就是留在北平，迎接解放。他的選擇，應該代表了當時大多數知識分子的選擇。這裏可以舉一個指標性的數據。1948年中央研究院選出了第一屆院士，自然科學和社會科學都有，應該說是代表了當時國統區乃至全國的知識分子精英，全國一共81人。在兩種命運決戰之時，這81人的選擇是什麼呢？跟着國民黨到台灣的9人，占11%，其中還包括了當時在政府和國民黨內任要職的朱家驊、王世杰這些人。到美國或者留在美國的12人，占15%，包括胡適。留在大陸的60人，占74%，將近四分之三，如梁思成、梁思永兄弟等，都是年輕院士，選擇了留在大陸。當時援庵先生留在北平，並不是對共產黨有多少認識。他當時也沒有接觸多少進步人士，也沒有看多少進步書籍，而主要是對國民黨的徹底失望。抗戰時期他在淪陷區的北平，對西南的國民政府還是寄予很大希望的。他寫《明季滇黔佛教考》，爲什麼寫滇黔呢？滇黔在西南，這也是另外一種影射，因爲當時的國民政府在西南，他認爲這是正朔所在。但是抗戰勝利以後，國民黨接收大員在淪陷區的所作所爲，以及後來的一系列違背人民意願的政策，使他對國民黨徹底失望。《胡注表微》的主要部分是在抗戰期間寫的，有一兩章是在抗戰勝利以後寫的，那裏面就出現了"發國難財"這樣的話，矛頭就直接指向國民黨那些接收大員。所以1948年底他說他決定要留在北平，看看新的社會究竟是怎樣的。

　　1949年1月31日，解放軍正式進入北平城。不到20天，2月20日，援庵先生一嚮是很剛強的，但是他在對輔仁大學教職員工講話就表示，要立志更生，重新學習。兩天以後他在接受記者採訪時說："我最近把我這幾十年的著作從頭檢討一番，尤其抗戰期間寫的，我認爲我的著作發揮了民族意識，但缺乏民主思想。這一點，就是我常說的'聞道晚矣'。"3月14日，他給我一個當時在香港的叔叔寫了一封信：

　　　　余近日思想劇變，頗覺從前枉用心力。從前囿於環境，所有環境以外之書不觀。所得消息，都是耳食，而非目擊。直至新局面來臨，得閱各種書報，始恍然覺悟前者之被蒙蔽。世界已前進，我猶固步自封，固然因為朋友少，無人提醒，亦因為自己天分低，沒由跳出，遂爾落後。願中年人毋蹈予覆轍，及早覺悟，急起直追。毋坐井觀天，以為天只是如此，則大上當也。

　　　　　　　　　　　　　　　　　　　　　　——《家書》（1949年3月14日）

此信寫於北平解放不到兩個月之時。同一天他給香港友人的信中，也大致表達了相同的思想。4月29日，他發表了很有名的《給胡適的一封公開信》。他一嚮是很剛強的，爲什麼這麼快就發生這麼大的變化呢？除了看到過去沒有接觸到的一些書報，比如他特別提到斯諾的《西行漫記》、毛澤東的《新民主主義論》這些著作，除此之外，我覺得更是由於他親身的經歷，由於他學習到一些新的思想和他的境遇的結合。1949年9月9日，他在《人民日報》上發表《對北平各界代表會議的感想》，對這個問題給了我們一個答案：

　　　　我從前對於政治不願聞問。為什麼呢？就是因為所有我看見的政治，沒有一次是使我滿意的，沒有一個政府不黑暗，不令人灰心的。從解放以後，我靜心的觀察政府的一切措施，一切法令，真是基本上和從前不同了。不用說別的,就看他們提倡艱苦樸素的作風,沒有一點奢華享受的習氣,已經是從前所沒見過的。

前些時,有人問我北平解放後,你看見些什麽和以前不同,我告訴他,看見的先不說,我告訴你看不見的。解放後的北平,看不見打人的兵,看不見打洋車夫的警察,街上看不見乞丐,看不見整天花天酒地的政府官吏,看不見托人情送官禮的事情,更看不見有所謂"新貴"在琉璃廠買古董,這些雖只是表面的現象,但這表面的現象,說明了政府實質上已有了根本的不同。這不同於以前的改朝換代,的確是歷史上空前的、翻天覆地的大變革。

——《對北平各界代表會議的感想》(1949年9月9日)

這是一個經歷過晚清,經歷過北洋政府(還在北洋政府擔任過教育次長),經歷過國民政府,經歷過日本軍國主義統治的老人的心聲。他怎麽認識共產黨?他主要是根據從實際當中看到的、親身體會到的。所以從此以後,他認定了只有社會主義才能振興中華,在政治上不斷地嚴格解剖自己,追求進步,於1959年79歲高齡加入中國共產黨,而且終身不渝。

在學術上,他也努力做了些嘗試,把馬克思主義運用於歷史研究。但他晚年最重要的工作,除了在北師大當校長,解放初期還自己教課,整理出版他過去的著作。過去他所有的專著十種,都是自己刻的或者雜誌上發表的,整理後都由中華書局排印出版。另一個工作就是對《舊五代史》和《新五代史》的校點,特別是《舊五代史》是"二十四史"中唯一一部輯本,不是原本。30年代他就發現了《舊五代史》輯本是經四庫全書館臣篡改過的,立志加以校改,做了大量工作。解放以後,他曾經集中力量做這工作,結果"文革"一爆發,資料也被帶走,到現在也不知下落,這一任務沒有完成。"文革"開始時他已經86歲了。

援庵先生是在1971年"文革"期間逝世的。當時作為一個91歲的老人,他認為他的報國之道,就是把他一生珍藏的近五萬冊圖書和一千多件文物捐獻給國家,他的全部存款捐作黨費。家屬執行了他的遺願。現在他的手稿和圖書保存在國家圖書館,他主要的精華的文物保存在首都博物館。他的全集經過近六年的編輯校訂,今年可以出版,一共有23冊,一千多萬字,這是他留給後人的最寶貴的精神財富。

（本文是作者2008年12月在中國社會科學院第四次國學研究論壇、2009年3月在清華大學的講演，由清華大學歷史系博士生王銘據錄音整理，並經作者校改定稿。）

陳智超，廣東新會人，1934年4月生於上海市。1962年北京大學歷史系畢業後，考入中國科學院歷史研究所為宋史專業研究生。以後留所工作，歷任至研究員。現已退休。

Between the Ancient and the Present and between China and the West: Prof. Chen Yuan and Chinese Historiography in the 20th Century

Chen Zhichao

Summary

Every historian should answer two questions related to each other, i. e. what is the relationship between history and reality and what is that between historiography and reality. Moreover, Chinese historians should answer other two questions also related to each other, namely what is the relationship between China and the West and what is that between Chinese culture and Western culture. Based on their own outlook on the ancient and the present as well as on China and the West, every conscious Chinese historian of the 20th century was bound to cherish a definite sense of responsibility and determined what role they played and what way they chose when taking on this responsibility. The present paper expounds Prof. Chen Yuan's answers to the above questions andhis practice concerned with them in the four stages of his lifetime.

塵世幾人還識我？
——記政治學家、詩人吳其玉先生

吳學昭

感謝燕京大學北京校友會精心編印的《群星燦爛——燕大名學者評介》一書，使我們這些皓首學子，在半個多世紀後還得以重溫老師們當年的諄諄教誨。儘管他們中間的絕大多數久已遠去，他們的學術思想和人格魅力一直激勵和鼓舞着我們。據說因爲時間倉促和材料收集困難，很有些位燕大名師暫付闕如。真希望知情的校友和各方人士能夠提供綫索或情況，使"人文薈萃，中外交孚"的燕京校史更加豐滿充實，"群星燦爛"的名師錄日臻完善。

這裏我想記述一點關於曾任燕京大學政治學系教授兼系主任、法學院院長、法科研究所所長的吳其玉先生的情況。由於歷史的原因，吳其玉先生很長時間不爲世人所知，幸好他比較長壽，活到了撥亂反正，改正錯劃以後，又服務社會做了大量工作。1995年去世前爲中國社會科學院民族研究所研究員、北京大學法律系兼職教授、中國民主促進會中央參議委員會委員、中國政治學會顧問、中國國際法學會顧問。

吳其玉先生與周一良等先生一樣，是燕大自己培養的教授，只是比周先生更早。他生於1904年，福建閩清人。1927年畢業於燕京大學政治學系，1929年畢業於燕大研究院，獲文學碩士學位；1930年赴美國普林斯頓大學研究院學習，1933年獲哲學博士學位。同年秋回國，在母校燕京大學政治學系先後擔任講師、副教授、教授、政治學系主任。在此期間，還曾擔任東北外交研究委員會委員，並主編《外交月報》和 Yenching Journal of Social Studies。1941年12月8日太平洋戰争爆發，日寇侵入燕園，其玉先生入川，參加並領導了燕京大學在成都的復校工作，任法學院院長、法科研究所所長。1945年抗戰勝利後去南京，改任中央大學、金陵大學教授，同時在國民政府國防最高委員會和外交部任參事。1949年由中大轉到杭州之江大學，任該校政治學系教授、系主任、教務長及校政委員。

吳其玉先生治學深入檢證，平實嚴謹，學術造詣很深。在國際政治和國際法方面，以及我國西北地區和中亞地區的民族和歷史方面研究尤精。他的教學講義和他發表的許多論述，如《國際法發展的途徑》、《地緣政治學與國際政治》、《新疆問題史的分析》、《清季回疆獨立始末及其外交》、《瓦剌民族來源考證》、《察合台汗國史略》等，都極具特色，並產生了一定影響。

吳其玉先生熱心教育事業，對培養年輕人抱有很高熱忱，他的學生遍及各地，有的已成爲國內外的知名學者。他愛護學生，關心他們的方方面面，許多曾從他受業的燕京學子，多年對他以父兄師友相待。如安徽安慶師院的吳東之、在北大荒任教的錢熙光、退休後定居香港的陳芳芝、美國俄勒岡任教的何文仁、壽德棻、華盛頓特區的郭湘章等校友，直到先生晚年，還同他保持着通信聯繫。

吳其玉先生不僅學識淵博，還是一位極富生活情趣的詩人。他的詩作本於性情，發乎自然，直抒胸臆，真誠明顯；不論讀書詠史，懷人閱世，即使在風景的流連觀賞中，也充分流露他的赤子之心和真摯感情。

吳其玉先生一生寫有不少詩篇，他的六弟其韜先生在他去世後，編印了《吳其玉詩集》作爲紀念並公諸同好。《詩集》收錄了其玉先生的詩作三百六十五首，其中許多篇章格律句調音韻章節俱美而寓有深意焉。我想其玉先生的詩作，當遠不止《詩集》所收的這些，散落各處的作品，有待繼續收集補訂。祇我家即存有其玉先生於1955年用毛筆手書的《夏壩及北溫泉印象雜詩》七絕十六首及《與吳雨僧兄兩度相見於四川》七律四章。

吳其玉先生對於學於斯教於斯的母校懷有深厚的感情，他的詩作許多是吟詠垂柳門牆、湖光塔影的燕園和懷念燕大師友的。從《自成都遙弔燕京大學校長吳雷川先生》，到《贈香港陳芳芝女士》，從《祝廖泰初、徐獻瑜先生登八十大壽》到《聞錢熙光逝於北大荒》，無不顯示他對母校師友的至情。他讀了吳荔明寫的《我的媽媽》一文後，"十分感動，立賦七律二章用表欽敬"。詩云："燕郊共事憶當年，錦里同仇誼更堅。佩爾一身攜弱女，常懷三樂勸群賢。風霜不墜傳經志，午夜無停萬卷編。待得身心交瘁後，遲遲化鶴逝雲烟。春風滿面出誠衷，豈止書城大有功。歷劫依然心似井，暮年不減氣如虹。五車學術傳新會，三代才名重廣東。我愧未酬相厚意，漫勞幾度慰途窮。"讀後讓人不禁回想起燕大圖書館副館長（梁啟超之女）梁思莊女士那和藹的笑容，忙碌的身影。

司徒雷登的秘書傅涇波從美國來信說病中常夢見吳其玉先生，他以詩作答。有句云"湖光塔影成前事，水遠天長作比鄰"；"勸君珍重桑榆景，故國一家更獻身"。鼓勵傅先生繼續為促進祖國的和平統一而努力。1984年燕大返校節，1938級的校友邀請其玉先生參加他們在臨湖軒舉行的雅集，他雖然當時就住在鄰近的暢春園，卻因足疾未能前往，特賦七律一章表示歉忱："五十年前諸君來，五十年後樂重回。昔年裙屐翩翩好，今日棟樑濟濟才。塔影湖光資矚望，傍花垂柳幾徘徊。獨憐老病吾無狀，咫尺蘭亭竟失陪。"

政治學家蕭公權，抗戰時期執教成都燕大，1949年後赴美國，在西雅圖華盛頓大學任教。1968年退休後獲該校退休教授銜，繼續參加中國近代史討論會及指導研究生。其玉先生素佩蕭先生學問，稱讚其所著《中國鄉村》、《中國政治思想史》"百代流芳"。其玉先生1986年重訪美國，蕭先生已去世，其玉先生很為感傷，乃靜坐細讀蕭公權先生《問學諫往錄》，並賦絕四章紀念。其中有云："當年承教錦江邊，敵愾同仇欲問天。誰料匆匆旋別去，卅年隔海望風煙。""先生逝後我重來，弔誄無從我意哀。今讀遺篇尤感慨，生花筆折霸才摧。"

我入學燕京時，吳其玉先生已去南京，所以不曾承教，許多情況是通過父輩的交往和記述了解的。我父親吳宓（字雨僧）雖然長期在清華大學和西南聯大教書，20世紀三四十年代，曾兩度在北平和成都燕大兼課或講學，因而與吳其玉先生相知。

1944年秋，父親在昆明得知摯友陳寅恪先生由香港脫險歸來，在廣西休整一段後入川，將在成都復校的燕京大學執教，不勝欣喜；便利用他在西南聯大休假的機會遠赴成都講學，以追陪他"相交二十年，風誼兼師友"的陳寅恪兄。1944年12月，父親抵達成都不久，吳其玉先生夫婦即在他們東桂街72號內院家中設宴款待敘舊，細述燕京在北平羈留各教授的生活現狀。聽說慘遭日寇牢獄災禍的老友趙紫宸先生和陸志韋先生的近況，父親十分牽掛不安。

父親與其玉夫人潘令華女士的哥哥潘承圻熟識，兩人少年時候在北京清華學校，不僅同學還同寢室。1915年潘先生赴美留學，父親有詩《賦贈潘君錫侯》送別，以後多年一直保持着友好聯繫。父親在抗戰前就見過令華女士和她的妹妹令懿。當年令華還很年輕，此時却已是三個孩子的母親了。孩子們都很可愛，父親甚至記得每一個小孩的名字。據1944年12月24日《吳宓日記》，聖誕節前一天，父親"在三橋正街稻香村，購各色點心糖糕，分裝二紙匣。以一匣送唐炳亮夫婦之二子唐寶仁、唐寶義爲聖誕節禮，往遇於門。另一匣，送吳其玉、潘令華夫婦之子女三人：（一）女吳蘭成，（二）子吳中權，（三）女吳藹成。宓往，僅見三孩，温柔有禮。其父母皆不在家"。

吳其玉先生教課之餘，常作學術講演。據父親日記，成都燕大教職員交誼會定期聚餐，舉行學術交流等活動。1945年春，早在聯合國家國際組織於舊金山召開會議討論聯合國憲章之前，其玉先生已曾就此爲燕大同人作專題講演，詳加述評。

父親與吳其玉先生往來較多是20世紀50年代。經歷過晚清和民國兩個歷史時期的這兩位學者，在又一次翻天覆地的歷史嬗變之際，再度相遇於四川，心情與境遇已與前大不相同。

父親是自己選擇入川的，雖然久後深悔當時的"輕舉妄動"。他自幼即有深厚的國粹思想，認爲中國文化是最好的，可以補充西洋文化的缺點。而中國文化的内容，是"以儒學（孔子）爲主，佛教爲輔"，故欲明曉中國的精神、道德、理想，必須"兼通儒佛"。他多年中抱着"保存、發揚中國文化"的目的，到處尋求同道；將近解放時，他擔心人民政府接管學校後，不容易自由調職，因此於1949年4月武漢解放前兩週，匆匆離開薪資高、地位固的武漢大學飛抵渝碚。本意是想去王恩洋先生在成都主辦的東方文教研究院（以佛爲主，以儒爲輔）研修佛學，兼在四川大學教課以維持生活，慢慢地出家爲僧。後因交通阻斷，不能前往成都，而滯留在梁漱溟先生所辦的勉仁文學院（以儒爲主，以佛爲輔）講學，又不得不在夏壩私立相輝學院任教，靠相輝的少少薪資而生活。解放後，勉仁、相輝先後停辦，父親被調整到西南師範學院。

吳其玉先生與我父親不同，他是奉當局的調配令，離開西子湖畔的家，隻身入川的。他1949年原在杭州之江大學任政治學系教授兼系主任、教務長兼校政委員。1952年經過華東人民革命大學政治研究部學習，轉任四川大學政治學系教授；接着，全國高校院系調整，他又由川大調任西南政法學院教授，從成都到了重慶。

由於我國"一面倒"學習蘇聯的教育方針，父親任教的西南師院，奉西南文教部令，外文系英語組取消，各年級學生併入俄語組；很快，外文系變成俄語系。講授了三十多年西方文學的父親，祇得轉入歷史系教授世界古代史和中世史。吳其玉先生更爲不幸，他多年鑽研精深的政治學科，在高校院系調整中竟乾脆被完全取消。他被調整到西南政法學院沒有多久，1954年冬，就又隨該院所有在解放前任過職或教過課的所謂"老教師"，被"一鍋端"進了西南一級機關幹部學校。

這所幹校內設三班一部，一部即西南高等學校教師進修部，名曰"進修"，實際就是學習政治，接受政審，等待分發。進修部原先設在重慶磁器口，1954年12月遷到北碚夏壩戰時復旦大學舊址，雖然與西南師院分隔在嘉陵江東西兩岸，相距不算太遠。父親課餘得暇常過江去進修部看望朋友，朋友們也到西師校園來走動聚晤。談論的話題，總離不開進修部學員的分發；這也難怪，一向忙於教學和研究工作的教師們，一個個被長年擱在一邊，無所事事，怎不心煩着急？尤其像吳其玉先生這樣一位從來十分勤奮、講求效率、極具活力的學者，眼下的生活實令人有度日如年之感。不過他的心態較好，雖然鬱悒，並不消沉。他很用功，政治學習而外，苦讀經典原著，研究歷史。他向我父親先後借閱過希羅多德（Herodotus）、吉朋（Edward Gibbon）、伯里（J. B. Bury）等人的鴻篇巨作，當是"在史中求史識"吧。

這段時間，其玉先生仍常賦詩，1955年所作《夏壩及北溫泉印象雜詩》七絕十六首，其中有云："十里山光接水光，一城如畫出蒼茫。石洲樓外隨江轉，來往帆檣鎮日忙。" "樓閣參差出曉煙，閣中仿佛住神仙；溶溶一水東流去，隔斷紅塵別有天。"許多到過夏壩進修部的人讀後，都覺得情景描繪生動逼真，有如前人所說"詩是無形的畫"。至於"寒雲枯樹曉天開，烏鵲巢空靜更哀；幾點青燈黌舍裏，晨鐘壩上正相催"，可能正是作者寒冬夜讀的寫照。

其玉先生1957年9月也有詩賦贈我父親，題名《與吳雨僧兄兩度相見於四川，其間前後十餘年，人事變遷殊多，偶成四章，用誌梗概耳》。詩云："燕市聞名錦里逢，浮生兩度得追從。前番抗虜同亡命，比歲飄蓬又會蹤。西蜀卧薪成往事，北碚話舊少歡悰。十年人世真如夢，轉瞬青絲變雪松。""清華韻事已成塵，回首猶如昨日真。垂柳門牆芳草地，傍花臺館碧池濱。可憐賓主雲長散，頓覺豪華跡易陳。今日燕郊重北望，園林依舊雨風新。"語意委婉含蓄而悲愴心緒難掩。末首云："萬里巴山各一身，與君同是未歸人。連年江畔承情重，暇日峯前晤教頻。倚嶺樓臺仙境界，千家煙樹玉精神。知君擬向斯鄉老，長作縉雲腳下民。"

吳其玉先生在1957年的反右運動中，不幸被幹校進修部錯劃爲"右派分子"，儘管他並不曾"鳴放"。據說他是幹校右派中處分最輕的：每月薪資由原來的二三百元降爲70元！

從1954年到1958年，其玉先生在西南一級機關幹部學校進修部待了四年，天天盼着分配工作，最後得到的卻是幹校的一紙退職令！據1958年9月5日《吳宓日記》："晚吳其玉來告別，還書。蓋幹校已令其退職，以病及各處裁員爲理由，給予一年之薪金（現月薪70元）。9月7日，以校車送至重慶登舟云。按其玉以母老妻病，久思回蘇杭家中團聚，今得此良佳。宓送至小校門而別，互言'今生定難再見矣'。按其玉光緒甲辰五月三十日生，少宓正十歲也。"

父親與其玉先生從此沒有再見，也沒能如其所願"長作縉雲腳下民"。他在"文化大革命"中遭到嚴重衝擊，備受折磨，目盲足臏；"批林批孔"中又因不同意批孔而被戴上"現行反革命"的帽子，遣返家鄉，於1978年1月17日在陝西涇陽含冤去世，用自己的生命實踐了他的人生觀和文化理想。

吳其玉先生畢竟年輕一些，萬幸苦苦撐到了撥亂反正。其間歷經艱辛，曾在閩南福建第二師範學院英語系任代課教師十年。桑榆寂寥，回思往事，不堪回首，喟然發出"塵世幾人還識我"的悲嘆，唯一的願望是重返工作崗位，服務社會。改正錯劃以後，其玉先生立即以極高的熱情投入他期盼已久的工作，除了在社科院進行民族問題的研究，還爲北京大學法律系研究生開設《中國外交史》等課程，深得學生的尊敬和愛戴。年逾古稀後，仍筆耕不輟，爲《簡明不列顛百科全書》編譯法律條目69條；八十多歲時，他還自英譯本轉譯了俄國普爾熱瓦斯基的《從伊犁越天山到羅布泊》一書，1993年由臺灣稻香出版社出版。他並且用英文寫了一部回憶錄。

多麼可敬的一位老人！可惜我所知不多，草此小文，只爲拋磚引玉；希望知情的同志能詳細介紹，使這位本不該被忘記的政治學家、詩人，重爲世人所知。

吳學昭，女，1929 年生。1949 年燕京大學新聞系畢業。離休前任全國人大常委會法制工作委員會研究室副主任。

Notes on Politics Researcher and Poet Wu Qiyu

Wu Xuezhao

Summary

Prof. Wu Qiyu (1904—1995) graduated from the Department of Politics of Yenching University in 1927, and got a doctor's degree from Princeton University, USA in 1933. Afte returning to China, he acted as professor, Dean of the Department of Politics and Dean of the College of Law, Yenching University. From 1945, he was successively appointed as professor of Central and Jinling universities, and then as Dean of Studies of Zhijiang University. He won great prestige in the field of politics. From 1957, he suffered unjust treatment for political season until his rehabilitation in the 1970s. Upon returning to Beijing, he acted as concurrent professor at the Department of Law, Peking University and Special Senior Fellow at the Institute of Nationality Studies, Chinese Academy of Social Sciences. At that time he was over seventy. He often wrote old-style poems in memory of his teachers and friends, as well as for taking part in poetical exchanges among scholars. In the present paper, the author analyzes a lot of Wu Qiyu's poems, discovers from them anecdotes in his association with other men of letters, and thus provides valuable information on minds and feelings of the then Yenching *literati*.